U0569412

《上海合作组织国家的习俗文化》（第二卷·上）

编 委 会

主　编　王祥修

副主编　王春波　张元屏　陈　扬

委　员　刘予舟　范树强　曲翠萍　张松宇

上海合作组织国家的习俗文化

第二卷 上

王祥修　主编

中国政法大学出版社

2025·北京

声　明　1. 版权所有，侵权必究。

2. 如有缺页、倒装问题，由出版社负责退换。

图书在版编目（CIP）数据

上海合作组织国家的习俗文化. 第二卷 / 王祥修主编. -- 北京 : 中国政法大学出版社，2025. 1. -- ISBN 978-7-5764-1838-5

Ⅰ. K891

中国国家版本馆 CIP 数据核字第 2024J1S003 号

出　版　者	中国政法大学出版社
地　　　址	北京市海淀区西土城路 25 号
邮寄地址	北京 100088 信箱 8034 分箱　邮编 100088
网　　　址	http://www.cuplpress.com (网络实名：中国政法大学出版社)
电　　　话	010-58908289(编辑部) 58908334(邮购部)
承　　　印	保定市中画美凯印刷有限公司
开　　　本	650mm×960mm　1/16
印　　　张	31.5
字　　　数	400 千字
版　　　次	2025 年 1 月第 1 版
印　　　次	2025 年 1 月第 1 次印刷
定　　　价	160.00 元

前　言

　　上海合作组织是中国首次在境内成立的国际性组织，也是第一个以中国城市命名的国际组织。近年来，它在促进并深化中国与其他成员国之间睦邻互信与友好关系、巩固地区安全和稳定、促进联合发展方面发挥着积极作用。上海合作组织的建立和发展顺应了冷战结束后人类要求和平与发展的历史潮流，展示了不同文明背景、传统文化差异的国家通过互尊互信实现和平共处、团结合作的巨大潜力。

　　上海合作组织的宗旨之一是鼓励成员国在政治、经济、科技、文化、教育、能源、交通、环保和其他领域的有效合作。文化方面的相互交流对政治、经济等其他方面的合作起着极大的促进作用，随着上海合作组织提升到更高的合作层次，成员国应当有效地利用这一机遇来了解其他国家和民族。然而，要想全面地认识一个国家、一个民族，仅仅了解它的历史、地理、政治、经济方面是不够的，最主要的是必须了解它的人民、它的民俗民风。孟德斯鸠在《论法的精神》一书中提出，一个国家的民情、民风、民俗决定了这个国家的法律特征。这足以看出一个国家的习俗对国家其他方面的发展起着基础性的作用。

　　所谓民俗或习俗就是国家或民族的风俗习惯，是一个国家或民族在长期的历史生活过程中形成，并不断重复传承下来的生活文化。其特点有三：一是习俗文化的民族性、地域性。在一个地区看似普通的习俗在另一个地方可能会产生完全相反的效果，由于上海合作组织的成员国文化背景大不相同，所以探究各国的习俗文化对今后成员国之间进行顺利、深入的合作有着积极的促进作用。二是习俗文化的重复性。习俗作为一种文化，是在日常生活中不断重复而时常被忽视的，了解一个国家习俗的形成也将了解到该国的历史演变，能够有效促进成员国之间的相互了解，巩固上合组织成员国之间的团结合作。三是习俗文化的渗传性，即渗透性和传承性。毛泽东曾说过："移风易俗，改造世界"，一个国家会通过其特有的习俗文化对其国民的现实生活产生实际影响，从而巩固自身统治安全。

上海合作组织国家对彼此习俗文化的深入了解必然能将上海合作组织提升到更高的合作层次，有利于成员国更有效地联合利用机遇和应对新的挑战与威胁。

我们编写出版的《上海合作组织国家的习俗文化》（上海社会科学院出版社 2020 年版）一书正是从习俗文化的角度，为人们深入了解上海合作组织各成员国开启一扇新的大门。该书出版后受到了广大读者的欢迎与好评。

截至 2024 年 7 月，上海合作组织除了十个正式成员国——中国、哈萨克斯坦、吉尔吉斯斯坦、俄罗斯、塔吉克斯坦、乌兹别克斯坦、巴基斯坦、印度、伊朗、白俄罗斯之外，还有两个观察员国——阿富汗、蒙古国与十四个对话伙伴国——阿塞拜疆、亚美尼亚、柬埔寨、尼泊尔、土耳其、斯里兰卡、沙特阿拉伯、埃及、卡塔尔、巴林、马尔代夫、阿联酋、科威特、缅甸。这些国家在其发展进程中，由于政治、宗教、文化、历史和地理等诸多原因，分别形成了各自的习俗文化。本书在《上海合作组织国家的习俗文化》（上海社会科学院出版社 2020 年版）的基础上，以上海合作组织两个成员国（伊朗、白俄罗斯）、两个观察员国（阿富汗、蒙古国）与两个对话伙伴国（阿塞拜疆、亚美尼亚）作为研究对象。在每个国家中，紧紧围绕以下七个主题进行全方位的研究。

一、国家概况

了解一个国家的基本情况是深入了解该国的开始。该书每章开篇将各个国家的地理位置、面积、行政区划、国家象征、国歌、国旗、首都、语言等基本情况做一个简单的概述，使人们对该国有一个较为清晰的印象，并能有效地与其他国家进行区分，为后面介绍该国其他方面的文化习俗做一个简单的铺垫。

二、姓名性格

姓氏文化不仅在中国有着悠久的历史，在其他国家同样也是习俗文化中的重要组成部分。姓名的组成方式多种多样，了解姓名的构成就可以较为准确地称呼对方，不会在对外交往中出现差错。国民的性格在国家文化中也占据重要位置，了解国民性格就能知道如何得体地与对方进行交往，这在国际交往日趋频繁的现代社会显得尤为重要。

三、衣食住行

在这一部分的介绍中，本书从各国的服饰风格、饮食特色、居住条件和交通概况四个方面进行深入介绍。衣食住行作为国民日常生活的基本需要很大程度上体现了该国的风土人情，也体现了该国整体的经济发展水平，对进一步加强经济、科技、交通、环保、教育等方面的合作起着先导性的作用。

四、日常交往

礼仪是人际交往的通行证。日常交往中的礼仪是人类为维系社会正常生活而要求人们共同遵守的最起码的道德规范，是人们在长期共同生活和相互交往中逐渐形成，并且以风俗、习惯和传统等方式固定下来的。既为人们所认同，又为人们所遵守，它是人们文明程度和道德修养的一种外在表现形式。本书在该部分主要介绍各个国家日常交往的基本准则和常用的礼仪规范，包括语言、送礼、探访、宴宾等，使人们意识到日常交往礼仪在各个国家的重要性，并能在与外国人交往时自觉规范自身礼仪，有效地促进对外交流。

五、婚丧习俗

人生礼俗是一个人从小到大，由生到死的人生经历中所要处理的人际关系。它看似简单却有着不可忽视的社会作用。在人生礼俗中最引人关注、内容最为丰富的就是习俗。本书在这一部分主要讲述各个国家在各个时代的婚丧喜庆习俗的变迁和发展，展现其所处的那个时代的精神风貌以及政治、经济和文化状态。

六、纪念节日

各式各样的纪念节日是各国人民为适应生产生活的需要而共同创造的一种民俗文化，是世界民俗文化的重要组成部分。上海合作组织国家都有着丰富多彩的纪念节日。有的节日源于传统习俗，有的节日源于宗教，有的节日源于对某人或某个事件的纪念。随着时间的推移，节日的内涵和庆祝方式也在发生着变化。本书通过介绍六个国家各式各样的纪念节日而给读者一个"体验"外国节日的途径，使其能够真切地感受到各个国家、地区不同的风土人情。

七、旅游名胜与奇观

各国的旅游名胜与奇观作为该国的"名片"招揽着世界各地

的游客，要想真正深入了解一个国家，当地的人文和自然风光是必不可少的。参观人文景观对我们了解该国的历史、政治、风土人情有着非常大的帮助作用，而参观自然景观对我们了解该国的地理结构也大有裨益。这些各有特色的名胜与天然奇观也体现了上海合作组织是世界上幅员最广、人口最多、潜力最大的地区性国际组织。

《上海合作组织国家的习俗文化》（第二卷），在写作过程中注重学术性、专业性和实用性，运用了历史考察与现实分析相结合、理论与实践相结合、宏观分析和微观分析相结合的方法；通过对上海合作组织六个国家在国家概况、姓名性格、衣食住行、日常交往、婚丧习俗、纪念节日、旅游名胜与奇观七个方面，力求为读者勾画出一幅幅精美的各国习俗文化展览图。这对促进成员之间的沟通交流，加强和深化上海合作组织成员之间的睦邻友好合作，巩固与有关国家和国际组织的合作关系有着极大的积极作用，并为建立公平、合理的世界新秩序和实现上海合作组织的稳定发展创造有利条件。

《上海合作组织国家的习俗文化》（第二卷·上），由上海政法学院王祥修教授担任主编。参与撰写人员及分工如下（以撰写章节先后为序）：

李冰纯　第一章　伊朗的习俗文化

王艺颖　第二章　阿富汗的习俗文化

刘芷彤
姜艳纯　第三章　白俄罗斯的习俗文化

陈　源　第四章　蒙古国的习俗文化

李潇杨　第五章　阿塞拜疆的习俗文化

符王瑾　第六章　亚美尼亚的习俗文化

《上海合作组织国家的习俗文化》（第二卷·上）在写作工程

中认真学习和参考了国内外本领域专家学者的优秀成果，同时该书的写作与出版还得到了有关单位和人员的鼎力相助。在此一并表示诚挚的谢意。

　　尽管作者在撰写时尽心尽责，但由于学识所限，书中的不当与疏忽在所难免，敬请读者批评指正。

王祥修

2024 年 9 月

目　录

第一章

伊朗的习俗文化

【本章概要】伊朗，一个拥有着五千多年历史的文明古国。在公元前6世纪，古波斯帝国曾盛极一时，成为世界上第一个地跨亚、非、欧三大洲的帝国，为该地区各民族的融合、人类文明的发展做出了重大贡献。伊朗国土的绝大部分位于伊朗高原，拥有丰富的自然资源，石油、天然气资源均位于世界前列。手工业历史悠久。伊朗实行政教合一的政治制度，宗教是伊朗人民日常生活中最重要的组成部分。伊朗地处西亚、中亚和南亚的交叉点，自古是东、西方之间海、陆交通的桥梁，也是一个多民族国家。从公元前4世纪起，伊朗曾先后遭到希腊人、阿拉伯人、突厥人、蒙古人、阿富汗人及英俄殖民者的入侵和统治，影响了伊朗的民族关系和民族构成。波斯帝国的兴衰及多民族文明的交融，造就了波斯民族文化的多样性。

第一节　国家概况

一、地理位置

伊朗伊斯兰共和国（The Islamic Republic of Iran），简称伊朗，位于西亚地区，系中东地区的国家之一，素有"东西方空中走廊"和"欧亚陆桥"的美誉。伊朗处于北纬25~40°，东经44~63.5°。陆地边境线5894公里，海上边境线2700公里（包括里海）。东部与巴基斯坦、阿富汗接壤，北部与土库曼斯坦、阿塞拜疆为邻，西北紧靠亚美尼亚，西邻土耳其、伊拉克。伊朗北部与世界上最大的咸水湖里海接壤，南部通过波斯湾、霍尔木兹海峡、阿曼湾与阿拉伯海相通。

国土面积近165万平方公里，国土的大部分位于伊朗高原。西南部、西部、北部为山脉。伊朗全境最高峰5671米，位于厄尔布尔士山脉的达马万德山，海拔最低点则位于里海，低于海平面28米。伊朗东部为盆地和沙漠。北部里海和南部的波斯湾、阿曼湾沿岸则是冲积平原。伊朗境内主要的河流是卡伦河（全长约850公里）和塞菲德河（全长约1000公里）。

伊朗气候四季分明。北部夏季较为凉爽，冬季较为寒冷；南部夏季较为炎热，冬季较为温暖。伊朗主要有三种气候类型：第一种是沙漠性气候和半沙漠性气候。伊朗国内大部分地区和南部沿海地区属于这种气候，其特点是干热季节长，可持续7个月，年平均降雨量30~250毫米。第二种是山区气候。山区气候分为寒冷山区气候和一般山区气候两类，寒冷山区气候地区有40 000

平方公里，都在有高山的地区，该地区年平均降雨量500毫米以上。一般山区气候地区有30万平方公里，年平均降雨量250~600毫米。第三种是里海气候。里海地区是一狭长地带，年平均降雨量为600~2000毫米，里海沿岸温暖湿润。首都德黑兰最高气温在7月，平均最低和最高气温分别是22℃和37℃；最低气温在1月，平均最低和最高气温分别是3℃和7℃。[1]

二、历史变迁

（一）公元前的伊朗

史前伊朗：据考古发现，早在距今约10万年前的旧石器时代中期，便有人类居住在伊朗西部高原地区。

埃兰王国（公元前3千纪上半期至公元前639年）：埃兰人居住在伊朗高原西南部卡伦河流域，他们是伊朗高原的土著人。公元前3千纪上半期，埃兰人建立了国家。公元前1176年，埃兰国攻陷巴比伦。公元前639年，埃兰王国被亚述人所灭。

米底王国（公元前639年至公元前550年）：公元前2千纪，中亚的雅利安人的一支南迁至伊朗高原，并逐渐与土著居民融合、同化，形成了伊朗人的主体。公元前7世纪中叶，米底部落击败周围其他部落，建立了伊朗历史上第一个统一的雅利安人国家。公元前6世纪初，米底部落征服伊朗西南部的波斯部落，并灭亚述帝国，其疆域扩至现土耳其安纳托利亚东部、现伊朗西部、东部和西南部。公元前550年，米底王国被波斯帝国居鲁士二世所灭。

波斯帝国（公元前550年至公元前330年）：波斯部落最初

---

〔1〕《伊朗国家概况》，载中国领事服务网：http://cs.mfa.gov.cn/zggmcg/ljmdd/yz_645708/yl_648190/gqjj_648198/200708/t20070828_9306643.shtml，最后访问日期：2024年9月12日。

居住在伊朗高原西南部，后经过数十年扩充疆土，公元前 550 年，居鲁士二世推翻米底王国的统治，建立了波斯帝国。在国王大流士一世（公元前 522 年至公元前 486 年）统治时期，波斯帝国达到鼎盛时期，其疆土东起印度河流域，西至巴尔干半岛，北起中亚，南至埃塞俄比亚。包括 70 个民族，5000 万人口，土地面积近 700 万平方公里，成为世界上第一个地跨亚、非、欧三大洲的帝国。波斯帝国在公元前 492 年的希波战争（又称"波斯战争"）争后逐渐由鼎盛走向衰落。公元前 334 年，马其顿国王亚历山大三世东侵，征服波斯全境。

亚历山大帝国和塞琉西王国的统治（公元前 330 年至公元前 247 年）：亚历山大三世在波斯积极推行"希腊化"的殖民统治。公元前 323 年，亚历山大三世死后，他所建的帝国分裂，其部将塞琉古（马其顿人）夺得帝国东部的大部分地区，并于公元前 312 年称王，以叙利亚为中心建立塞琉西王国，中国古代将其称为"条枝"。塞琉西王国全盛时，疆域包括小亚细亚、叙利亚、两河流域、波斯和中亚的部分地区。

安息王朝（公元前 247 年至公元 224 年）：公元前 247 年，波斯的帕尔尼部族打败塞琉西王国军队，在波斯土地上建立了阿萨希斯王朝。中国史称其为安息王朝，西方史学家称之为帕提亚王朝。安息王朝由于同罗马的长期战争和朝廷的内讧，从公元 1 世纪以后逐渐衰落。

（二）公元后至 20 世纪初的伊朗

萨珊王朝（224 年至 651 年）：公元 224 年，安息王朝被萨珊王朝推翻。萨珊王朝建立后又向东扩张至印度河中上游，曾一度成为古代伊朗最辉煌的时期。随着同罗马帝国的战争、封建割据、人民起义、中亚游牧部落及阿拉伯人入侵而逐渐衰落。

阿拉伯帝国统治下的伊朗（651 年至 11 世纪初）：公元 651 年，阿拉伯帝国第三任哈里发奥斯曼·依本·阿凡推翻萨珊王朝，占领波斯全境。伊斯兰教取代祆教（拜火教），成为伊朗居民的主要信仰。伊朗被征服后，成为阿拉伯帝国的一个行省。自公元 661 年至 11 世纪初，阿拉伯帝国先后经历了倭马亚王朝和阿拔斯王朝，伊朗成为这两个王朝的一部分。从 9 世纪起，阿拔斯王朝日渐衰落，在伊朗境内及其邻近地区，相继出现一些独立或半独立的地方封建王朝，与其分庭抗礼。

塞尔柱突厥人的统治（11 世纪初至 12 世纪末）：11 世纪初，塞尔柱突厥人由中亚兴起，先后征服巴格达、叙利亚、拜占庭帝国，建立起一个东起中亚、西至博斯普鲁斯海峡，包括伊朗在内的塞尔柱帝国，但帝国不久即告分裂。12 世纪末，花剌子模王国（今乌兹别克斯坦）夺取伊朗东北部，13 世纪初占领伊朗全境。它统治的疆域还包括伊拉克、阿富汗等地区。

蒙古的侵略和伊儿汗国：成吉思汗于 1219 年率军西侵，先后征服了花剌子模、中亚、亚美尼亚、阿塞拜疆等地，杀死花剌子模国王，掠夺大量财物后撤回蒙古本土。1229 年成吉思汗的儿子窝阔台二次讨伐花剌子模，杀死国王后返朝。1260 年，成吉思汗之孙旭烈兀再次率兵占据伊朗并建立以伊朗为中心的伊儿汗王朝。此后，蒙古人逐渐接受了伊斯兰教，并任用伊朗人为行政官吏。

帖木儿的侵略（1380 年至 1405 年）：随着伊儿汗国的逐渐衰落，当时的伊朗又陷入地方封建王朝割据之中。西察合台汗国（今乌兹别克斯坦）的国王帖木儿（1336 年至 1405 年在位）在夺取中亚地区后于 1380 年至 1393 年征服伊朗全境，继而侵占美索不达米亚，并入侵印度。1405 年帖木儿死后，他的帝国迅速瓦解，统治范围只限于河中地区和伊朗东部。

萨法维王朝（1502 年至 1722 年）：帖木儿死后的近百年中，伊朗再次陷入各地方封建王朝的纷争割据之中。其中，萨法维王朝建于 1502 年，此后一直向外扩张，极盛时版图包括阿富汗的坎大哈、赫拉特。萨法维王朝与奥斯曼帝国曾长期进行战争。萨法维王朝是伊朗历史上第一个以什叶派伊斯兰教为国教的朝代，对什叶派在伊朗的发展壮大起了重要作用。17 世纪末，萨法维王朝日渐衰落。1722 年，阿富汗的吉尔扎部落在马赫穆德的领导下，攻占萨法维王朝国都伊斯法罕，并自立为伊朗国王。

阿夫沙尔王朝和赞德王朝（1736 年至 1796 年）：1736 年，来自伊朗霍拉桑地区的部落首领纳迪尔率军把阿富汗人逐出伊朗，并以马什哈德为中心建立阿夫沙尔王朝。经过数年战争，阿夫沙尔王朝版图一度东至阿富汗和印度北部，西至巴格达，北接里海，南濒波斯湾。1747 年，纳迪尔国王死后，其儿孙为争夺王位而爆发内战，各路诸侯纷纷称王，其中凯历姆汗（1749 年至 1779 年在位）以设拉子为首都建立了赞德王朝。经过多年战争，赞德王朝占据了除霍拉桑及以东地区以外的阿夫沙尔王朝的土地。1779 年凯历姆汗死后，赞德王朝分裂。1792 年和 1796 年，赞德王朝和阿夫沙尔王朝先后被凯伽王朝所灭。

恺加王朝（1779 年至 1921 年）：凯伽王朝建于 1779 年，首次定都德黑兰。凯伽王朝初期，西方列强加紧在伊朗的争夺。1801 年俄国兼并格鲁吉亚；英国对伊朗发动三次战争，导致伊朗割地赔款及承认阿富汗独立。此后法国、奥匈帝国、美国等相继强迫伊朗订立了不平等条约。19 世纪下半叶，英、俄攫取了在伊采矿、筑路、设立银行、训练军队等特权。1907 年，英、俄两国相互勾结划分了在伊的势力范围：北部属俄国，南部属英国，中部为缓冲区。

从 19 世纪下半叶至 20 世纪初，随着欧洲列强的侵入，伊朗逐渐沦为半殖民地国家，社会经济衰落，封建统治专横残暴，多次发生人民起义。1921 年 2 月，军官礼萨·汗发动政变，夺取政权，建立巴列维王朝。

（三）20世纪后的伊朗

巴列维王朝及其覆灭：礼萨·汗（1925年至1941年在位）对内采取了一些发展社会经济的措施，但同时实行个人独裁。1921年，伊朗与苏联签订协议，废除了沙俄与伊朗签订的不平等条约。1927年，伊朗宣布废除所有与外国签订的不平等条约及外国在伊朗的领事裁判权，并实行关税自主。

第二次世界大战前，伊朗与德国关系较密切。1941年6月德国入侵苏联后，英国和苏联出兵伊朗。礼萨·汗被迫退位，其子穆罕默德·礼萨·巴列维继位（1941年至1979年在位）。1942年1月，英国、苏联和伊朗订立同盟条约。1943年9月，伊朗对德国宣战。

二战结束后，伊朗与英国、美国关系趋于密切，英国、美国对伊朗在政治、军事上给予大量支持和帮助，同时也趁机控制了伊朗的经济命脉。20世纪60年代初，巴列维为巩固其统治，缓和国内各阶层间日益尖锐的矛盾，提出以土改、工人入股分红、出售工厂股票、在农村开展卫生和扫盲运动等为主要内容的"社会改革计划"。这一以世俗化和现代化为核心的改革计划又称"白色革命"。但由于脱离国情，造成经济失调，贫富悬殊加剧，各种矛盾激化，各地动乱不断升级。1979年1月，国王被迫出走海外。2月1日，因领导反国王运动而流亡国外的宗教领袖霍梅尼返回伊朗。2月11日，忠于国王的军队倒戈，巴列维王朝覆灭。霍梅尼宣布成立伊朗伊斯兰共和国。[1]

---

〔1〕《伊朗简史》，载中华人民共和国驻伊朗伊斯兰共和国大使馆官方网站：ht-tp://ir.china-embassy.gov.cn/zjyl/gjgk/200412/t20041216_2520588.htm，最后访问日期：2024年9月12日。

三、国家象征

（一）首都

伊朗首都德黑兰，位于横亘伊朗北部厄尔布尔士山的南麓，大约有 1400 万人口。平均海拔 1220 米。年气温最高的月份为 7 月，平均最低和最高气温分别为 22℃和 37℃；年气温最低的月份为 1 月，平均最低和最高气温分别为 3℃和 7℃。

（二）国歌

伊朗国歌为《伊朗伊斯兰共和国国歌》，歌词中文大意：

地平线上升起的太阳，

那是真正宗教的奇观。

巴曼，我们光辉的信仰。

啊，阿訇，

独立与自由在我们灵魂深藏。

啊，烈士们！

你痛苦的呐喊在我们耳际回响。

坚定，持续，永恒，

伊斯兰共和国在伊朗。

（三）国旗

伊朗国旗呈长方形，长与宽之比约为 7：4。自上而下由绿、白、红三个平行的横长条组成。白色横条正中，镶嵌着红色的伊朗国徽图案。白色与绿色、红色交接处，分别用阿拉伯文写着"真主伟大"，上下各 11 句，共 22 句。这是为纪念伊斯兰革命胜利日——公元 1979 年 2 月 11 日，伊斯兰教太阳历为 11 月 22 日。国旗上的绿色代表农业，象征生命和希望；白色象征神圣与纯洁；红色表示伊朗有丰富的矿产资源。

（四）国徽

伊朗的国徽由四弯新月、一把宝剑和一本古兰经组成，组合在一起形成了阿拉伯语中"安拉"的变体。新月象征宗教——伊斯兰教；古兰经位于顶端，象征伊斯兰教高于一切，是共和国行为准则的依据；宝剑象征坚定与力量，有如巨刃摩天，力斩"恶魔"。四弯新月和古兰经书本组成阿拉伯文的"安拉"（真主）；而整个图案呈圆形，象征地球，表示"安拉"的伊斯兰思想遍及全球。

（五）语言

官方语言为波斯语，此外土耳其语、阿拉伯语在伊朗也比较流行。波斯语属印欧语系印度—伊朗语族东伊朗语支，是一种非常古老的语言，是伊朗文明的重要组成部分。波斯语从古到今的演化史是世界语言史上语言变化的生动例子，反映了语言演化的基本规律，因而引起语言学界的广泛重视。波斯语的发展变化，大致可以分为古波斯语、中古波斯语（巴列维语）和近代波斯语三个阶段。

除了波斯语，部分少数民族还使用自己语言。大体上，伊朗的40多个民族分别属于三种语系：印欧语系印度—伊朗语族伊朗语支，包括波斯人、库尔德人、卢尔人、巴赫蒂亚尔人、俾路支人等；阿尔泰语系突厥语族，包括阿塞拜疆人、土库曼人、卡什凯人等；闪含语系的有阿拉伯人、犹太人等。伊朗的亚美尼亚人讲印欧语系波罗的海语族亚美尼亚语。[1]

四、行政区划

（一）首都

伊朗首都德黑兰，坐落于伊朗中部偏北地区的厄尔布尔士山

---

〔1〕 杨珊珊等：《当代伊朗人文地理研究》，时事出版社2018年版，第60页。

脉脚下，"德黑兰"一词即为古波斯语"山脚下"之意。早在公元 9 世纪，德黑兰就已成为古代丝绸之路的一个重要驿站，是往来商贾休憩之地。13 世纪—14 世纪，德黑兰发展成为一个著名的村庄，逐渐兴旺起来。17 世纪—18 世纪，德黑兰几经兴衰，先后两次成为萨法维王朝的都城。1795 年，恺加王朝的阿加·穆罕默德汗在德黑兰加冕并最终将该城定为首都。到 20 世纪初，德黑兰已发展成为一个拥有 25 万居民的城市。二战期间，苏军和英军入驻德黑兰，著名的德黑兰会议于 1943 年在这里召开，苏、美、英三国宣布协同对德作战，对加速反法西斯战争的胜利起到了重要的作用。20 世纪 50 年代，伊朗石油国有化运动后，国家经济迅速发展。1979 年伊斯兰革命爆发，巴列维王朝被推翻，革命领袖霍梅尼取得政权，德黑兰成为伊朗伊斯兰共和国的首都，也逐步发展成为西亚最大的城市之一。

作为伊朗伊斯兰共和国的首都，德黑兰是国家的政治、经济、文化和金融中心。国家将近半数的大型企业都聚集于此，主要为汽车制造业、电子设备制造业、军工产业、化学工业、纺织业、建材业等现代产业。波斯地毯及家居用品以其优良的品质和精致的图案闻名遐迩，德黑兰拥有世界首屈一指的地毯及家具销售中心。此外，德黑兰还是伊朗的金融中心，德黑兰证券交易所是欧亚证券交易所联会的创始会员，同时也是国际证券交易所联会的正式成员。

德黑兰的城市公共交通系统由公共汽车、无轨电车、巴士快速交通及地铁组成。早在 20 世纪 20 年代，公共汽车就已投入德黑兰的城市运输服务。德黑兰拥有位于城市南部、东部、西部及贝伊哈格希公园的 4 个公交总站，为乘客提供转车服务。20 世纪 70 年代末，德黑兰市政府开始计划修建地铁，1999 年第一条地铁线路正式建成通车，目前共建成 7 条地铁线路。德黑兰地铁是世界上最洁净的地铁系统之一，同时也是中东地区规模最大的地铁系统。2008 年，德黑兰巴士快速交通正式启用。德黑兰也是伊朗铁路和航空运输的中心。中央火车站连接全国各个城市，而德黑兰连接欧洲的铁路亦已开通。德黑兰共有 2 个机场，即梅赫拉巴德国际机场及伊玛目霍梅尼国际机场。梅赫拉巴德国际机场位于城市西部，为军民两用的机场，主要供国内航班及朝觐航班使用；伊玛目霍梅尼国际机场位于德黑兰市以南 50 公里，主要供国际航班起降。

（二）其他行政区划

省是伊朗最高的行政区域，全国共设 31 个省份，阿尔达比勒、厄尔布尔士、布什尔、恰哈尔马哈勒-巴赫蒂亚、东阿塞拜疆、伊斯法罕、法尔斯、吉兰、加兹温、古勒斯坦、哈马丹、霍尔木兹甘、伊拉姆、克尔曼、克尔曼沙赫、霍拉桑拉扎维、北霍拉桑、南霍拉桑、胡泽斯坦、柯赫吉路耶-布耶尔阿赫马德、库尔德斯坦、洛雷斯坦、中央、马赞德兰、库姆、塞姆南、锡斯坦-俾路支斯坦、德黑兰、西阿塞拜疆、亚兹德、赞詹。首都德黑兰是全国的政治、经济、文化、教育、科研中心。除德黑兰之外，马什哈德及大不里士是伊朗的两个重要城市。

1. 马什哈德

马什哈德是伊朗霍拉桑拉扎维省首府，坐落于伊朗东北部卡沙夫河河谷，位于首都德黑兰以东约 850 公里处。马什哈德市总面积约 475 平方公里，靠近阿富汗与土库曼斯坦边境。截至 2023 年年底，该市总人口已超过 336 万，是伊朗仅次于首都德黑兰的第二大城市。其中绝大部分人口为波斯族人。该城的历史可以追溯到 1200 多年前。9 世纪初，马什哈德还只是个名不见经传的小村庄，被称为萨纳巴德。1220 年，蒙古人成吉思汗率军侵入大呼罗珊地区，使得这一地区的许多大城市被摧毁。大批的幸存者都迁往马什哈德，该城遂逐渐发展扩大，至 14 世纪成为帖木儿帝国的主要城市之一。在阿夫沙尔王朝纳迪尔的统治下（1736 年至

1747 年），该城市发展繁荣。1912 年，伊玛目里达圣地被沙皇俄国的军队轰炸。1935 年，出于对巴列维王朝礼萨沙个人独裁和反宗教政策的强烈反抗，马什哈德的圣地爆发了起义。1979 年，霍梅尼领导的伊斯兰革命推翻了巴列维王朝，建立了伊朗伊斯兰共和国。之后，马什哈德成为伊朗霍拉桑拉扎维省首府。现今，马什哈德是霍拉桑拉扎维省的行政中心，也是伊斯兰教什叶派的圣城之一。

马什哈德是伊朗北部地区的贸易中心，也是伊朗北部通往中亚国家的过境要道。该市是伊朗最重要的农业区之一，也是北部羊毛贸易中心，主要产品以香料、染料、皮革制品、地毯、丝织品为主。

马什哈德是伊朗东北部的交通中心。3 条铁路干线在该市交汇，连接伊朗各主要城市，分别是德黑兰—马什哈德铁路、马什哈德—巴夫克铁路和马什哈德—土库曼斯坦边境的萨拉赫斯铁路。马什哈德国际机场开通有多条航线，飞往伊朗各大城市以及中亚、中东的国家和城市。马什哈德市内交通除公共汽车、出租车外，还建有地铁。马什哈德市的地铁系统包括 4 条线路，总长度达到 77 公里。地铁的第一条线路长达 24 公里，一共拥有 25 个火车站。

2. 大不里士

大不里士是伊朗东阿塞拜疆省首府，坐落于雷扎耶湖盆地东北侧山麓，位于首都德黑兰西北方向约 550 公里处。大不里士市总面积约为 2356 平方公里，是伊朗阿塞拜疆地区第一大城市。该城的历史可以追溯到公元前 3 世纪，自古便在军事及交通上占据重要的地位，曾先后多次成为王朝都城。8 世纪初，阿拉伯军队征服波斯，伊朗成为阿拉伯帝国的一个行省，大不里士遂成为军事要地。1258 年，成吉思汗之孙旭烈兀灭阿拔斯王朝，并以伊朗为中心建立蒙古人统治的伊儿汗国，定都于大不里士，该城遂成为伊儿汗国的政治、经济和文化中心。14 世纪—18 世纪，黑羊王朝、白羊王朝、萨法维王朝均先后建都于大不里士。之后，赞德王朝、恺加王朝、巴列维王朝虽并未定都于大不里士，但该城一直为各王朝军事重镇。1979 年，霍梅尼领导的伊斯兰革命推翻了巴列维王朝，建立了伊朗伊斯兰共和国。大不里士即成为伊朗东阿塞拜疆省首府。现今，大不里士是伊朗东阿塞拜疆省的行政中心，也是伊朗西北方的门户和商业中心。

大不里士是伊朗重要的工业中心之一，既有以地毯和皮革制品而闻名的传统工业，又有纺织、烟草、木材加工、钢铁冶炼、重型机械制造等现代工业。此外，还拥有石油工业，并设有输油管道通往德黑兰。大不里士还是伊朗重要的农牧产品贸易中心和集散地。该市境内有多条铁路和公路贯穿而过，不仅连接首都德黑兰、伊斯法罕、设拉子等主要城市，还可由此通往阿塞拜疆、亚美尼亚与土耳其等邻国。

第二节　姓名性格

一、姓名构成

伊朗，古称波斯，是个历史悠久的国家。古代波斯人同世界上其他民族一样，在很长一段历史时期内，只有名而没有姓。早在公元前 1000 多年问世的波斯古经《阿维斯塔》中提到的诸位神祇，就全都有名无姓，如造物主名叫阿胡拉、河神名叫阿娜希塔。建于 2500 年前的阿契美尼德王朝，其国王居鲁士、冈布吉和大流士也都只有名而无姓。文化昌盛的萨珊王朝建于公元 2 世纪，它显赫一时的国君阿尔达西尔和沙普尔也没有姓氏。

这种情形一直延续到公元 7 世纪，即信奉伊斯兰教的阿拉伯人侵入波斯时为止。伊斯兰教的广为传播，对波斯人的宗教信仰、文学艺术和风俗习惯等产生了极为深远的影响。阿拉伯哈里发政权统治波斯的数百年间，由于波斯语和阿拉伯语的相互渗透，阿拉伯人习惯上常用的姓名也被波斯人采纳。与此同时，阿拉伯人的命名方式，即本人名—父名—姓的排列次序，也逐渐在波斯人中流传开来。

加兹尼王朝时期波斯大名鼎鼎的诗人，不朽史诗《王书》（亦译《列王纪》）的作者姓名为阿布尔·卡赛姆·曼苏尔·本·哈桑·菲尔多西·图斯。此处"本"是阿拉伯字，含有"某人之子"的意思，它前面的二字为本人名，其后面的二字为父名，最后一字为家族名，即诗人的姓。

公元15世纪末，伊朗人才彻底摆脱了异族的统治，并逐渐以使用本民族的命名方式即名字在前，姓氏在后为主。姓氏有单姓和双姓之分，名字可由一个或几个字组成。显然，这种"先名后姓"的命名方式较阿拉伯人的以"本"字表示从属关系的命名方法更为简便。

伊朗人的姓氏不仅是家族区别的符号，姓氏本身也有含义。有的以祖先的职业为姓氏，如"扎尔加尔"意为"首饰匠"，以此为姓者，表明其祖先曾是首饰匠；有些人以祖籍出生地为姓，如宗教领袖霍梅尼，本姓印地，因出生于小镇霍梅因，后改姓霍梅尼；也有人的姓氏直接表明他是"某人之后"，如姓"阿加扎德"者必是"阿加"之后。

伊朗妇女的名字，或者转借阿拉伯女人的名字；或者选自文学故事人物；或者以形容外貌和性情的词作名字，如兹芭（美丽的）、法拉赫（快乐的）；或者以动物、自然现象取名，如帕尔旺娜（蝴蝶）、福鲁吉（闪光的）、玛赫塔布（月光）等；或以花取名，如纳尔吉斯（水仙）、内鲁法尔（牵牛花）、约赛敏（茉莉）。在过去，女子结婚以后一般都从夫姓，如前王后法拉赫，原姓狄巴，婚后改姓巴列维。但不少知识分子现在已经易此旧俗。伊朗女子出嫁后，多保留娘家的姓名，现代在称呼某某夫人时，用丈夫的姓亦可。

伊朗人取名范围较窄，喜欢用先知、名人的名字取名，如穆罕默德、阿里（什叶派第一教长）、侯赛因（什叶派第三教长）、礼萨（什叶派第八教长）、大流士（阿契美尼德王朝的君主）等。走在德黑兰大街上，不知有多少个穆罕默德和阿里。即使在领导层也是如此，伊朗最高领袖哈梅内伊、伊朗伊斯兰议会前议长拉里贾尼名字都叫阿里，前总统哈塔米叫穆罕默德。常见的人名还有：哈桑、易卜拉欣、迈赫迪、阿巴斯等，重名现象实在严重，后来又有了伊玛目的组合，比如：穆罕默德阿里、阿里礼萨、阿巴斯阿里等。

如果某人的名字中有"赛义德"这个字，即表明他是先知穆罕默德的后裔，然而流传至今，是否都有家谱可考，不得而知。另外，伊朗人不忌讳祖孙同名。有些人除"名"外，还有"字"，一般用阿布XX表示，如阿布高赛姆，其意为高赛姆之父，但原意现已逐渐消失。

伊朗人的姓和名皆可单独用来表示某人。伊朗人对于不熟悉的人或表示尊重某人时，呼之以姓，而对较亲热的人可直唤其名。

此外，伊朗人的姓氏还有如下几个特点：一是以本人出生地名或居住地名为姓。例如，现代音乐家、著名的鼓手侯赛因·德黑兰尼和沙法维王朝时期以编织地毯闻名的玛戈苏德·卡善尼，就分别出生于德黑兰和卡善。但要注意伊朗人有个习惯，常在人名之后加写出生地名，以示他的籍贯，这并不是姓。这种现象很多，若不注意加以区分，则容易和姓氏混淆。另外，有时在人名之后会出现职业名称，如阿汉戈尔（铁匠）、哈考克（雕刻家），这些也不是姓，而只是名字的附加成分。二是以部族或家族的名字为姓。例如，现代自由体诗人阿赫玛德·萨姆鲁，就是以萨姆鲁族的名称作姓。又如伊朗现实主义作家贾拉尔，姓为阿尔·阿赫玛德，表示他是阿赫玛德家族的后裔。"阿尔"沿用阿拉伯词，表示家族的意思。三是表示家族血缘关系的姓常以"扎德""扎代"或"普尔"结尾。

二、性格特点

世界上每一个国家和民族，都有自己的特点和国民性格。伊朗人的国民性格总体上来说比较复杂，他们热情奔放，注重礼节，性格倔强。伊朗是世界上最热情好客的国家之一，有着令人称赞的文化和历史。

在伊朗的大街小巷上行走，伊朗人会热情地和周围的人打招呼，会问你来自哪个国家，并和你友善地握手。那些美丽的伊朗女子，并不会像很多人想象的那样羞涩含蓄，她们也会开朗大方地向你问候。如果被打招呼的人表现得有点含蓄，姑娘们反而会哈哈大笑。对伊朗人报以微笑，他们都会热情地用英文或者中文打招呼，一旦你有所回应，他们可能会拿出一两颗糖果，请你品尝一下。

在伊朗邀请朋友，哪怕是初次见面的朋友到家里做客也是非常普遍的一种待客方式。到伊朗人家里做客，他们会竭尽待客之道，先是招待你茶水、糖果、水果，然后是正餐，正餐吃完以后，还会再拿出自己做的糕点或者甜点，极尽地主之谊。

如果你在伊朗有工作上的合作伙伴，他们会更加热情，时不时便会来拜访你。前来拜访的时候也不会空手而来，常会带一些伊朗的当地特产作为礼物。

第三节　衣食住行

在伊朗人的生活中可以见到很多美国产品，比如可口可乐、百事可乐、万宝路香烟和 NIKE 运动服，在报摊上能看到美国明星的海报，美国电影的光盘也能买到；在伊朗各大城市中随处可见欧洲和日韩企业的大幅广告；法国标致和雪铁龙汽车比比皆是，韩国的起亚汽车更是小车一族的代表；中国产品在伊朗各市场同样随处可见，街上还能看到海尔和 TCL 的广告牌。

一、服饰

（一）传统服饰

德黑兰大学教授阿依莎·玛丽娜女士曾表示："按照伊斯兰教的规定，女孩从 9 岁起必须穿黑袍、戴头巾，大多数伊斯兰教国家，已经放宽了这一规定，而伊朗和沙特阿拉伯迄今仍是这一规定的严格执行者，我认为这也符合伊朗的国情。"伊朗是一个宗教色彩非常浓厚的国家，服饰方面更是展示了丰富的民族文化，他们的传统服饰讲究整齐美观、简朴干净。所有的成年女性在伊朗都必须戴头巾，上身着装要求遮盖住臀部，下身着装要求过膝，外国人来访也不例外。正式场合，伊朗女性需穿着伊斯兰传统长袍。

伊朗作为一个宗教国家，最常见的服饰就是长袍。伊朗各个民族之间的长袍服饰较为类似，但具体的长度、宽窄、衣领、开衩、袖子、腰带、配饰等方面却各有各的风格。即使是同一个民族也会因为所处的地域不同而展现出不同的特点和风格。伊斯兰革命后，伊朗对男女服饰作出规定，成年男子必须穿长裤，不论天气多热，都不能在公共场所穿短裤，除非是进行正式体育比赛。衬衣领扣不得解开两个以上。伊斯兰革命后伊朗男子仍穿西装，但一般不系领带，因为领带有悖于伊斯兰传统。对于女子服饰的要求则更为严格，女子外出必须戴头巾，原则上头发不得裸露在外，并且要穿宽松的不束腰的长袍外套。在城市街道偶有巡逻人员监督人们的服饰，如发现女子不戴头巾或其他违纪行为，均予以处罚。

在伊朗的大多数乡村中，男性的传统服饰是大开襟的长衫和围裤，女性多是披"乔杜尔"（Chador）披巾，一大匹黑色布料将自己从头到脚裹得严严实实。但在伊朗经济较为发达的城市里，民众的着装则有了较大的不同。男性通常身穿夹克衫、西服、长裤、衬衫、皮鞋，冬季再穿上一件新颖有型的大衣外套，即使在公共场合不佩戴帽子也可以。在政府部门工作的女性，头戴称为"赫加布"（Hijab）的头巾，通常是穿长外套和长裤。头巾的颜色大多为黑色、灰色、白色、深蓝色，女性会将头发全部包在头巾里。在有些中等城市中的家庭妇女或年轻女孩更喜欢戴"露撒莉"（Roosari）头巾，身穿长外套、长裤子。这些女性衣着更随心一些，有的会将头发裸露在外。"露撒莉"的头巾花色多样，佩戴它的女性更偏爱选择颜色鲜明、款式新颖的西式衣裙来搭配。

（二）少数民族服饰

伊朗是个多民族的国家，全伊朗境内聚居着几十个少数民族，而每个少数民族又各具特点，其中比较引人注目的要数土库曼人与俾路支人。土库曼族的女性大多身穿花色连衣裙、长裤和绣花坎肩，衣服的颜色非常鲜艳靓丽。长及脚踝的裤子和衣裙剪裁简单，并且在衣领、胸口、袖口处都绣着精美的花纹。土库曼族的女性，喜欢戴盖头，通常是将四角绣花的头巾盖在绣花帽上。已婚和未婚的女性所佩戴的绣花帽不同，结婚后的女性戴一种有四五厘米高的绣花帽，象征着已婚。还有一部分已婚女性会在头巾上佩戴一条丝带，丝带的颜色随着年龄的不同而有所区别。年轻女性的丝带是红色的，象征着蓬勃的朝气；中年女性的丝带是黑色的，象征着成熟稳重；老年女性的丝带是白色的，象征着健康长寿、儿孙满堂。土库曼族的男性服饰就相对简单朴实，通常佩戴黑色、白色或褐色羊皮缝制的高帽，身穿长衬衫、宽大的裤子和长袍。

俾路支人聚居在俾路支斯坦省和伊朗东南部，这一民族的服饰与传统的民族服饰相比没有较大变化，仍然传承着过去古老又传统的样式。俾路支族女性的服饰主要是由头巾、衣服、裤子、大袍及外套组成。除了裤子和色彩缤纷的刺绣及膝连衣裙外，女性还用金色手镯、项链和胸针装饰自己，而第二个更长的披肩经常遮住头部和肩部。俾路支族男性的服饰则主要是由头巾、上衣、裤子组成。

二、饮食

伊朗作为最古老、最伟大的帝国之一，有三千多年的悠久历史。波斯曾经反复受到外族入侵，造就了伊朗饮食文化的多样性。伊朗位于丝绸之路上，受高加索、希腊、土耳其、库尔德、黎凡特、中亚细亚、俄罗斯等文化的影响。并受伊斯兰教的影响，占人口绝大多数的伊斯兰教的信徒是不允许食用《古兰经》中禁止的食物的。伊朗不同的气候和地形出现了各种各样的农产品。在伊朗，几乎所有地方都能找到用草药和香料混合而成的多种口味的美食，并且独具地方特色。伊朗美食有明显的地域差异。从历史上看，在丝绸之路的路线上，北部地区的菜肴受到了其他国家的影响。而伊朗南部地区，气候比较干燥，加上与印度进行重要香料贸易，因此受到芳香和热香料的影响，多为合成的酱汁和咖喱香料等。

伊朗人饮食习惯上以烧烤为主，不喝带酒精的饮料。根据伊朗法律，伊朗全境禁止销售含酒精饮品，伊朗政府也禁止任何人携带含酒精饮品入境；不食猪肉和无鳞鱼。伊朗人的饮食习俗明显受宗教信仰的影响，带有强烈民族色彩，吃食物很注重吉祥之意。例如喜欢吃苹果蜜饯，表示生活甜甜蜜蜜；吃石榴，表示像石榴粒一样多福；吃鱼，像鱼一样活跃。更有趣的是，他们将糕点制作成各种形状，各有寓意。比如梯形象征步步高升；鸟形意味着像鸟翅覆雏一样和乐安康等。宗教节日忌吃异味、蒜、葱和苦的食物，因为这是不吉利的，也不食核桃、巴旦木等坚果，因为"坚果"一词与"罪孽"有关，且多吃会刺激喉咙，影响祈祷。

在伊朗不同的地区，人们往往根据当地现存的自然环境和条件来烹煮各种富有地方色彩的食品，这些食物被视为民族传统食品，其中最著名的有：契罗喀保布（伴有烤羊肉串或烤牛肉串、鸡肉串的焖饭）；奥布古事特（将羊肉、豆子、香料和土豆等放在水中一起焖煨）；霍列希特（用各种作料烧煮成的一种家常菜肴，就着米饭食用）；菲辛江（用家禽，尤以鹅肉或鸭肉为佳，另加核桃仁、石榴汁、橄榄、糖和香料一起炖煨而成）以及杜尔麦（一种将肉类和其他配料一起裹包在新鲜的葡萄叶中再烧煮而成的菜肴）。尤其在伊朗的西北部地区，有些地方菜肴是以野生植物或蔬菜以及豆类烧煮而成，亦可与肉食一起享用，十分美味可口。而南部有许多菜肴是以鱼类烧煮而成。伊朗的鱼籽酱是用里海的鲟鱼制成，在世界上享有盛誉，其滋补性很强。波斯湾的虾类由于质量上乘，故被用来烹煮各种食物。

伊朗的"索夫来"色彩丰富（按伊朗的传统习惯在地上铺上类似桌布的用品，供在吃饭时放置食物之用）。烤制主食饼类的方法多样。一般来说，伊朗的大饼是经过表层受热烤烘而成，皮薄柔软，且价格便宜。主要品种有圣伽克、拉瓦烯、塔夫通、巴勒巴利等。伊朗的大饼属大众的主食，由官方的食品店和面包店供应。政府对大饼等主食进行补贴以保障穷人的基本生存条件。平时一日三餐，早餐较为丰盛，有面包、奶油、酸奶酪、干酪、鱼、蛋、果酱、果汁、蔬菜和水果。他们的午餐一般比较简单，晚餐最为丰盛。

伊朗人最重视、最隆重的节日是"诺鲁孜节"，即伊历元旦。按照伊朗的历法，伊历太阳历正月初一（即公历的三月二十一日），这天正好是伊朗春季的第一天。诺鲁孜节来临前，凡在外地工作、出差、学习的人，一般都要赶回到自己的家中，铺设以波斯语字母打头的七样物品，组成七宝餐桌。以波斯语字母 S 打头的七种物品是大蒜、麦苗或豆苗、醋、苹果、金币、麦芽糖。在七宝餐桌上，还陈列有水果、无花果干、糕点，由春天的鲜花做成的花篮，以及用小麦事先育好的一盘绿油油的麦苗。除此之外，还必须在七宝餐桌上放一本《古兰经》，以及彩蛋、金缸和象征纯洁、无私的镜子。在伊朗的部分地区，人们还在七宝餐桌上摆放具有地方风味的食品和糕点。在新年的钟声敲响之时，全家人围坐在七宝餐桌旁，共同诵读《古兰经》和做祈祷，这一切都象征着吉祥如意、岁岁平安，并祈求在新的一年里，事业顺利，家庭幸福。

三、住房

2020 年，伊朗《金融论坛报》报道，伊朗议会研究中心发布报告回顾过去 40 年伊朗住房与城市发展情况。报告称，随着城市化进程的发展和人口结构的变化，自 1979 年伊斯兰革命以来，全国住房需求迅速增加。根据 1977 年 3 月和 2017 年 3 月两次全国性人口和住房普查的数据，伊朗人口在 40 年内增长了两倍，家庭总数从 670 万增长到 2410 万；人口超过 10 万的城市数量从 23 个增加到 98 个，城市化率从 47% 提高到 74%；住房数量从 530 万套增加至 2280 万套。

与此同时，每户家庭平均人数从 1977 年的 5 个减少到了 2017 年的 3.3 个，这也是人口数增长两倍但家庭数增加四倍的原因。家庭数与住房数比率从 1.26 降到了 1.06，城市人口密度从 1.37 降到了 1.04。

房屋质量方面，金属架构住宅比例从 1977 年的 0.3% 增加到了 2017 年的 57%。该比例如果较低意味着贫民窟规模较大。拥有住房的家庭比例一直在 70% 以上，但是近年来该比例有所降低，传统上伊朗人对是否拥有住房十分重视。在提供住房的主体方面，政府从 20% 降低到了 4%，目前私营部门占比最高为 90%。

根据道路和城市发展部起草的《住房综合计划 2017—2027》，至 2027 年 3 月伊朗人口将达到 8820 万。预测表明，届时将有 6820 万人居住在城市，2000 万人居住在农村；总家庭数将达到 2870 万，其中 2210 万户居住在城市，615 万户居住在农村。在该计划的十年内，新组建的家庭将需要 407.6 万套住房（城市 399.7 万套，农村 7.9 万套），至 2027 年需要修理或重建的住房为 531.3 万套（城市 300.3 万套，农村 231 万套）。[1]

伊朗的建筑外简内秀。在亚兹德，当地人的住宅建筑风格各异，排列整齐，一般是 4~6 层钢架结构，地板采用复杂的截面空心红砖镶在轻质钢架上，墙体用一种黄色的轻质砖建造，很少看到钢筋水泥结构。

很多建筑外表粗陋，内部却装修得富丽堂皇。每栋住宅前是花园或泳池，但泳池基本只是摆设，因为左邻右舍都能看到，有伤风俗。当然，隔开各单元的围墙上少不了削尖的钢筋护栏。整个住宅区绿树成荫，高大的阔叶树一到秋天就变成金黄色或红色，非常动人。亚兹德郊外的村庄，给人的感觉是古老而落后。

---

〔1〕　驻伊朗伊斯兰共和国大使馆经济商务处：《伊朗住房及城市发展情况》，载中华人民共和国商务部官网：http://ir.mofcom.gov.cn/article/ddgk/202007/202007029 80352.shtml，最后访问日期：2024 年 9 月 13 日。

土坯垒起的房屋，外表不加任何修饰，围着土屋是高高低低的土墙，只有极少数民宅是用砖垒成的。室内墙壁一般只刷上白灰。房间里摆设非常简单，地上铺着地毯，周围放几个靠垫，没有桌椅，没有家具，没有床，没有餐桌。晚上睡觉时铺上垫子，白天收起。吃饭时在地毯上铺块餐布，席地而坐。

四、出行

伊朗国内的主要城市，交通便利，公路运输是主要的交通方式。截至 2020 年，伊朗公路总里程约 3.8 万公里，其中约 1.8 万公里是干线公路，2460 公里是高速公路。

伊朗的几条重大铁路线路有：第一条线路是恰巴哈尔至扎黑丹铁路，全长 610 公里，连接东南港口城市恰巴哈尔和边境城市扎黑丹。第二条线路是亚兹德至埃格利德铁路，全长 270 公里，连接亚兹德省和法尔斯省，延伸连接到呼罗珊省的马什哈德。第三条线路是博斯坦阿巴德至大不里士铁路，连接东阿塞拜疆省和国家主干铁路网。该线路是伊朗东西运输走廊的重要一段，也是古丝路的一部分，建成后将成为国际运输线在伊朗境内的"黄金节点"。第四条线路是哈夫至赫拉特铁路，全长 136 公里。赫拉特为阿富汗第三大城市，该线路全线贯通后可以使伊朗铁路网与中亚及中国铁路连通，对地区货物和旅客运输发展具有重要意义。

伊朗共有军用、民用机场上百个，德黑兰、伊斯法罕、设拉子、大不里士、阿巴丹、阿巴斯为六大航空枢纽。伊朗航空公司是伊朗境内最大的航空公司，拥有上百架飞机。除国内航线外，伊朗还开辟了赴海湾、亚洲、欧洲的数十条国际航线。目前，伊朗机场公司（IAC）正在建设 21 个机场改造项目，涉及总投资金额约为 1.2 亿美元，其中 15 个项目将在 2025 年 3 月前建成并投入使用。

伊朗毗邻波斯湾、阿曼湾和里海，海运发达，主要港口有霍拉姆沙赫尔、布什尔、阿巴斯、霍梅尼、恰巴哈尔、安萨里和诺莎尔港。主要的船运公司有四家，分别是伊朗伊斯兰共和国船运公司、伊朗—印度船运公司、瓦尔法加尔船运公司和里海船运公司，货物运输能力超过 3000 万吨，旅客运输能力近 300 万人次。此外，伊朗是中东和波斯湾地区最大的邮轮拥有国，有 20 万吨级以上邮轮 30 艘。哈尔克岛是伊朗最大的原油输出港。

第四节　日常交往

一、日常礼节

伊朗人的时间观念很强，习惯准时赴约，他们认为这是社交的基本礼仪。伊朗人非常注重礼节，无论上午、下午、晚上，见面时都会热情地打招呼，说声"萨拉姆"，即"你好"之意，对任何人都是如此。同时，他们亦会将左手放在上衣扣中间，微微低头以示谦逊。如果是熟识者，还常常以握手、拥抱、贴脸的方式互致问候。在打招呼时，伊朗人会在姓氏前加上先生、夫人等尊称，只在亲朋好友间才直呼其名。如果遇到极为尊敬者，他们会说"愿为您效劳""愿为你服务""劳驾"等类似的话语。打电话的时候也通常会先问候几句话之后才转入正题。来访者对伊朗主人也应以姓氏称呼，或称呼他们的学衔或职衔。如果是商务见面，则要事先约好，并准时到达。如果是一般的社交活动，可以不用太过于准时。如果是应邀赴宴，应带一束鲜花或伴手礼，接受别人礼物时也要再三推辞而后再接受。如果是会见宾客，一般惯以握手为礼。

在民俗礼仪方面，伊朗人素来有敬重长者的美德。在每个家庭中，晚辈都非常尊敬自己的父母，尤为敬重父亲。

此外，玫瑰花是伊朗人较为喜爱的鲜花，人们都把它看作是圣洁、完美、幸福和纯贞的爱情象征，波斯玫瑰又名大马士革玫瑰，被喻为伊朗国花。伊朗人民也很喜欢金鱼和狮子，他们认为金鱼是一种美丽又吉祥的观赏物并对它有特殊感情；狮子则在伊朗的文化中有神圣和吉祥的意义，也颇得伊朗人民的喜爱。

二、禁忌

伊朗非常忌讳男女之间的接触，非直系关系的男女见面只能问候，绝不可握手。中小学男女生不同校，大学课堂上男女生分两边落座，有的大学甚至在课堂中央挂起一道帘子，将男女生隔开。严格禁止男女生互串宿舍，住宿楼也保持一定距离。在女生宿舍区大门口设有门卫严格看管，即使父亲要见女儿，也只能电话约到会客室，不得进入女生楼。有的公共汽车还在中间拉起一道绳索，上下车时男女各走一门，车上各站一方，以免互相接触。在一些其他公共场所也都有类似的规定，甚至一些机场、车站、清真寺的通道都是男女分开使用的。

在日常生活方面的禁忌也较多，如不能造酒、卖酒、饮酒、赌博；不能吃猪肉；不可以向前伸大拇指；不能吹口哨；不能在别人面前打呵欠打嗝；不能大声喧哗；不能谈论小孩子的眼睛；伊朗女性外出时要戴上头巾或披纱，但在乡下自家园子里干活时可以不佩戴，因此男性也不能随便闯入私人园子；男性和两名及以上的女性相遇时，不能从她们中间穿过，需要绕道而行；等等。

第五节　婚丧习俗

在婚姻方面，《古兰经》对伊斯兰教的婚姻有很多详细的规定，这些规定是包括伊朗在内的众多伊斯兰国家民法的重要组成部分，至今仍然发挥着重要作用，主要有禁止有血统关系、有哺乳关系、有姻亲关系的男女结婚；禁止堕胎；禁止与非信仰伊斯兰教的人通婚；禁止与有夫之妇结婚等。

一、婚俗

（一）各民族通婚

伊朗法律规定，男孩 14 岁，女孩 9 岁就可以订婚，法定结婚年龄为男性 15 岁，女性 13 岁。在伊朗存在一夫多妻现象，法律规定一个男子可娶四个妻子，续娶的条件是必须能够保障已婚夫人的生活，并得到她们的许可。尽管法律允许一夫多妻，但由于经济等原因，绝大多数家庭是一夫一妻。

伊朗各民族通婚基本没有障碍。不论在伊朗上流社会还是寻常百姓之家，民族身份不会成为彼此通婚的鸿沟。巴列维国王的第二任妻子苏拉娅来自巴赫蒂亚尔族。伊朗最高领袖哈梅内伊的父亲是阿塞拜疆人，其母则是波斯人。不论在前王朝时期还是共和国时期，伊朗民族通婚不存在政策层面的禁忌或限制，婚姻是个人的自由选择。但伊朗禁止与不信奉伊斯兰教的人通婚。

（二）古代伊朗的种姓内婚制

内婚制是种姓制度的重要特征。在古代的伊朗，实行父系集团内婚制，即族内婚（包括血亲）。这种婚姻最极端的例子有父女为婚、母子为婚和兄妹为婚。它在《阿维斯陀》和其他古代文献中可以找到许多证据。例如，冈比西斯二世娶自己的姐妹为妻，弗拉阿特斯五世娶自己的生母为妻，阿达希尔一世、沙普尔一世、白赫兰二世也都是兄妹为婚或父女为婚。祭司种姓、武士种姓也实行父系集团的内婚制。唐苏谅妻马氏墓志，就保存了波斯大贵族内婚制的珍贵资料。伊朗的父系集团内婚制，有学者认为是受到埃兰人的影响。至少，在祆教创始人的教义中就没有内婚制的规定。只是在袄教盛行后，内婚制的规定才日渐重要，并被说成是教主琐罗亚斯德为人类所立十大神启之一。内婚制最极端的形式——血亲通婚更被袄教视为最高尚的行为，可以抵销死罪，升入天堂。内婚制在萨珊时期特别盛行，国家有法律专门保障血缘婚姻中的父女为婚、兄妹为婚者的财产继承权。根据婆罗门教的规定，破坏种姓内婚制将受到革除种姓的处分，最严重者会降为不可接触的贱民。在伊朗，据说阿达希尔一世曾下令严禁贵族平民通婚，但实际上伊朗王室本身没有严格实行内婚制。历代诸王的后妃就有很多来自异族、异国。而且，王室往往把婚姻作为加强王权与大贵族政治同盟的手段来考虑。因此，萨珊法典对族外婚并没有任何特别的规定和惩罚，只将拐骗他人之妻和通奸作为犯罪行为加以惩罚。

种姓制度在伊朗存在了上千年之久，对巩固伊朗中央集权统治起过重要作用。7世纪中期，阿拉伯人征服伊朗，伊朗贵族在战争中非死即降，少数逃往异国他乡。伊朗居民后来逐渐改宗伊斯兰教，种姓制度失去赖以生存的基础，成为历史的陈迹。

（三）结婚流程

1. 相亲

相亲时，男方的母亲和几位年长的女性亲属通常会假借做客、租房等名义到女方家去。女方的母亲通常会在通过来客的言谈举止猜测到对方的来意之后，故意安排自己的女儿为客人端来茶水和水烟。当女儿端来茶水和水烟之后，男方的母亲会用手抚摸女孩的头和脖子，一边赞美女孩，一边亲吻其脸颊。男方的母亲会通过这种方式来近距离地观察女孩。男方的母亲还会就女孩的才艺、性格、品质等方面询问女孩很多问题，女孩要一一作答。在伊朗的一些地区还会有这样的习俗，前去相亲的人家会将各类蔬菜带至女方家，由女孩择洗干净，并询问女孩蔬菜的名称，以考察她操持家务的能力。

男方母亲和同行的亲属经过初步考察，如果感到满意，就会说明真正的来意。女方的母亲如果也满意，也会表示认可。随后双方商定日期，由男方的男性亲属再次到女方家中，对订婚的时间、需要准备的物品、聘礼的数额等进行商定。

2. 商讨

商讨是指男女双方父母在相亲时约好日期，对订婚相关事宜进行商量的程序，通常商讨会在晚上举行。在这一天，男方男性家长通常会将一个托盘带到女方家，托盘里的物品包括一枚戒指、一双女鞋、一些点心、冰糖、茶叶、指甲花等，有时还有一套衣服。商讨的主要内容是订婚时需要准备的物品，如服装、嫁妆盒等。商讨结束之后，双方的女性亲属会一边晃动手鼓，一边高声祝贺彼此。在霍拉桑等地区，人们还会将几枚银币塞到男方带来的鞋子里，并将鞋子穿到姑娘脚上。所以"商讨之夜"又称"穿鞋之夜"。

3. 订婚

订婚仪式由一人主持，新郎和新娘双方各有一名男性长辈作为见证人。订婚仪式开始后，首先点燃一支蜡烛或油灯，然后进行祈祷。随后，主持人将向新郎新娘的父母提问以最终确认他们对双方子女的婚姻没有异议。在得到肯定的回答之后，再向新娘提问相同的问题。传统上，主持人连续提问三遍之后，新娘才予以回答。最后，双方签署订婚协议。订婚协议通常包括反对一夫多妻、双方的财产权利、聘金的数额等内容。

4. 待嫁期

从完成订婚仪式到婚礼举行前的一段时间称为"待嫁期"。在待嫁期内，男方要经常去拜访女方，并且每次都要带上一些礼物。礼无需贵重，例如一匹布料、一块头巾、女性的小饰品等。如果空手去女方家拜访，是非常失礼的举动。如果在待嫁期内，遇到盖迪尔·胡木节、古尔邦节、新年、开斋节等重大的节日，男方则必须送给女方一个盛有点心或水果的托盘。

5. 婚礼

伊朗的婚礼通常在晚上举行。婚礼当天，新郎的父母从下午开始就在家门口迎接各位参加婚礼的宾客。客人们到来之后，一边喝茶、吃点心，一边欣赏伊朗民族乐曲演奏和集体舞蹈表演。傍晚，新郎在亲戚们的陪同下，前往女方家中迎接新娘。新郎新娘会共同牵着手走出家门。这时，人们会点燃芸香，并共同问候先知。在一些传统的家庭中，新娘出门前，家人会将一张馕、一些奶酪和蔬菜系在新娘的腰上，并亲吻新娘。

婚礼一开始会由有合法效力的公证人朗读《古兰经》或诗集，通常结婚文件在这些仪式前已经签完。当公证人开始讲话的时候，未婚女性亲属拿着薄纱遮罩，已婚女性亲属就会开始轮流拿糖棒磨出糖屑，抛撒糖雨祝福新人，从家人到亲友一直轮流磨糖棒。接着下一步，公证人问新郎是否愿意娶新娘，新郎会很直接说"是"；公证人在第一次及第二次问新娘时，新娘都会故意沉默让新郎和观众紧张，新娘的亲友就会在一旁起哄；第三次的时候，新娘就会认真地说："得到我父母亲的允许，我愿意嫁给新郎"，一旁的亲友会发出"罗罗罗罗……"的声音表示喜悦。

在这个仪式后，新郎就会揭起新娘的头纱，双方一起看镜子，表示双方一起凝视着镜中的永恒未来。新郎新娘会用小指头沾桌上的蜂蜜，相互喂给对方，象征着幸福甜蜜，接着新郎和新娘才可以互吻。仪式到此结束，轮到亲人上来亲吻新人，并赠予礼物或首饰表示祝福。之后是宾客、朋友亲吻新人，并赠予礼物或首饰。等到所有人都亲吻新人之后，新人退场，同时亲友撒金币、撒糖果、撒花瓣等各种吉祥物。

二、葬俗

（一）葬礼

伊斯兰教徒临终前应当脚朝麦加方向仰卧，去世后由在场的亲人将其双手平直地放在身体两侧，用绳子将逝者双脚绑在一起，并在逝者脸上蒙上一块白布，胸前放置一本《古兰经》。将逝者从家中送往洗尸房时，应使用清真寺提供的公用棺材，并在棺材上根据逝者的性别铺上腰带或披肩。男性去世，要在棺材上铺上一条宽羊毛腰带，如果男性逝者朝觐过麦加，使用黄色腰带；如果逝者是先知后裔，使用绿色腰带；其他则使用白色腰带。女性去世，就将其披肩围在棺材上。

在前往洗尸房的路上，逝者的家属走在棺材前面，亲属朋友走在棺材后面，一边前行一边高声念清真言。在洗尸房，尸体通常要被清洗三遍，并且做防腐处理。之后使用裹尸布将尸体从头到脚包裹起来，再用公用棺材送到墓地。在抬往墓地之前，要先将尸体抬到圣陵，并绕圣陵三圈，目的是让逝者利用最后的机会，恳求伊玛目向真主求情，原谅自己的罪过。然后人们会在圣陵里举行祷告仪式。祷告结束后，逝者的亲属将棺材送往墓地，其他的人可以离开。

（二）哀悼

逝者的家属要在葬礼当天、葬礼后的第七天和第四十天分别举行三次哀悼仪式，三次仪式的内容基本相同。哀悼仪式一般是在逝者家里或者附近的清真寺举行，参加仪式的人，都穿黑色服装，并用浅黄色百合花篮或者花圈寄托哀思。哀悼仪式上，人们要一起朗诵《古兰经》的第一章，祈求真主原谅逝者的灵魂，向逝者的家属表示慰问。哀悼仪式的全程都要有专人诵读《古兰经》的经文。哀悼仪式快结束时，由一名经师向人们大声宣讲人生无常和物质世界转瞬即逝等内容，然后由经师介绍逝者的生平，赞美逝者的慷慨、善良、虔诚等美德，最后宣讲"卡尔巴拉惨案"的经过，并高声诵读悼念侯赛因的诗歌宣告仪式结束。

第六节　纪念节日

伊朗的节日庆典较多，一年里的宗教节日有开斋节、古尔邦节、先知诞辰日、先知为圣日等。传统的节日有伊历元旦（诺鲁孜节）、中秋节（迈赫尔甘节）。

一、开斋节

开斋节与古尔邦节同为伊斯兰教两大节日。时间在伊斯兰教历10月1日。伊斯兰教徒在莱麦丹月（第9月）全月斋戒，斋月最后一日寻看新月，见月次日开斋，即为开斋节；如未见新月，则继续封斋，节期顺延，一般不超过3天。当代，此节在历书上有标志。此日伊斯兰教徒们穿上节日盛装，到清真寺参加"会礼"和庆祝活动，恭贺"斋功"胜利完成，互道节日快乐，并馈赠礼品。礼拜仪式规模和气氛均盛于"聚礼"，阿訇应讲经布道。"会礼"后，分头游祖坟，念经文，追悼亡灵。节日中，家家户户炸馓子、油香之类食品，赠送他人。每个家庭应在节日开始前向穷人发放开斋布施。

开斋节重要标志是上午会礼，也叫节日礼拜。伊斯兰教徒礼拜面向麦加克尔白方向，象征统一和团结。每年的开斋节，伊朗的最高领袖都会领拜。在伊朗，无论城市或乡村或街道或公园或广场，伊斯兰教徒都是朝同一个方向做祈祷，场面壮观和震撼。会礼是节日礼拜，重在敬畏造物主。伊朗的阿拉伯人和其他伊斯兰教徒一样都是举行会礼，穿上民族服饰等。开斋节会礼结束后，人们散去参加各种娱乐活动，如走亲访友、烧烤野餐、郊游等。

伊斯兰教经典记载，先知穆罕默德在传教前，每逢莱麦丹月都去麦加近邻的希拉山洞沉思默祷。公元 610 年的莱麦丹月，先知在沉思默祷时突然接到安拉的启示，命他以"使者"的身份传递真主的教诲。后来，先知穆罕默德将这个月定为斋戒月，以示纪念。与此同时，教法学家解释，"斋戒是为了让有钱人品尝饥渴滋味，以使他们不要穷奢极欲、挥霍无度；要节衣缩食，省出钱来周济穷人"。"会礼"是先知穆罕默德生前确定的宗教节日礼仪。

二、古尔邦节

古尔邦节，又称宰牲节。古尔邦节是伊斯兰教徒的盛大节日。"古尔邦"在阿拉伯语中称作"尔德·古尔邦"，或称为"尔德·阿祖哈"。"尔德"是节日的意思；"古尔邦"和"阿祖哈"都含有"牺牲""献身"的意思，所以一般把这个节日叫"牺牲节"或"宰牲节"，也译作"库尔班"。在伊斯兰历每年的 12 月 10 日，麦加朝圣过后。据《古兰经》记载，先知伊卜拉欣直到晚年也没有儿子，他祈求真主安拉赐给他一个儿子。不久后，伊卜拉欣果然有了儿子，他衷心感谢真主的恩赐，精心抚养幼子。十几年后的一天夜里，伊卜拉欣做了一个梦，梦见真主安拉命令他把心爱的儿子宰掉献祭以考验他的诚心。伊卜拉欣顺从执行"启示"的那一刻，真主让伊卜拉欣刀下留人，派天仙吉卜热依勒背来一只黑头羝羊作为祭献，代替了伊卜拉欣的儿子。当伊斯兰教创立后，伊斯兰教徒承认伊卜拉欣并尊为圣祖，每年的这一天，便形成了宰牲献祭的习俗并沿袭至今，成为所有伊斯兰教徒的传统节日之一。

至此，信仰伊斯兰教的人在每年教历 12 月 10 日以宰牲和朝觐来纪念这个节日，节日意义在于：一是敬畏造物主；二是孝顺父母；三是体现人类之间要相互关爱，因为宰牲的肉以送穷人为主。

古尔邦节的主要内容有：一是举行会礼，伊斯兰教徒聚集在大清真寺或公共场所，举行盛大的仪式和庆祝活动。二是宰牲，伊斯兰教徒都在节日前准备好要宰的牲口。牲口必须健康，共有骆驼、牛、羊三种，根据家庭的经济情况来决定。宰后的肉要分成三份，分别留作自用、赠送亲友以及施舍给穷人。伊朗人过古尔邦节与世界上大多数伊斯兰教徒都是一样的。宰牲和朝觐必不可少，朝觐在沙特麦加举行。宰牲一般以牛、羊为主，其次是骆驼，如果经济不宽裕的人家可以用宰鸡来代替。古尔邦节当天的上午是在清真寺祈祷，同时也有纪念亡人的习俗。三是亲朋好友聚会。如果古尔邦节逢风和日丽的天气，年轻人会郊游、烧烤等。

三、盖迪尔节

"盖迪尔·胡木"是麦加与麦地那之间的一个水草地带，亦译作"沼泽地""水泉"或"胡木河"。据伊斯兰教圣训学家传述，632 年 3 月，先知穆罕默德到麦加辞别朝觐后，在返回麦地那时，于教历 12 月 18 日途经盖迪尔·胡木，在那里宣布了圣训，故他们以圣训为依据，提出伊玛目阿里即是先知穆罕默德合法继承人的主张。伊玛目侯赛因忌日（阿舒拉日）和盖迪尔节定为什叶派的两大节日。此后，什叶派穆斯林便在伊斯兰教历 12 月 18 日举行节日纪念活动。在清真寺、广场、集市乃至私人家中宣读有关伊玛目阿里及其他伊玛目的宣讲词，即兴宣传，讲故事，隆重庆祝此节。

伊斯兰教徒在盖迪尔节互相祝贺、洗大净、穿新衣服、喷香水、见面拥抱对方、拜访亲朋好友、祈祷、封斋、礼拜。在伊斯兰教盖迪尔节，伊斯兰教徒更注重做的一件事情，就是给亲朋好友、邻居、穷人等赠送免费的餐食。先知的后裔们说："在盖迪尔节给妻子和孩子送礼物。"

四、诺鲁孜节

伊朗春节在波斯语中叫作"诺鲁孜"，在波斯语里面的意思是"新的一天"。诺鲁孜节是伊朗人民的传统节日和全国性的节日。节日从伊朗历 1 月 1 日（相当于公历 3 月 21 日或我国的农历春分时节）到 13 日这段时间，是真正节气意义上春天的节日。除了伊朗外，阿富汗、吉尔吉斯斯坦、塔吉克斯坦、乌兹别克斯坦、阿塞拜疆、土耳其等国家也会庆祝诺鲁孜节，这一节日已经延续了至少三千年。

一般来说，诺鲁孜节前的一两周，伊朗人已经开始忙碌起来，新年一到，人们就开始穿新衣、品美食，同时还会走亲访友，相互祝福。年轻人还会在此期间订婚或是举行婚礼，给节日增添一些热闹的气氛。

在诺鲁孜节前一天，全家欢聚，吃顿丰盛的"团圆饭"。这时桌上摆着七样东西，其波斯文名称的第一个字母都是 S，称为"哈夫特辛"。七样东西及其含义是：麦苗或豆苗——万物生机勃勃，欣欣向荣；苹果——硕果累累，鲜美滋润；醋——生活美满，有滋有味；蒜——驱除恶魔；金、银币——招财进宝，发家致富；香料（调味用）——生活美好；麦芽糖——生活甜蜜。此外，桌上还放着《古兰经》和伊斯兰教什叶派鼻祖阿里的画像，表示主人的虔诚；还有象征光明、诚挚、前程似锦的镜子、蜡烛、彩蛋和金鱼。

旧年最后一个星期三的晚上，要举行跳"祝火"活动，迎接新年的来临。当夜幕刚刚降落，便见大街小巷燃起一堆堆篝火。一家老小围着火堆，在朗朗笑声中开始跳"祝火"。

初一到初三，人们走亲访友，互祝新春快乐。主人拿出各种美味点心和干果，款待客人。人们或坐在茶炊旁饮茶，谈天说地，或围着一个大水烟袋轮流吸烟，欢度良辰。郊游是诺鲁孜节的最后一项活动。伊朗人认为，"十三"是个不吉祥的数字，所以正月十三人们合家出游踏青，以避邪恶。大小公园和绿野，游客如云，人们尽情地享受大自然的乐趣，流连忘返。

第七节　旅游名胜与奇观

伊朗拥有着数千年的文明历史，自然地理及古代文明遗产相当丰富。在伊斯兰革命之前，每年前往伊朗旅行的人数达到数百万人。而两伊战争之后，旅游业遭到了极大的冲击。1979 年到 1994 年，前往伊朗旅行的人年均不足 10 万人次。从 1991 年起，伊朗政府开始致力于发展旅游业，自此旅游业开始复苏。根据世界旅游组织统计，2021 年伊朗旅游业对该国 GDP 的贡献达 481 亿美元，排名世界第 19 位。伊朗具有优质的旅游资源，列入联合国教科文组织的世界遗产达 24 处。

一、波斯波利斯

波斯波利斯之于伊朗，如同长城之于中国，是不可错过的必游之地。它位于设拉子东北约 60 公里处一座当地人称为"善心山"之下，距离帕萨尔加德不足 50 公里。1979 年波斯波利斯被列入世界文化遗产，也是伊朗第一个世界文化遗产。

波斯波利斯作为波斯帝国的中心，是阿契美尼德王朝的礼仪之都。这座雄伟的宫殿是阿契美尼德皇帝们的夏宫，也是举行正式仪式的场所。在美索不达米亚诸都城的启发下，大流士一世在一块无根的半人工半天然台地上建了一座拥有众多宫殿的建筑群。波斯波利斯古城遗址提供了许多关于古代波斯文明的珍贵资料，具有重要的考古价值。这座城市作为波斯帝国礼仪上的首都，即用于接待外国使臣，接受万国朝拜。

波斯波利斯的设计虽然是历代君主分别在不同统治时期完成

的（历时 150 多年），但整个建筑风格还是浑然一体。波斯波利斯与众不同的地方还在于其主要宫殿的地基、台阶、窗户、门厅和柱子等都使用了石头，屋顶为木质结构，墙却是砖砌的。波斯波利斯在公元前 300 年被亚历山大大帝焚毁。

二、恰高·占比尔

恰高·占比尔是一处位于伊朗西部胡齐斯坦省的古代埃兰遗址，它是在美索不达米亚以外仅存的几座金字形神塔之一。恰高·占比尔遗址位于迪兹富勒南偏东方向约 42 公里，苏萨东南方向约 30 公里，阿瓦士以北约 80 公里。恰高·占比尔遗址主要由宫殿、陵墓和祭祀建筑组成，大部分建筑严重损毁，现存祭祀殿主要建筑材料为土坯和砖结构，砖上存有大量楔形文字。

"恰高"一词在当地的巴赫蒂亚语中意为"山丘"，而"恰高·占比尔"一词的意思是"篮子形的山"。恰高·占比尔大约在公元前 1250 年由埃兰国王翁塔希·纳昢日沙修建，主要是为了供奉埃兰主神因舒希纳克。在埃兰语中，恰高·占比尔的名字意为"翁塔希之城"，但是考古发掘显示，除了祭司及其仆人，几乎没有人在恰高·占比尔生活过。摆在遗址处的几千块还没用过的砖说明，在遭到阿舒尔巴尼帕尔的侵略后，恰高·占比尔还没有完全建成。

三、帕萨尔加德

帕萨尔加德的遗迹位于波斯波利斯东北方 87 公里，也就是现在伊朗的法尔斯省境内扎格罗斯山的一处盆地中，是波斯阿契美尼德帝国第一个首都。帕萨尔加德的遗迹范围为 1.6 平方公里，包括一个普遍被认为是居鲁士二世陵墓的建筑、坐落在附近山丘上的堡垒，两座皇宫与花园的遗址。这些花园也包括已知最早的四重的花园设计。

公元前 550 年居鲁士在帕萨尔加德打败了他的祖父和领地的君主，把此地作为自己的领土，并在晚年时开始修建这座城市，使其成为阿契美尼德帝国的第一座都城。都城位于扎格罗斯山一处盆地中，如今已被岁月侵蚀失去了往日的繁华，只剩下几处迎风而立的遗址。

帕萨尔加德最重要的遗迹是居鲁士二世的陵墓，外侧总共有 6 级宽阔的阶梯，墓室长 3.17 米、宽 2.11 米、高 2.11 米，有一个低而狭窄的入口。虽然没有明确的证据证明这是居鲁士二世的陵墓，不过根据希腊历史学家的记录，亚历山大大帝将它视为是居鲁士二世的陵墓。亚历山大大帝劫掠并破坏波斯波利斯时，曾造访这座陵墓。在阿利安的著作中，亚历山大大帝曾经命令一位士兵进入这座陵墓，发现一具黄金打造的床铺、一张摆着器具的桌子、一具黄金棺材、一些用珍贵珠宝装饰的摆饰与陵墓铭文，不过这些铭文并没有保存到现在。

四、伊斯法罕王侯广场

伊斯法罕王侯广场坐落在伊朗中部伊斯法罕省首府伊斯法罕市的市中心，由阿巴斯一世大帝建于 1616 年，通常被用于阅兵、庆典、观赏马球、行刑等。1979 年伊斯兰革命后，王侯广场改名为伊玛目广场，伊玛目为伊斯兰圣人之意。

伊斯法罕王侯广场被称为仅次于中国北京天安门的世界第二大广场，由皇家清真寺（伊玛目清真寺）、阿里·卡普宫殿、希克斯罗图福拉清真寺、皇家大巴扎等几部分组成，二层的拱廊把它们连接起来，整个广场呈长方形，长 500 米，宽 160 米，中间是大片草地和玫瑰盛开的花坛，正对阿里·卡普宫殿的是希克斯罗图福拉清真寺，两者之间是一个大型的喷水池，显得格外宽敞而大气。所有这些反映了萨法维王朝时期波斯的社会文化生活。

皇家清真寺也称"伊玛目霍梅尼清真寺"，坐落在广场的南侧，是一座雄伟壮观的穹隆形波斯风格建筑。它的拱顶和宣礼塔上装饰着土耳其蓝瓷砖，镶嵌出精美的阿拉伯图案和各种几何图形，因而这座清真寺也被称作"蓝色清真寺"。

阿里·卡普宫殿是伊朗伊斯兰著名故宫。高耸于伊斯法罕市中心广场的西面。系萨法维王朝阿巴斯大帝（1587—1629）和后妃们居住的地方。二楼上的游廊是阅兵、观看马球的场所。登上六楼，可俯瞰全城。六楼有"音乐厅"，其四面墙壁拢音，墙上布满刻花图案，建筑精巧，引人入胜。

希克斯罗图福拉清真寺是阿巴斯大帝为敬重伟大的穆斯林什叶派学者，同时也是皇后的父亲、黎巴嫩著名学者希克斯罗图福拉而兴建的。

五、塔赫特苏莱曼

塔赫特苏莱曼的考古遗址位于伊朗西北部火山区的一个村庄中。该遗址包括有部分重建于（蒙古）可汗尼德时期（公元13世纪）的祆教（拜火教）主圣堂和萨珊王朝时期（公元6世纪和7世纪）奉献给安哈希塔的神殿。

作为萨珊王朝拜火教的祭火坛，塔赫特苏莱曼是萨珊王朝最伟大的标志性建筑之一。萨桑王朝是最后一个前伊斯兰时期的波斯帝国，建于公元224年，亡于651年。萨珊王朝统治时期的领土包括当今伊朗、阿富汗、伊拉克、叙利亚、高加索地区、中亚西南部、土耳其部分地区、阿拉伯半岛海岸部分地区、波斯湾地区、巴基斯坦西南部，控制范围甚至延伸到印度。古典时代晚期的萨珊王朝被认为是伊朗或波斯其中一个最重要及最有影响力的历史时期。萨珊王朝统治时期见证了古波斯文化发展至巅峰状态，影响力遍及各地，对欧洲及亚洲中世纪艺术的成形起着显著作用。

塔赫特苏莱曼是世界上最早的一神论的宗教地区，早在波斯第一帝国阿契美尼德王朝崛起之时，每位国王登基时都要在这里进行祭祀典礼。塔赫特苏莱曼遗址位于高出周围约 20 米的高地上，四周曾被宽 5 米、高 14 米、全长 1200 米的椭圆形城墙围绕。该遗址的整体布局汇聚了拜火教教义里的水、火、土、风四大元素，尤其凸显了对水、火的崇拜。

六、巴姆城堡

巴姆城堡位于伊朗东南部克尔曼省的平原地带巴姆郡，遗产的核心部分是巴姆城堡（又名巴姆古城）。巴姆城堡是全球最大的土坯建筑群，这个坐落在"丝绸之路"和"香料之路"上的巨大城堡，大约兴建于公元前 500 年，起源于阿契美尼德王朝时期（公元前 6 世纪至 4 世纪），甚至还要往前。巴姆城堡的繁盛时期为 7 世纪至 11 世纪，当时是重要贸易干线的十字路口，著名的商品有丝绸和棉衣。巴姆城堡一直使用到 1850 年，目前历史学界对这座城堡被废弃的原因尚没有确定的结论。

巴姆城堡的地理位置十分重要，自古以来就是富有战略意义的要塞，位于克尔曼市东南 195 公里处，处在卢特沙漠的边缘，巴雷兹山脉和卡布迪山脉之间的平原上。从此向东 350 公里便可到达阿富汗，向南 450 公里可到达波斯湾。这里是伊朗最古老的城市之一，通过作为当时巴姆与海外通商的重要港口——霍尔木兹港，中国和印度的商品源源不断地被运到这里。因此一些学者认为，巴姆堡一带的丝织技术是从中国传入的。

由于古堡所在的环境非常干旱，只有黄土，寻不到石头，因此巴姆堡才被建成土坯结构。这座城堡高约 61 米，占地 20 公顷，长达 3 千米的土城墙把古堡围绕其中。北面临河，其他三面面对花园、居民区和农田。古堡内的城堡区建在一个土丘上，由居民区、马厩、驻军区和中央区等共 5 层建筑构成。

参考文献：

［1］杨珊珊等：《当代伊朗人文地理研究》，时事出版社 2018 年版。

［2］王胜三、陈德正主编：《一带一路列国志》，人民出版社 2015 年版。

［3］阿钒编著：《伊朗：丝绸西路上的明珠》，北京联合出版公司 2016 年版。

［4］李铁匠：《古代伊朗的种姓制度》，载《世界历史》1998 年第 2 期。

［5］冀开运：《伊朗伊斯兰共和国研究》，西北大学 2000 年博士学位论文。

［6］李鹏涛：《伊朗现代化进程中的民族关系——伊朗民族矛盾的产生与演变》，载《世界民族》2009 年第 1 期。

［7］刘今朝等：《古代伊朗宗教文化特征初探》，载《重庆科技学院学报（社会科学版）》2006 年第 2 期。

第二章

阿富汗的习俗文化

【本章概要】阿富汗地处中亚、西亚和南亚的交汇处，坐落于"亚洲的心脏"，系南北交通要冲，沟通东西方，历史文化悠久，矿藏资源丰富，与古丝绸之路渊源颇深。其国民大多信奉伊斯兰教，姓名性格、衣食住行、日常交往、婚丧习俗、纪念节日、旅游名胜与奇观等各个方面受宗教影响极深。由于常年战火纷飞，阿富汗是世界上经济最不发达的国家之一，和平与重建既是阿富汗政府发展和外交的政策方向，也是阿富汗人民内心最期许的愿望。在中阿关系上，中国与阿富汗秉持和平共处五项原则，于1955年1月20日正式建立外交关系，积极发展两国之间的经贸往来。2002年，阿富汗同包括中国在内的6个邻国共同签署《喀布尔睦邻友好宣言》和《喀布尔睦邻友好禁毒宣言》。2005年10月，阿富汗成为中亚区域经济合作组织成员，11月与上海合作组织建立联络组，同月成为南亚区域合作联盟成员。2012年6月，成为上合组织观察员国。

第一节 国家概况

阿富汗，全称为阿富汗伊斯兰共和国（The Islamic Republic of Afghanistan），处于亚洲中西部，北邻土库曼斯坦、乌兹别克斯坦、塔吉克斯坦，西接伊朗，南部和东部连巴基斯坦，东北部凸出的狭长地带与中国接壤。阿富汗面积约为 64.75 万平方公里，人口约为 3220 万人，首都坐落于喀布尔。普什图语和达利语是阿富汗的官方语言，农牧业是阿富汗国民经济的主要支柱。历经三十年战乱，阿富汗是世界上经济最不发达的国家之一，其在对外交往方面重视发展与周边国家关系和参与区域合作。

一、历史沿革

纵观阿富汗历史，可划分为史前历史、中世纪历史、近代历史三个阶段。在史前历史阶段，通过遗址发掘和考古探索，人们在阿富汗发现了旧石器时代、中石器时代、新石器时代、青铜时代和铁器时代的典型神器。作为早期历史活动的重要地点，人类至少在 50 000 年前便生活在阿富汗，并通过文化和贸易与东部、西部、北部的邻国紧密相连，同时该地区的农业社区也被认为是世界上最早的社区之一。此外，阿富汗的城市文明可追溯至公元前 3000 年，早期的 Mundigak 城市（位于阿富汗南部的坎大哈附近）可能是印度河流域文明的殖民地。最近的发现表明，印度河流域文明可延伸至阿富汗，使今天的古代文明成为巴基斯坦、阿富汗和印度的一部分。具体而言，它从今天的巴基斯坦西半部一直延伸至印度西北部和阿富汗东北部。

在中世纪历史阶段，前有伊斯兰征服阿富汗，后有蒙古入侵中亚。公元 642 年，穆斯林将伊斯兰教带到了赫拉特（Herat）和扎拉尼（Zaranj），并开始向东传播。他们遇到的一些当地居民接受了它，而另一些则抵制和反抗它。在引入伊斯兰教之前，该地区的人们主要是佛教徒（Buddhists）和琐罗亚斯德教徒（Zoroastrians），但也有苏里亚（Surya）和娜娜（Nana）的信徒，还有一些犹太人（Jews）等其他人。到 11 世纪，马哈茂德（Mahmud）击败了其余的印度教统治者，有效地伊斯兰化了整个地区。公元 1219 年，成吉思汗和他的蒙古军队占领了该地区，据说他的部队歼灭了霍拉萨尼亚（Khorasanian）的赫拉特（Herat）、巴尔赫（Balkh）以及巴米扬（Bamyan）。蒙古人造成的破坏迫使许多当地人返回农业农村社会。

18 世纪中叶，阿富汗逐渐成为独立国家，并于 1747 年建立阿富汗王国。曾一度强盛。19 世纪后，阿富汗国力日衰，成为英国和沙俄的角逐场。1838 年至 1919 年，英国先后发动三次侵略阿富汗战争，均遭坚强抵抗而失败。1919 年阿富汗摆脱英国殖民统治获得独立。1973 年，前首相达乌德发动政变，推翻查希尔王朝，宣布成立阿富汗共和国。1978 年 4 月，亲苏联的阿富汗人民民主党发动军事政变，推翻达乌德政权，成立阿富汗民主共和国。1979 年 12 月，苏联入侵阿富汗，相继扶持卡尔迈勒和纳吉布拉上台执政。1987 年 12 月改国名为阿富汗共和国。1989 年 2 月，苏联军队撤出。因各派争权夺利，阿富汗陷入内战。1992 年 4 月，纳吉布拉政权垮台，游击队接管政权，改国名为阿富汗伊斯兰国。同年 12 月，伊斯兰促进会主席拉巴尼当选阿富汗过渡政府总统。1994 年，"塔利班"异军突起。1996 年，"塔利班"将拉巴尼政权逐出喀布尔，建立政权。1997 年 10 月改国名为阿富汗伊斯兰酋长国，在阿富汗实行伊斯兰统治。2001 年 "9·11"事件后，"塔利班"政权垮台。在联合国主持下，阿富汗启动战后重建的"波恩进程"。同年 12 月 5 日，阿富汗临时政府成立，卡尔扎伊被推举为临时政府主席。2002 年 6 月 11 日至 19 日，阿富汗在喀布尔召开紧急支尔格会议，选举产生了以卡尔扎伊为总统的过渡政府。2004 年 1 月，阿富汗颁布新宪法，定国名为阿富汗伊斯兰共和国。2004 年 9 月，阿富汗举行了首次总统大选；10 月，卡尔扎伊当选首任民选总统。2005 年 9 月，阿富汗举行全国及地方议会选举；12 月，新议会成立，"波恩进程"结束。2009 年 8 月，阿富汗举行第二次总统大选；11 月 19 日，卡尔扎伊在第二次总统选举中获胜连任。2010 年 7 月，阿富汗国际会议在喀布尔召开，启动推进"阿人治阿"的"喀布尔进程"。同年 11 月，北约里斯本峰会宣布于 2011 年起开始撤军，2014 年底前完成向阿富汗政府移交安全职责。2014 年 6 月，阿富汗举行总统大选。9 月 21 日，阿富汗独立选举委员会宣布，前财长阿什拉夫·加尼在总统大选中获胜，与首席执行官阿卜杜拉一起组建民族团结政府。2018 年 10 月，阿富汗进行新一轮议会选举。

2019 年 9 月 28 日，阿富汗举行总统大选，选举过程中暴力事件频发，选民投票率不高。2020 年 2 月 18 日，阿富汗独立选举委员会宣布现任总统加尼获胜，阿卜杜拉拒绝承认选举结果。5 月 18 日，加尼和阿卜杜拉签署分权协议，阿卜杜拉担任阿民族和解高级委员会主席，并成立包容性政府。阿富汗和谈进程和政治斗争交织，政治形势严峻复杂。

二、自然环境

阿富汗地处中亚、西亚和南亚的交汇处，坐落于"亚洲的心脏"，系南北交通要冲，沟通东西方。历史上"丝绸之路"就是从中国的新疆经阿富汗到达伊朗和欧洲的。15 世纪以前，阿富汗的所在地是欧洲、中东对印度和远东贸易、文化交流的中心，被认为是"亚洲的十字路口"。阿富汗国土面积约为64.75万平方公里，北邻土库曼斯坦、乌兹别克斯坦、塔吉克斯坦，西接伊朗，南部和东部连巴基斯坦，东北部凸出的狭长地带与中国接壤。

阿富汗的地域面貌千差万别，高原和山地占全国面积的80%，北部和西南部多为平原，西南部有沙漠，海拔在1200米以上。阿富汗最大的兴都库什山脉自东北斜贯西南，终止于中西部高地，在北部和西南部形成平原，分别由草地和沙漠组成。尽管阿富汗有众多的河流和水库，其大部分地区仍然是干旱的，内陆锡斯坦盆地是世界上最干旱的地区之一。同时，阿富汗属于大陆性气候，四季分明，昼夜温差较大。全年干燥少雨，年温差和日温差均较大，冬季严寒，北部和东北部地区最低气温为零下30℃以下。夏季酷热，东部城市贾拉拉巴德最高气温可达49℃。全国年平均降雨量只有240毫米。首都喀布尔气候宜人，四季分明，全年平均气温13℃左右。

阿富汗的矿藏资源较为丰富，但未得到充分开发。据估测，阿富汗的能矿资源价值超过3万亿美元。至2014年已发现1400多处矿藏，包括铁、铬、铜、铅、锌、镍、锂、铍、金、银、白金、钯、滑石、大理石、重晶石、宝石和半宝石、盐、煤、铀、石油和天然气等。著名矿藏包括哈吉夹克铁矿、埃纳克铜矿、巴米扬煤矿、赫拉特锂矿、阿姆达利亚油气田、阿富汗-塔吉克盆地油气田等。因运输困难和资金缺乏，仅天然气、煤、盐、铬得到少量开采，各矿藏资源储量有待进一步勘探确认。

阿富汗的生物资源同样丰富。雪豹和棕熊生活在高海拔的高山苔原地区，狐狸、狼、水獭、鹿、野绵羊、山猫等遍布东部的山区森林地区。在半沙漠的北部平原，野生动物包括各种鸟类，刺猬，地鼠，以及大型食肉动物，如狐狼和鬣狗。尽管气候相对干旱，但阿富汗仍有多种鸟类。同时，阿富汗的森林地区有松树、云杉、冷杉和落叶松等植被，草原地区由阔叶树、短草、多年生植物和灌木丛组成，较冷的高海拔地区则由顽强的草和小型开花植物组成。

三、政治经济

2002 年 1 月至 2004 年 1 月，阿富汗沿用前国王查希尔颁布的 1964 年宪法。2004 年 1 月 26 日，阿富汗过渡政府总统卡尔扎伊签署颁布新宪法，确立阿富汗国名为"阿富汗伊斯兰共和国"，实行总统制。根据阿富汗宪法，总统为国家元首，是国家最高行政执行者，由全民选举产生，任期 5 年。总统在行政、立法和司法领域具有特权。各部部长由总统提名，议会任命。2014 年 9 月，前财长穆罕默德·阿什拉夫·加尼（Mohammad Ashraf Ghani）当选阿富汗总统，并于 9 月 29 日宣誓就职，任期 5 年。2019 年 9 月 28 日，阿富汗举行总统大选。2020 年 2 月 18 日，阿富汗独立选举委员会宣布现任总统加尼获胜。国民议会是国家最高立法机关，由人民院（下院）和长老院（上院）组成。人民院共有 249 个席位，其中 239 个按各省人口比例分配，10 个分配给游牧民族，根据各地人口数量平均分配，但保证每省至少有 2 名女议员。长老院议员从各省、区管理委员会成员中间接选举产生。国民议会有权弹劾总统，但须召集大支尔格会议并获得 2/3 以上多数通过才可免除总统职务。现长老院于 2010 年 9 月选举产生，2011 年 1 月正式成立，主席为法扎尔·哈迪·穆斯里姆亚尔（Fazal Hadi Muslimyar）。本届人民院于 2019 年 4 月 6 日正式成立，人民院议长为米尔·拉赫曼·拉赫曼尼（Mir Rahman Rahmani）。大支尔格会议是阿富汗人民意愿的最高体现，由议会上下两院议员、各省议会议长组成，负责制定和修改宪法，批准国家其他有关法律；有权决定涉及阿富汗国家独立、主权、领土完整和国家利益等问题；审议总统提交的内阁组成名单；内阁部长、最高法院法官和大法官可以列席会议；会议不定期举行。根据阿富汗过渡政府于 2003 年 10 月颁布《政党法》，阿富汗现有政党近百个，主要政党包括：①阿富汗伊斯兰促进会（Jamiati Islami）：属伊斯兰教温和派，成员多为塔吉克族、逊尼派；②阿富汗伊斯兰统一党（Hizbi Wahdat ISLAMI）：原阿富汗伊斯兰革命联盟，属伊斯兰教什叶派，成员多为哈扎拉族；③阿富汗伊斯兰民族运动（Jonbesh Meli Islami）：主要领导人是阿卜杜尔·拉希德·杜斯塔姆（Abdur Rashid DOSTUM），乌兹别克族；④阿富汗圣战者伊斯兰联盟（Hizbi Ettehad Islami）：属伊斯兰教逊尼派，主要领导人是阿卜杜尔·拉苏尔·萨亚夫（Abdul Rasul SAYAF），普什图族。

阿富汗是联合国列明的最不发达国家之一。历经三十年战乱，交通、通信、工业、教育和农业基础设施遭到严重破坏，曾有 600 多万人沦为难民。国际社会积极支持阿富汗和平重建与发展，向阿富汗提供了近千亿美元的援助。2016 年阿富汗问题布鲁塞尔国际会议期间，国际社会承诺将在四年内向阿富汗提供 152 亿美元的援助资金。农牧业是阿富汗国民经济的主要支柱。农牧业人口占全国总人口的 85%。耕地不到全国土地总面积的 12%。主要农作物包括小麦、大麦、水稻、玉米、棉花、干果及各种水果。主要畜牧产品是肥尾羊、牛、山羊等。阿富汗的工业基础十分薄弱，以轻工业和手工业为主，主要有纺织、化肥、水泥、皮革、地毯、制糖和农产品加工等。近年来，由于喀布尔等大城市建筑业的繁荣，带动了制砖、木材加工等建材业相对发展。此外，面粉加工、手织地毯业等也有所发展。阿富汗同 60 多个国家和地区有贸易往来。主要出口商品有天然气、地毯、干鲜果品、羊毛、棉花等。主要进口商品有各种食品、机动车辆、石油产品和纺织品等。主要出口对象为巴基斯坦、美国、英国、德国、印度等，主要进口对象为中国、巴基斯坦、伊朗、美国、日本、韩国、土库曼斯坦、印度等。

四、国家象征

阿富汗国旗呈长方形，长宽比例为 3：2，启用于 2002 年 2 月 5 日。国旗的样式为黑、红、绿三色旗，黑色象征过去，红色象征鲜血，绿色象征未来，同时这三色也是典型的伊斯兰颜色。国旗主体为位于正中的国徽。

阿富汗国徽呈圆形，启用于 2005 年。国徽两捆由绶带束扎的谷穗构成圆形，中间为具伊斯兰宗教色彩的清真寺图案，上端为阿拉伯语写的阿富汗国名，下端为伊斯兰教的一句名言："万物非主，唯有真主，穆罕默德是安拉的使者"。整个图案由两个柄交叉的阿拉伯弯刀环抱，为金黄色。国徽的上部中央置有连着一个升起的太阳的萨哈达，国徽由两把麦穗环绕着。

阿富汗国花为郁金香，郁金香在植物分类学上是一类属于百合科郁金香属（学名：Tulipa）的具球茎草本植物。

阿富汗国树为桑树，桑树属桑科桑属，为落叶乔木。桑叶呈卵形，是喂蚕的饲料。落叶乔木，高 16 米，胸径 1 米。树冠倒卵圆形。叶卵形或宽卵形，先端尖或渐短尖，基部圆或心形，锯齿粗钝，幼树之叶常有浅裂、深裂，上面无毛，下面沿叶脉疏生毛，脉腋簇生毛。聚花果（桑椹）紫黑色、淡红或白色，多汁味甜。花期 4 月；果熟 5—7 月。

阿富汗国歌根据《阿富汗宪法》第 20 条内容确定，于 2006 年 5 月正式采用，歌词为普什图语，根据该条宪法规定，歌词必须提及阿富汗各部族名称及"真主伟大"。

第二节　姓名性格

阿富汗的姓名结构通常是由名字组成，不具有姓氏。姓名结构差异的翻译难题为国际社会的沟通与交流带来了一定的困难。

此外，在性格方面，阿富汗人历经战争苦难，虔诚遵守伊斯兰教，为人大多保守、谨慎，但也有着不屈不挠的坚韧精神，并以热情好客之心真诚待人。

一、姓名

阿富汗的人名结构与西方社会的人名结构大不相同。通常情况下，阿富汗的人名仅具有名字，而不具有姓氏。在命名上，人们习惯以部落关系、出生地、专业或荣誉称号来进行区分。关于阿富汗人的名字，尤其是阿富汗男性的名字，大多以复合名或双名的结构组成，例如 Ahmad Navid，Bashir Bijan，Ahmad Khan，这在某种程度上类似于英文名称。此外，阿富汗人的名字通常也会包含伊斯兰或阿拉伯语的成分，例如 Ahmad，Mohammad，Ali。而对于阿富汗女性而言，其人名在更多的情况下还是来自波斯语或普什图语。关于阿富汗人的姓氏，往往是那些接触过西方社会，或生活在富裕家庭的阿富汗人才会使用。在这种情况下，他们通常会选择代表部落归属的姓氏，例如 Hamed Karzai。但即便这些阿富汗人拥有姓氏，阿富汗官方记载的也只是名字，且更改名字需要向政府提出申请并获得官方许可。与此同时，由于阿富汗缺乏标准的拼字法，人们经常用自己的方言发音来写名字，同一个名字可能会因国家内的地理区域不同而产生不同的发音。此外，将一个特定的发音通过多种方式转换成英语的过程也会造成差异的进一步扩大，例如 Mohammad，Mohamed，Muhammad 或 Mohamad。拼字法标准化的缺乏，加上阿富汗较高的文盲率，导致阿富汗人将姓名翻译成英语时会出现许多差异。

（一）姓名的基本构成

1. 男性名字的构成

男性名字通常由两部分组成，其中一部分是常见的附属名，例如至少有一个部分会包含一个通常被称为"从属名称"的普通名称，例如 Mohammad, Abdul, Gholam, Ali, Khan, Shah 等。在名字中，这些附属名会这样呈现：Mohamad Nabi, Abdul Ghafoor, Gholam Sakhi, Ali Madad, Ahmad Khan, Jangi Shah。尽管附属名被认为是名字中的一部分，但如果需要称呼一个人时，需要称呼其名字中的非附属部分，例如 Mohammad Nabi 就应该被称为 Nabi 而非 Mohammad。如果一个人名字的两个部分都是通用名称，在这种情况下，通常将使用较少的部分视为该人的专有名称。而如果一个人名字的两个部分都不是通用名称，对此，通常也是将使用较少的部分视为该人的专有名称。

2. 女性名字的构成

女性名字大多由单一成分组成，例如 Homa, Zeyba, Fereyba, Laila, Nasrin, Nura, Roya, Zaralasht, Marzia, Meena, Fattema, Shirin, Nazria, Ayesha, Qamar。有些女性的名字来源于阿拉伯语，这些名字通常是男性名字的演化，例如 Jamil→Jamila, Najib→Najiba, Hamid→Hamida, Halim→Halima。然而，大多数女性名字来源于波斯语或普什图语，这些名字的含义通常代表着美好的事物，例如 Wazjmakay（breeze）, Nurani（shiny）, Zarghun/Zarghoona（green）, Torpekay（brunette）, Nasrin（jonquil）, Freshta（angel）, Kawtara（pigeon）, Spogmay/Spozhmay（moon）。还有一些女性的名字指的是传奇人物，比如阿富汗政治家马拉莱·乔亚（Malalai Joya），这个名字指的是马拉莱——阿富汗的女英雄，她在 1880 年迈万德（Maiwand）抗击英国的战役中发挥了重要作用。此外，在极少数情况下，女性的名字可能由两部分组成，例如 Khan Begom, Begom Jan, Gol Khanom。

3. 尊称和职衔

无论是波斯语还是达里语，尊称和职衔经常被用来作为名字的一部分，但是 Khan 只能男性用，而 Jan 可男女通用。比如男性名字 Sharif Khan, Latif Khan, Khalil Khan, Gholam Jan；女性名字 Sharifa Jan, Latifa Jan, Homa Jan。尊称可从部落中继承，也可代表着宗教职位、军事职位，代表宗教的常见例子有 Agha, Hazrat, Khoja/Khwajah, Mir, Saybzada, Sheykh, Hajji, Akhwand, Mullah, Alim/Olim, Hafiz, Maulvi/Malawai/Mulawai, Mudari；代表军队的常见例子有 Ghazi, Amir, Komandon, Dagerwal, Jenral, Jagran。此外，还有人以 Doctor 或者 Engineer 为名。在称呼一个人时，一些常见的尊称和职衔不能随便省略，比如 Khan Mohammad, Sayd Alam, 否则就是不尊重。

4. 姓氏

传统上，阿富汗人一般是没有姓氏的，只有居住在城市地区，受过良好教育或者家族地位较高的人才有姓。阿富汗人的姓氏可以取父亲的名字、可以取自家族部落，也可以取一个可以表达自己的形容词。这就造成亲兄弟也可能不同姓的情况。比如前议员 Dr. Abdul Zahir 与前第二副总理 Dr. Abdul Kayeum 即是亲兄弟，但二人的姓氏却完全不同。此外，从一个人姓氏的构成也可看出其背景，–ai、–i 常附在出生地或民族出身后面，比如 Karzai, Panipai, Durani, Hussaini, Turtughi。– zai 表示"—之子"的意思，比如 Ghilzai, Noorzai, Popalzai, Usmanzai。-khel/khil 表示"分支"，比如 Suleiman khel, Kabul Khel。原本阿富汗妇女没有姓氏，结婚后也没有改名改姓的情况。如今受到西方文化的影响，妇女结婚后也会像西方妇女那样改用夫姓。

（二）翻译的主要问题

1. 拆分名字

由于大多数阿富汗人的名字不包含姓氏，在翻译时便会存在人为的拆分名字行为，将名字的第二部分当作姓氏。例如，普什图族领导人阿卜杜勒·哈克（Abdul Haq）在西方媒体中便被称为哈克或哈克先生。

2. 方言差异

普什图语有两种主要方言，一种是在坎大哈（Kandahar）、赫尔曼德（Helmand）、法拉（Farah）及其他地区使用的西方方言，另一种是在贾拉拉巴德（Jalalabad）、楠格哈尔（Nangarhar）、巴克提亚（Paktia）、霍斯特（Khost）等地使用的东方方言。这两种方言即使是相同的单词也会存在不同的发音。例如，西方方言的发音者将普什图语称为 Pashto，而东方方言的发音者将其称为 Pukhto。

3. 翻译差异

普什图语目前缺乏统一的拼字法。达里语的使用者虽然会习惯遵循针对伊朗波斯语制定的标准，但在具体的翻译过程中依然会存在细微差异。此外，阿富汗人的名字向英语的转录也缺乏标准化的规则，方言差异也可能导致相同名称的不同发音。另一个问题来自阿富汗的部分人可能会根据情况或背景使用不同的名字。

二、性格

阿富汗人对伊斯兰教十分虔诚，受伊斯兰教影响极深。他们性格严谨，严格遵守伊斯兰教规，十分注重礼节礼貌。例如在见面时，阿富汗人采用伊斯兰传统的见面礼，即用右手按住胸口，频频点头，并说"安技嘎利贡"（意为"愿真主保佑"），以示尊敬对方。熟人见面，如晚辈见长辈、下级见上级，多以右手按胸、上身微前倾，点头致意，并说"愿真主保佑"，有的还可能拥抱。亲朋好友相见，一般轻吻面颊或轻触额头两次。陌生人之间，一般行握手礼。同时阿富汗人认为，戴着帽子行礼，才是有礼貌的表现，不像西方人那样，摘帽行礼。客人来访，他们会拿出最好的食品招待，有的还会拿出水烟斗让客人抽烟。说话时在房间里来回走动，被认为是失礼行为。帕坦族人常以刀或衣服做礼物送人。在当地旅行时，若穿着部落首领赠送的衣服，佩戴着首领送的匕首，会受到特殊保护。

阿富汗人的性格同时也偏于保守，这与其遵守伊斯兰教规密不可分。例如，阿富汗妇女不在公共场合露面，不与陌生男人讲话。男人即使遇到认识的女士，也不与之握手。去阿富汗人家做客，无需给女主人带礼物，以免男主人不悦。妇女遇到他人时，为表示礼貌，常以黑纱遮脸。

此外，阿富汗人诚恳朴实，热情友好，慷慨待客。值得说明的是，阿富汗人数占比最多的民族——普什图族的民族特性之一便是殷勤好客。他们对客人以热情的接待和保护，以丰盛的食物款待客人，并且一直到客人离开才算履行完自己应尽的义务。如果是作为部落的客人，按照习惯部落首领就要赠予他一把匕首或一件外衣，客人穿上首领赠送的衣服，可在这地区内受到保护。不管是外地人或是普什图人，不论他们以前关系好坏，即使是敌对者，只要来到普什图人家里要求得到保护，主人也会答应保护他们。这成就了普什图人有难同当的民族性格。

第三节　衣食住行

衣食住行反映了阿富汗的风土人情和经济发展水平。在服饰风格上，阿富汗人的日常穿着带有强烈的宗教色彩，体现在头巾、服装、背心、鞋袜、珠宝等各个方面。在饮食特色上，烤羊肉串、手抓饭、汤、香米、烤馕、奶酪以及玉米饼是阿富汗独特的美食风味。在居住条件上，阿富汗历经三十年战乱，导致居住条件不断恶化。交通、通信、工业、教育和农业基础设施等也遭到严重破坏，阿富汗人民的日常生活无法得到基本保障。阿富汗的交通运输主要靠公路和航空，目前正处于发展阶段。

一、服饰风格

在阿富汗，部落和种族的大部分人口生活在农村和游牧营地，鲜少有人生活在城市。传统服饰反映了这些地理和居住环境的变化，表达了个人和群体的身份、社会和经济状况，尤其是在家庭、宗教、季节性等庆祝活动中，服饰在阿富汗的文化之中有着不可忽视的核心作用。

（一）头巾

阿富汗服饰的标志之一便是头巾，头巾在阿富汗人的日常穿着中是无处不在的。白色棉布是最常见的头巾，长度大多在3米到6米长，头巾越长，代表着此人越时尚。头巾之下的帽子也极具特色，不同的民族会有其易于辨认的形状和设计。此外，伊斯兰教规定所有妇女都要戴头巾。因此，在传统的阿富汗社区，大多数妇女都戴着大或小的长方形头巾。年轻的阿富汗女孩不需要戴帽子，但是她们要用长丝巾将头包住。丝巾的颜色各不相同，这取决于她们属于哪个群体。白色的丝巾代表的是已婚者，丝巾通常会留出长长的一段搭在背后，必要时可以用来遮住脸部。

（二）服装

阿富汗人的传统服饰主要以棉花和羊毛为原材料，勤劳的阿富汗人将它们织成布料，染上各种颜色，制成服装。男人、妇女、儿童的服装基本是如此，阿富汗男子有几种不同的装束。一种是能够盖到大腿的长袖衬衫，加上宽松的白色裤子，腰部绑有腰带和一块裙布，一件无袖马甲套在衬衫外面。其中，男士衬衫通常都是无领的，并在一边肩膀上缝有扣子，其长度因地区差异各不相同。另外一种装束是齐脚踝长的"Chupan"。这种长衫由羊毛织成，通常为白色，是居住在山里的阿富汗人冬季最普遍的穿着。有人把它套在宽松的夹克和裤子的外面，有的则只是用它围住身体，当斗篷穿。阿富汗女性的服装叫"Burka"，它可以将妇女从头到脚地"武装"起来，只留出眼睛。布料由棉花织成，颜色以蓝、棕、黑为主。在乡下，需要到田里劳作的妇女不必受这种服装的约束，但是当见到陌生人时，她们必须将脸部遮起来。"Burka"本是宽松的黑色拖地大外套，但因各国不同的习俗而有不同的风格、款式、颜色、剪裁和穿法。如今受到西方服饰潮流的影响，"Burka"也不再是简单的黑布。

（三）其他

1. 背心

背心在阿富汗广受欢迎，它们通常是由黑色或红色的丝绒制成，并配有金色的穗带或刺绣。这种背心在坎大哈和普什图族的游牧民中很常见。

2. 鞋袜

各种颜色和风格的塑料鞋在整个阿富汗都很流行，但许多地区的阿富汗人也经常穿着各种结实的皮革凉鞋。

3. 首饰

珠宝首饰，尤其是银质首饰是每个阿富汗女性衣橱中的重要物品。此外，阿富汗的服饰上也会缝制有大量的银珠、系结物、护身符等。在一些游牧民族中，尤其是东部的普什图族，这些银饰品还会与镜面工艺、编织物、刺绣等结合在一起。

二、饮食特色

阿富汗位于亚洲西部，毗邻中国、伊朗和巴基斯坦等国，是一个内陆国家，境内多山和沙漠，以农牧业为主。由于地理、自然环境和天气的缘故，阿富汗的菜肴与中亚的菜肴大同小异，常见的有烤羊肉串、手抓饭、汤、香米、烤馕、奶酪以及玉米饼，还有牛奶和其他奶制品，可口且富有营养。虽然阿富汗和中亚的饮食看上去并没有什么不同，但在调料、烹调技术等方面两者还是存在些许差别的，这些细节构成了阿富汗菜肴别有风味的民族特征。具体而言，阿富汗人的饮食习惯是与其自然条件和游牧生活密切相关的，在长期的历史发展中，阿富汗人创造了丰富多彩、富有民族特色的饮食。这些饮食构成了整个阿富汗物质文化、家庭和社会生活的重要部分，反映了阿富汗民族集体智慧的结晶，吸引了无数国外游客。

阿富汗人的主食是馕和抓饭，馕是用小麦、大麦、玉米和晒干的桑葚及豌豆磨成面烘烤而成。有带馅和不带馅两种。抓饭是将油倒入锅内烧热，加胡萝卜丝和葱末煸炒，加水、羊油、盐等烧开后放大米，熟后装盘，拌上柠檬汁、辣椒或其他调料。

阿富汗人在夏季经常饮用一种在水中加入适量的酸奶、盐和黄瓜片烧开的酸奶汤，他们喜欢酸、辣、香浓口味，但是基于宗教原因，他们是不喝酒的。奶和牛羊肉是餐桌上的重要食物，也吃鸡、鸭等，不吃猪肉，也很少吃鱼。他们经常吃的是烤羊腿，在重大喜庆日子或招待贵客时还烧烤整只羊。阿富汗人还吃"马肉肠子"。"马肉肠子"就是把马肉、盐塞进马肠内煮熟、晒干即成。

阿富汗人经常用牛奶当饮料，也喜欢喝茶，茶的种类有奶茶、砖茶等。请人喝茶往往要连续喝三杯，第一杯止渴，第二杯表示友谊，第三杯是礼节性的，如果确实不想再喝，可用双手在杯子上盖一下，以示谢绝。

阿富汗人信仰伊斯兰教，男女不同席，男女客人不能同室而食。饭前一定要洗手，客人先洗，主人后洗。吃饭时用左手托盘，右手抓食，用餐顺序是先上菜，中间上抓饭，最后再上菜和水果。客人吃完饭也要洗手。

三、居住条件

根据阿富汗2016—2017年生活条件调查报告可知，生活在国家贫困线以下的人口比例从2007年至2008年的34%增加到2016年至2017年的55%。这种贫困人口比例的增加同时发生在城市和农村[1]。除此之外，不仅贫困人口在总人口所占的比例有所增加，贫困的强度也在增加，2016—2017年比2007—2008年的贫困强度增加了一倍不止。战争冲突使阿富汗无法解决日益增长的贫困率难题，粮食供应、教育、健康、房屋等随之而来的问题也给人民的生活水平造成了严重影响。

（一）粮食供应

以膳食能量消耗最低水平以下的人口比例这一指标进行衡量，粮食无保障程度从2011年至2012年的30%上升到目前的45%，甚至有大约13%的人口严重缺乏粮食保障。除了每日的基本能量摄入不足之外，占比约30%的人口不能满足每人每天至少50克的蛋白质需求。占比约39%的人口缺乏饮食多样性，包括日常生活所需的营养物质、蛋白质、维生素等。

（二）教育水平

在"塔利班"政权倒台后的第一个十年里，阿富汗的教育进展取得了重大突破。然而近年来，这种进展有所放缓，部分教育指标甚至出现了停滞或下降的情况，例如净入学率。净入学率的下降首先体现在初等教育、中等教育和高等教育入学率的上升，初等教育的入学率从2005年的37%上升到2011年至2012年的57%，再到如今的56%，中等教育的入学率从2005年的16%上升到2013年至2014年的37%，目前是36%，高等教育从2011年至

---

〔1〕 See Afghanistan ALCS 2016-17 Analysis Report.

2012 年的 5% 上升到 2013 年至 2014 年的 9%，目前是 10%。在入学率提高的情况下，取得进展就更加困难，特别是涉及交通不便、抵制正规教育的地区。此外，教育设施的扩建速度很难与人口的高增长水平保持一致，扩大覆盖面更是难上加难。根据教育系统入学分析，不上学的原因与终止教育的原因是不同的。上学路途遥远和不愿送儿童上学是当下导致儿童不上学的最常见原因，而需要童工和认为继续教育无关紧要则是终止教育的最重要原因。目前，在阿富汗，25 岁及以上的成年人中有 82% 没有完成任何程度的教育，只有 4% 完成了中等教育以上的任何程度的教育。

（三）住房条件

阿富汗人民的生活条件在很大程度上取决于住房条件，包括饮用水和卫生设施、电力供应等。在基本住房情况上，大约 83% 的人口居住在非耐用材料建造的住房中，44% 的人口居住在过度拥挤的房屋。其中，清洁饮水和环境卫生是降低死亡率和发病率的关键因素。目前，阿富汗使用改良饮用水源的人口比例从 2007 年至 2008 年的 27% 增加到 2016 年至 2017 年的 62%，使用现代化厕所设施的人口比例从 2013 年至 2014 年的 39% 上升到 2016 年至 2017 年的 53%。而在电力供应方面，阿富汗约 98% 的人口能用上电，太阳能电池板的迅速普及是电力供应水平提高的主要原因，其从 2007 年至 2008 年的 2% 提升至 2011 年至 2012 年的 22%，再到 2013 年至 2014 年的 48%，再到近年的 59%。

（四）通信技术

反映通信技术水平的两个重要指标分别是拥有移动电话的个人比例和使用互联网的人士比例。在阿富汗，约 43% 的 15 岁及以上人口使用手机，4% 的 15 岁及以上人口使用互联网。通信系统不仅收集有关人民生活条件的信息，而且还收集有关家庭遭受冲击（如自然灾害、水短缺、负面价格变化、失业、家庭成员死亡）的定性信息，以及应对这些冲击的战略。

四、交通运输

阿富汗是内陆国，无出海口。交通运输主要靠公路和航空，目前正处于发展阶段。这个国家的大部分公路建于 20 世纪 60 年代，但在 20 世纪 80 年代和 90 年代的战争中被遗弃。在过去一段时间里，为促进与邻国的贸易往来，阿富汗的高速公路、道路和桥梁得到了重建，但是仍然比较落后，其中公路是主要的运输系统。

（一）陆运

1. 公路

阿富汗全境共有公路 17.789 万公里，其中国家级高速公路 4906 公里，在建公路 5000 公里，主要包括喀布尔至马扎里沙里夫、赫拉特至坎大哈、喀布尔环城高速、托克汉姆至喀布尔等公路。

2. 铁路

阿富汗最早的铁路是阿曼努拉汗修建的从喀布尔到帕格曼的一段铁路。1975 年 4 月，伊朗允诺提供 20 亿美元贷款，其中 17 亿用于修建一条总长 1815 公里，从伊朗通往阿富汗赫拉特、坎大哈和喀布尔的铁路。铁路支线还将延伸至阿富汗与巴基斯坦边境以及阿富汗与苏联边境，该工程于 1983 年完工。但是，从苏联入侵至 21 世纪，阿富汗的铁路建设没有任何进展。截至 2017 年，阿富汗全国仅有三条铁路线。一条铁路如上所述，其余两条均位于阿富汗北部边境地区，分别与土库曼斯坦和乌兹别克斯坦相连。其中一条从土库曼斯坦的古什吉到图拉格洪德，长 9.6 公里，宽距为 1.524 米。另一段铁路从乌兹别克斯坦的铁尔梅兹到阿姆河南岸的海拉巴德，全长 15 公里，宽距同上。

（二）水运

阿富汗北部同乌兹别克斯坦和土库曼斯坦边界上的阿姆河和昆都士河部分河段有通航能力。20 世纪 50 年代，苏联帮助阿富汗在阿姆河上修建了三个港口，分别是谢尔汗班达尔港，塔什葛扎尔港和达格拉罗萨港。其中，谢尔汗班达尔港最重要，20 世纪 70 年代初，这个港口曾得到扩建。据美国中央情报局（CIA）估计，2001 年，阿富汗水运线总长约 1200 公里。

（三）空运

阿富汗有两家航空公司。阿利亚纳航空公司实力较为雄厚，主要经营国际航线。目前已开通至巴基斯坦、伊朗、阿联酋、印度、土耳其、德国、俄罗斯、阿塞拜疆、沙特阿拉伯、科威特和塔吉克斯坦等国际航线，2003 年 7 月 12 日正式开通喀布尔至中国乌鲁木齐航线。KAM 航空公司经营国内航线。全国有机场 46 个，喀布尔机场为国际机场。阿富汗 16 条国际航线包括：迪拜、德里、杜尚别、德黑兰、马什哈德、伊斯兰堡、白沙瓦、吉达、法兰克福、伊斯坦布尔、科威特、莫斯科、安卡拉、沙加、巴林、乌鲁木齐。

第四节　日常交往

礼仪是人际交往的通行证。日常交往中的礼仪是人类为维系社会正常生活而要求人们共同遵守的最起码的道德规范，是人们在长期共同生活和相互交往中逐渐形成的，并且以风俗、习惯和传统等方式固定下来的，既为人们所认同，又为人们所遵守，它是人类文明程度和道德修养的一种外在表现形式。阿富汗礼仪受伊斯兰教的影响，在问候、商务、餐饮、送礼等方面均有着较为严格的规范，了解阿富汗日常交往的基本准则和常用的礼仪规范对于促进与阿富汗的交流有着十分重要的作用。

一、问候礼

（一）男性之间的问候

男子见面时，传统的礼节一般是右手伸平按住胸口，点头，并说"愿真主保佑"。在会议等初次见面的正式场合上，人们通常会握手来互相打招呼。拥抱和拍肩则是朋友和家人之间常见的问候方式，对于熟悉和亲密的亲朋好友需要相互拥抱并亲吻脸颊三次，左边一下，右边两下，告别也是同样。此外，对于阿富汗人来说，他们认为戴着帽子才是礼貌的行为，因此在见长辈或是尊贵的客人时都不会脱帽。

（二）女性之间的问候

对于女性而言，人们通常会互相亲吻脸颊，从左脸颊开始，然后转到右脸颊。有些人会亲吻一边的脸颊，但大多数人会亲吻两到四次甚至八次交替的脸颊。当然，初次见面时，握手在女性之间也是很常见的问候方式。

（三）异性之间的问候

虽然握手是最常见的问候方式，但在异性之间，阿富汗男性和女性不会随意握手。一般来说，如果一个男性在公共场合触摸一个女性，会被认为是对女性的侮辱。女性在公共场合触摸男性通常也是不能被接受的。同样，男女之间的眼神交流也不应该在公共场合进行。然而，如果一个女性伸出她的手，那么男性可以和她握手。因此，对于异性而言，男性和女性在多数情况下是通过口头进行问候的，如果想行握手礼，则需要建立在女性向男性伸手的前提上。

(四) 注意事项

在阿富汗，问候是日常生活中非常重要的事项，问候后的交流话题通常包括一方询问另一方的健康状况、家庭情况、娱乐活动等话题。未经问候而进行交流、单方面提出问题及询问上述事项在阿富汗人民看来是十分粗鲁的。

二、交流礼

(一) 交流方式

阿富汗人喜欢直接和间接相混合的交流方式。在与长辈和异性交谈时，阿富汗人的交流风格大多是间接的。而当与同龄人或更年轻的人说话时，阿富汗人会采用直接的交流方式，语气通常也是直截了当的。

(二) 交流空间

在阿富汗，同性之间可以保持较小的空间距离，男性朋友之间经常手拉着手或者搂着对方走路。在交谈中，同性的朋友和家庭成员之间碰碰肩膀、拍拍背是很常见的。而异性之间的交谈则应当保持一段空间距离，男性和女性很少在公共场合表现出任何形式的身体接触。初次握手时，只有当女性伸出手时，异性之间才会发生身体接触。

(三) 眼神交流

直接的眼神交流通常发生在相同性别的交谈之中，在与长辈和异性的交流中则很少发生直接的眼神交流。

(四) 手势交流

在阿富汗，人们通常使用食指指向某些东西，将食指钩在一起表示彼此同意。右手则常用来传递物体和行握手礼。竖起大拇指表示好的、很酷、很积极、祝你好运、谢谢、我同意。大拇指朝下则寓意相反。

（五）注意事项

第一，阿富汗人民忌讳用脚趾、脚跟或脚的任何部分对准任何人，请勿露出脚掌或用脚移动任何东西。第二，男性和女性在公共场合互相表达感情是很不礼貌的。第三，避免在公共场合抬高声音或大吼大叫。第四，交流时避免眨眼，眨眼在阿富汗通常被理解为诱惑。

三、餐饮礼

阿富汗家庭的用餐礼仪各不相同，但是做饭和准备食物通常被视为女性的责任。一般而言，女性会在厨房准备食物，而男性则在其他地方进行社交。对于一个男性来说，向同龄人展示他对厨房或烹饪的知识可能是不合适的。男性和女性在家吃饭时通常是分开吃的。阿富汗的食物可能不需要餐具。每个人通常用右手从盘子中舀取食物，左手不应直接接触食物。此外，伊斯兰教禁止饮酒和食用猪肉。在斋月期间，请勿在日落之前给正在斋戒的阿富汗人提供食物。禁食期间避免在阿富汗人面前吃东西或喝水也是礼貌的行为。

如果是去别人家吃饭，一定要在门口脱鞋，进入别人家时不脱鞋会被认为是不礼貌的行为。同样，一旦进入屋内，除非得到直接许可，否则请勿与屋内的女性成员接触。饭前饭后都要洗手，客人先洗，主人后洗。食物通常是铺在地板的塑料桌布上，大家坐在地板上或垫子上，同时，未经主人示意不能随意入座。如果可以的话，尽量盘腿而坐，不要向其他食客露出脚掌。正如上文所述，阿富汗人民忌讳用脚趾、脚跟或脚的任何部分对准任何人，这会被认为是不礼貌、粗鲁的行为。通常，食物将以公共方式提供，先吃菜，中间上抓饭，最后上茶和水果。每个人都从同一道菜进餐。为了表示对主人盛情款待的谢意，应尽量多吃。食物应始终用右手食用，左手用于任何被视为不愉快的事物，并且绝不能用于饮食。同样，如果将一盘食物传递给某人，则应始终使用右手。在用餐结束时留下一些食物是礼貌的，这样可以向主人表明他们已经提供了足够的食物，全部吃完则表示很饿，还想再吃一份。客人吃饱饭、洗过手后可向主人告辞，也可坐着聊天。如果感觉疲劳可躺下睡觉，这并不是失礼的行为。但如果站着说话或在房间里走来走去，那便是对主人的不敬。

在喝茶方面，客人一般要喝三杯，第一杯止渴，第二杯表示友谊，第三杯是礼节性的，如果确实不想再喝，可用双手在杯子上盖一下，以示谢意。值得说明的是，接受别人的茶是有礼貌的，拒绝这个提议则有可能被视为冒犯提供者。

四、社交礼

（一）商务

在阿富汗做生意与在世界其他地方做生意有所不同。当地人对荣誉和耻辱的信仰在所有的商业环境中都扮演着关键的角色，这可能会让外行人感到困惑。因此，在处理任何可能具有敏感性的问题时，应当尽可能地周旋，绝不要以居高临下的态度行事。此外，阿富汗人的沟通方式往往是相当间接的，领会阿富汗人的话语本意可能具有一定的难度。但在任何情况下，都不应该直接指责或贬低某人，因为这被视为损害他们的荣誉。

（二）时间观

阿富汗人认为时间是灵活的，他们会把更多的注意力放在人与人之间的关系上，而不是遵守既定的时间表，在截止日期之前完成工作。对于店主和商人来说，守时通常是不被重视的，但在商务场合守时则是可预期的。

（三）着装

对于男性来说，保守的西装和鞋子在大多数商业场合都很常见。深色是常用的颜色。大多数男人习惯穿带有长衬衫和长裤的传统阿富汗服装。对于女性来说，着装应该始终偏向保守，佩戴头巾，半身裙或连衣裙应及膝或更长，避免任何紧身或暴露的衣服，尽可能少露出皮肤。

（四）称谓和名片

常见的称谓包括先生和太太，此外，人们也会使用医生、律师等头衔。对于名片的发放和接收并没有什么特别的仪式。许多人没有任何东西可以给予，因此如果有幸收到名片，请予以尊重。

（五）会议

商务会议通常不会准时开始，但是对于一个外国人来说最好还是准时。正式会议之前往往会有闲聊，在正式谈话之前，最好先就健康状况、家庭状况等进行交流与寒暄，"直奔主题"通常被认为是粗鲁的。在会议中，打断是相当常见的，如果有的话，最好保持耐心。

（六）谈判

讨价还价在大多数情况下是可以接受的。决策往往是自上而下做出的，可能需要一段时间才能达成。考虑到这一点，最好的办法就是与你能接触到的最资深的人进行谈判。谈判风格可以根据你在国家的地理位置而改变。

（七）礼物

如果受邀到阿富汗人家里吃饭或喝酒，应该带上一份精心包装的礼物。适当的礼物包括甜点、水果等。需要注意的是，避免送与酒和猪相关的礼物给虔诚的穆斯林。送出礼物时应当尽可能的含蓄，进门时立刻送礼物会被阿富汗人认为是唐突的，因为这会让他们觉得自己正处于不得不在客人面前打开礼物的尴尬境地。因此，进门时将礼物放在门边，或者在坐下时放在桌子上是比较恰当的做法，接受者不仅可以看到它，也可以在他们认为合适的时间里打开。此外，礼物的包装并无特殊习俗，摆放整齐即可，绿色的包装纸经常被用作装饰结婚礼物。

第五节　婚丧习俗

阿富汗的婚礼和葬礼同样具有伊斯兰教的特色。在阿富汗的婚礼中，妮卡（Nikah）、指甲花、阿坦（Attan）等都是极具当地特色的婚礼习俗，婚礼也被视为阿富汗人民独特而现代的庆祝活动。在阿富汗的葬礼中，其采用的葬礼仪式通常需要遵守伊斯兰教的特定仪式，包括清理尸体、裹尸布、葬礼祈祷、运送、埋葬、哀悼等。此外，阿富汗的葬礼也对寡妇做出了守丧期限的要求。

一、婚礼

在阿富汗，婚礼是一项家庭事务，由家庭成员中的长辈负责安排。此外，新郎家庭有责任为新娘家庭提供资源，并为新娘购买珠宝、衣服和其他物品。新郎还应向新娘提供家庭用品，并承担婚礼费用。根据习俗，如果新郎负担不起这笔费用，他就应该同意和新娘的家人住在一起来偿还债务。

阿富汗婚礼是阿富汗人民独特而现代的庆祝活动，对阿富汗人民来说，这是一场精心策划的盛事。在阿富汗的传统婚礼上，新郎和新娘就像国王阿曼努拉·汗（Amanullah Khan）和女王索拉亚·塔尔齐（Soraya Tarzi）一样，被尊为今夜的国王和女王。这也是阿曼努拉堂兄弟婚礼上的习俗，他放下剑，跪在地上并告诉新郎和新娘，他们的新婚之夜是值得尊敬的，他们可以作为国王和女王发出任何命令。

按照传统，新娘在婚礼上要穿绿色的衣服。绿色被认为是与繁荣和天堂联系在一起的颜色。婚礼上，为了迎接进门的客人，一队女士站在右边，一队男士站在左边。新娘和新郎的家人向客人问好，并护送他们去就餐。参加阿富汗婚礼的客人都穿着他们最好的衣服，戴着他们最好的珠宝。客人们聚集在他们所爱的人周围，谈论他们的生活。当所有客人都到齐或者房间已经客满一半时，乐师们就开始演奏传统音乐或者现代流行音乐。舞台前方的角落里摆放着为新娘和新郎准备的装饰椅，在椅子的前面是一个高度装饰性的桌子，包括蜡烛和鲜花。

传统的阿富汗婚礼通常在大厅举行，于下午 5 点左右开始，并于凌晨 2 点结束。在婚礼进行到一半的时候，也就是大约晚上 8：30 左右，人们会唱一首特别的歌曲，歌名为 "Ahesta Boro and In pashto pa besmillah qadam rawakhla"，意思是 "慢慢走"，以此欢迎新娘和新郎的到来。这就像在婚礼上所演奏的婚礼进行曲一样，当这首歌开始演奏时，每个人都站起来微笑，直到新郎和新娘各就各位。当新娘和新郎走过过道时，《古兰经》被举在新婚夫妇的头上。

婚礼结束后，新娘将被带到新郎家。在此之前，新娘的哥哥会在她的腰上系一块绿布。在她到达的时候，一只绵羊或者一只山羊将被献祭。阿富汗婚礼的另一个有趣的元素是，一旦新娘进入她的新家，她将不得不在门口钉钉子，以加强她与新家庭的纽带。

（一）妮卡

妮卡（Nikah）是一个具有宗教性质的伊斯兰婚姻仪式，在这个仪式上，新郎与新娘签订婚约。按照传统，这个仪式是在夫妻双方直系亲属的聚会中秘密举行的，并由伊斯兰教神职人员毛拉主持。在阿富汗的婚礼上，新娘和新郎依照传统需要处于不同的房间。新娘由其父亲或一位近亲代表，新郎和新娘代表在毛拉面前进行协商。紧接着，新郎将被三次问及是否接受婚姻的条件，待新郎接受后，毛拉来到新娘面前，同样询问三次新娘是否接受这桩婚事。一旦新娘接受，他们就宣布结为夫妻。妮卡的各项流程结束后，新娘和新郎进入婚礼大厅，传统歌曲 "Ahesta Boro and In pashto pa besmillah qadam rawakhla" 也随之响起。在提供食物之后，依然存在许多传统习俗，其中一个习俗被称为 "Aina mosaf"。根据该习俗，新娘和新郎需要披上一条装饰性的披肩，并一起阅读《古兰经》。紧接着，新郎新娘需要面向一面装饰好的镜子，以已婚夫妇的身份审视自己。在过去，这可能是新娘和新郎第一次看到对方的脸，因为他们的婚姻通常是被安排好的。披肩掀起后，新娘和新郎互相将 "Maaleda" 喂给对方，这是一种用面包屑做成的阿富汗甜点。随后，新郎新娘双臂交叉在一起，喂给对方一小口饮料，饮料通常是果汁。其他传统包括在新娘和新郎手上放指甲红花（Henna）和切婚礼蛋糕。

（二）指甲花

历史上，新娘和新郎的手掌会被切开一些小口，这样他们就可以血液相连。随着时间的推移，指甲花取代了这一做法。指甲花是一种植物，用于染头发、指甲、皮革和羊毛。人们认为指甲花更加干净卫生。在婚礼上，一个穿着阿富汗传统服装的女孩会拿着一个装有蜡烛的银托盘和指甲花，走向新娘和新郎。新郎的母亲会把一茶匙指甲花放在新娘的手掌上，然后用一块由精致闪亮的织物制成的三角布盖住它。新娘的母亲会把指甲花放在新郎的小手指上，同样用织物覆盖它。

N

（三）吃饭

在新娘和新郎第一次走过走道大约一个小时后，他们会先站起来去拿食物。然后，客人们排成一排，走在装饰精美的自助餐旁边，那里有各种各样的正宗的阿富汗食品，例如烤肉串、馕饼、面包等。甜点则提供布丁、果仁蜜饼和当季水果。甜点吃完后，新娘和新郎走向三层高的蛋糕，音乐家将歌唱传统歌曲"Baada Baada Elahee Mubarak Baada-Man dil tu dada am Tawakol ba khoda"。新郎和新娘共同切蛋糕，将其分给客人。随后，便是数小时的享受时间——音乐家们演奏节奏欢快的歌曲，众人在舞池里尽情跳舞直到黎明。

（四）阿坦

阿坦（Attan）是阿富汗普什图族人的民族舞蹈，也是普什图族人的传统舞蹈。尽管其他少数民族也会在婚礼上表演这种舞蹈，但它并不是所有民族的民族舞蹈。阿坦是一种圆形舞蹈，通常在仪式结束时表演。阿坦曾经是一种宗教舞蹈，人们会围绕着火堆跳很多圈。有人说这是战前勇士围着火堆跳的舞蹈，尽管这个传统在伊斯兰时期已经消失了，或者已经被修改了，但是在14世纪的兴都库什（Hindu Kush）中部，这种舞蹈变得很有名。虽然在现代阿富汗的婚礼上，阿坦通常只进行一次，但传统上会分别在婚礼开始和结束时表演两次，有时甚至更多，尤其是在普什图族人的婚礼之中。

二、葬礼

由于阿富汗人大多信奉伊斯兰教，其采用的葬礼仪式通常需要遵循特定仪式，这种仪式可能会受到地区性解释和习俗变化的影响。然而，在任何情况下，伊斯兰教法都要求尽快埋葬尸体，同时在埋葬尸体前应当进行清理尸体、裹尸布、祈祷等流程。埋葬通常在死亡后24小时内进行，保护生者免受任何卫生问题的影响，除非有人在战斗中死亡或怀疑有谋杀行为，在这种情况下，人们必须在埋葬前确定死因。伊斯兰教严格禁止火葬尸体。常见的伊斯兰葬礼仪式包括清理尸体、用白色棉布或亚麻布裹住尸体、进行葬礼的祈祷、把尸体埋在坟墓里、让逝者的头朝向麦加。值得注意的是，《古兰经》中并没有规定葬礼的仪式。

（一）清理尸体

清理尸体的目的是净化逝者。清理尸体的确切方式、方法、风格会因时间和地点的不同而有所不同。为逝者洗澡既是伊斯兰教的一项基本仪式，也是伊斯兰教法的一部分。清理尸体应当在死亡后的几小时内尽快进行。正统的做法是用一块抹布覆盖尸首（根据伊斯兰教义应隐藏的尸体部分），以奇数次（至少一次）清洗尸体。"清洗工"通常是逝者直系亲属的成年成员，他们的性别与逝者相同。如果发生暴力死亡或意外事故，逝者受到创伤或肢体残缺，停尸房设施会对尸体进行修补，并将尸体裹在裹尸布里，以尽量减少液体泄漏，然后将尸体交给哀悼者清洗。

（二）裹尸布

尸体通常用简单的平布（kafan）包裹。这样做是为了尊重逝者以及在场家属的尊严和隐私。这种仪式的细节，包括布料的材料、样式和颜色，可能会因地区而异。但是，裹尸布应当是简单合适的。出于这个原因，穆斯林通常更喜欢使用白色棉布作为裹尸布。其中，男人只能使用三块布，女人只能使用五块布。尸体可以保持这种状态数小时，以便祝福者转达他们的尊重和哀悼。

（三）葬礼祈祷

该社区的穆斯林聚集在一起，集体祈祷逝者可以获得宽恕。这种祈祷一般被称为萨拉特·雅纳扎（Salatal-Janazah），也即雅纳扎祈祷。在特殊情况下，雅纳扎祈祷可以推迟到稍后的时间进行。每个穆斯林成年男性都必须在任何穆斯林死亡后进行葬礼祈祷，但实际上，很少有人进行雅纳扎祈祷，这也减轻了所有人的义务负担。

（四）运送

传统中，几名男子步行将尸体抬到墓地，葬礼的追随者紧随其后。如今尸体可以在带有葬礼队伍的灵车中运输，运输尸体的汽车或卡车不应该是军用车辆。丧葬游行应该默默进行，禁止唱歌、大声哭泣或阅读《古兰经》。葬礼队伍中也不应有香火或蜡烛。

（五）埋葬

埋葬可能因不同的地区而有不同的习俗。一般来说，坟墓应垂直于朝拜方向（即麦加），以使放置在坟墓中的尸体右侧没有棺材。墓碑应当竖立在距离地面不超过 30 厘米的地方，这样墓碑就不会被人走过或坐在上面。由于伊斯兰教不鼓励对外大肆挥霍，因此墓碑通常只用一个简单的花环加以标记。掘墓者预先准备三个拳头大小的手工填充球体作为道具，一个在头下，一个在下巴下，一个在肩膀下。尸体的下降和土球的定位均是由近亲来完成的。如果丈夫去世，通常由男性兄弟执行这项任务。如果妻子去世，丈夫在身体能力允许的情况下将承担这一责任。随后，掘墓者将尸体完全埋葬，他们可以轻拍墓穴来塑形。这个过程通常由最年长的男性来监督。埋葬后，聚集起来向逝者表示敬意的穆斯林集体祈祷逝者得到宽恕。这次集体祈祷是对逝者的最后一次正式集体祈祷。

（六）哀悼

根据逊尼派伊斯兰教，亲人和亲属将举行为期三天的哀悼。

按照《古兰经》的规定，伊斯兰的哀悼具有虔诚精神、接待来访者和慰问者需要避免对服饰进行装饰和穿戴珠宝。寡妇的哀悼期会延长至四个月零十天。在此期间，寡妇不得再婚，也不得与她可以再嫁的男子有任何接触。这一规则是为了确认妇女在再婚之前没有怀上逝者的孩子。此外，需要说明的是，逊尼派伊斯兰教希望悲伤的表达应保持尊严和庄重，禁止大声哭泣、尖叫、殴打胸部和脸颊、撕扯头发或衣服、打碎东西、抓脸或说话，这些行为都会使穆斯林失去信仰。只要尊重上述规则，悲伤是允许的，为心爱之人的离世而悲伤，为逝者哭泣是正常的，也是可以接受的。

（七）寡妇

《古兰经》规定，禁止寡妇在丈夫去世后的四个月零十天内参加婚礼。伊斯兰学者认为，这一规定是在哀悼丈夫的死亡和保护寡妇免受文化或社会谴责之间取得了平衡，除此之外，这项规定还保护未出生婴儿的财产权，因为这段时间足以确定寡妇是否怀有身孕。

第六节 纪念节日

阿富汗的纪念节日可分为国家法定节假日和宗教节假日。法定节假日以阿富汗日历为依据，时间明确，包括新年、独立日（Afghan Independence Day）等，一些国际庆祝活动也在阿富汗正式举行，如国际劳动节和国际妇女节。宗教节假日以伊斯兰阴历为基础，包括开斋节、古尔邦节等。由于伊斯兰阴历一年为 355 天，与阿富汗日历存在一定的时间差，因此以阿富汗日历呈现的宗教节假日每年时间不定。

一、法定节假日

（一）新年（3月21日）

阿富汗的新年又称诺鲁孜节，这是一个古老的传统，起源于琐罗亚斯德教，通常以音乐和舞蹈来庆祝。诺鲁孜标志着春天的第一天，是天文学上的春分，通常于3月21日庆祝。诺鲁孜节的取向是人与大自然和谐共生，了解建设性劳动与大自然再生周期之间不可分割的联系，对生命的自然本源怀着关爱和尊重的态度。诺鲁孜节在阿富汗广为人知，有时也会被称为农夫节。这个节日通常持续两周，在阿富汗新年的第一天，也就是3月21日结束。在"塔利班"统治期间（1996年至2001年），诺鲁孜节被认为是一个"以火崇拜为中心的古老节日"，曾一度被禁止。联合国教科文组织于2009年将诺鲁孜节列入《人类非物质文化遗产代表作名录》，诺鲁孜节是传承下来的庆祝活动，被视为新的一年的开始。2010年在阿塞拜疆的倡议下，联合国大会在第A/RES/64/253号决议中宣布，阿尔巴尼亚、阿富汗、阿塞拜疆、哈萨克斯坦、吉尔吉斯斯坦、前南斯拉夫的马其顿共和国、塔吉克斯坦、土耳其、土库曼斯坦、伊朗、印度共同庆祝诺鲁孜节。诺鲁孜节对加强各国人民建立在相互尊重、和平共处的理想关系上发挥着重要作用，诺鲁孜节中的各种传统和仪式的基础反映了东西方文明的文化和古老习俗，通过人的价值观的相互交流影响了东西方文明。

诺鲁孜节重要的传统和习俗有：

（1）古里苏尔赫节（Guli Surkh festival）：古里苏尔赫节的字面意思是红花节，这是诺鲁孜节的重要组成部分。在马扎里沙里夫（Mazar-i-Sharif），人们在每年的前40天庆祝这个节日，这时郁金香的花朵会生长在绿色的平原和城市周围的小山上。来自全国各地的人们前往马扎里沙里夫参加诺鲁孜节。古里苏尔赫节期间会举行各种活动和习俗，包括升旗仪式（JahendaBālā）、布扎卡什（Buzkashi）运动会。

（2）升旗仪式：该项庆祝活动在新年的第一天举行，出席的有副总统、部长、省长等政府高级官员。这是在马扎里沙里夫清真寺举行的特定宗教仪式，来自阿富汗各地的 20 多万人聚集在这里，共同庆祝升旗仪式。

（3）布扎卡什运动会：在古里苏尔赫节期间，布扎卡什运动会通常会与其他习俗和庆典一起在马扎里沙里夫、喀布尔和阿富汗其他北部城市一起举办。这是一项民族运动，代表着激情与活力。

（4）特殊菜肴：在诺鲁孜节，人们会烹饪一种由米饭和菠菜做成的特殊菜肴，面包店还会准备一种特殊类型的曲奇饼，这种饼干只在诺鲁孜节烘焙。

（二）独立日（8 月 19 日）

在阿富汗，独立日是于 8 月 19 日庆祝国家独立的法定节假日。独立日来源于阿富汗与英国的战役。英国殖民者出于与沙俄争夺对中亚控制权的战略需要，企图将阿富汗纳入自己的势力范围，并对阿富汗进行侵略战争。1839 年至 1842 年是第一次英国—阿富汗战争，英国率先占领喀布尔。此后，由于埃尔芬斯通（Elphinstone）的战略失误，当时英国领导的印度入侵部队在贾拉拉巴德市（Jalalabad）附近的喀布尔-贾拉拉巴德路被阿富汗军队击败。在这次战败之后，英国领导的部队返回阿富汗执行特殊任务，以营救他们的战俘。随后撤退，直至发起第二次英国—阿富汗战争。第二次英国—阿富汗战争发生在 1878 年至 1880 年，阿富汗为寻求庇护，接受了沙俄提出的包括出兵援阿等条款的条约草案，拒绝了英国使团来访。英国殖民当局不能容忍阿富汗与沙俄结盟，便以使团遭拒为借口出兵阿富汗。由于阿富汗统治者一心期望沙俄援助，故采取不抵抗政策，企图让英军深入国境，迫使沙俄实现出兵援助的诺言。随后，阿富汗大片国土沦丧，请求沙俄出兵。但沙俄的战略重点在欧洲，因而拒绝出兵，阿富汗也遂成为英国的附属国。之后，在阿富汗人民的英勇抗击下，英国殖民军四处碰壁，被迫同阿富汗统治者签订妥协性协定，同意阿富汗内政自主，但外交受英国控制。1881年4月，英国殖民军放弃了侵占阿富汗的打算，全部撤出阿富汗。19世纪末，阿富汗国内安定，经济复苏，民族资本主义开始萌芽。第一次世界大战后，印度民族解放运动高涨，牵制了英国很大力量；俄国发生了十月革命。国际国内形势对阿富汗摆脱英国外交控制、争取彻底独立十分有利。1919年2月，阿富汗改革派代表人物控制政权后，宣布阿富汗独立，不承认任何外国特权。英殖民者拒不放弃在阿富汗享有的特权，在阿富汗边境集结兵力，准备发动新的侵略战争。1919年8月19日，阿富汗打败英国占领军，获得了独立。自此之后，阿富汗每年都要庆祝独立日。

2019年8月19日，阿富汗迎来独立100周年纪念日，一些国际标志性建筑纷纷悬挂了阿富汗国旗，包括哈利法塔。这一天，位于喀布尔的达鲁阿曼宫（Darul Aman Palace）翻新工程顺利完工，并举行官方的庆祝活动。此外，当地民众也纷纷走上街头庆祝。

二、宗教节假日

（一）开斋节

开斋节，阿拉伯文"'Eid al-Fitr"的意译，音译"尔德·费图尔"，亦称"肉孜节"或"小节"，与古尔邦节同为伊斯兰教两大节日，时间在伊斯兰教历10月1日。穆斯林在莱麦丹（第9个月）全月斋戒，斋月最后一日寻看新月，见月次日开斋，即为开斋节；如未见新月，则继续封斋，节期顺延，一般不超过三天。开斋节在当代历书上也有标志。此日穆斯林穿上节日盛装，到清真寺参加"会礼"和庆祝活动，恭贺"斋功"胜利完成，互道节日快乐，并馈赠礼品。礼拜仪式规模和气氛均盛于"聚礼"，阿訇应讲经布道。"会礼"后，分头游祖坟，念经文，追悼亡灵。节日中，家家户户炸馓子、油香之类的食品，赠送他人。每个家庭应在节日开始前向穷人发放开斋布施。

在伊斯兰教的经典著作中曾记载，先知穆罕默德在传教前，每逢莱麦丹月都去麦加近邻的希拉山涧沉思默祷。公元 610 年的莱麦丹月，先知在沉思默祷时突然接到安拉的启示，命他以"使者"的身份传递真主的教诲。后来，先知穆罕默德将这个月定为斋戒月，以示纪念。与此同时，教法学家解释，"斋戒是为了让有钱人品尝饥渴滋味，以使他们不要穷奢极欲、挥霍无度；要节衣缩食，省出钱来周济穷人"。历经 1400 余年的演变，开斋节已成为信仰伊斯兰教各民族的传统文化节日。这一天，穆斯林除沐浴净身，到清真寺参加节日宗教聚礼活动外，还要穿上节日盛装，走亲访友，互道平安，祈求来年幸福。

在阿富汗占据主导地位的逊尼派伊斯兰教的文化中，开斋节非常重要，人们会广泛庆祝三天。在开斋节正式到来的十天之前，阿富汗人会打扫屋子，去当地的集市上购买新衣服、糖果和零食。开斋节当天，阿富汗人首先会进行开斋节祈祷，然后与家人聚在一起，互相问候"Eid Mubarak"，并说"Eidet Mobarak wa Namazet Qabool dahel Hajiha wa Ghaziha"，意思是"祝你开斋节快乐；愿你的斋戒和祈祷能被真主安拉接受，愿你能够成为前往朝圣的人"。此外，家里的长辈也会给孩子们钱和礼物，拜访家人和朋友也是常见的做法。孩子们从一家走到另一家，并说"khalaeidet Mubarak"。这时孩子们便会收到饼干。到了晚上，房屋周围会燃起多个篝火，在远处看，整个山谷就像被火焰吞没了一样。

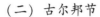

（二）古尔邦节

古尔邦节（"Eid Adha"），又称"宰牲节""尔德节"。古尔邦节与开斋节、圣纪节并列为伊斯兰三大宗教节日。"古尔邦"在阿拉伯语中称作"尔德·古尔邦"，或称为"尔德·阿祖哈"。"尔德"是节日的意思；"古尔邦"和"阿祖哈"都含有"牺牲""献身"的意思，所以一般把这个节日叫"牺牲节"或"宰牲节"，也译作"库尔班"。

据《古兰经》记载，先知伊卜拉欣直到晚年也没有儿子。他祈求真主安拉赐给他一个儿子。不久后，伊卜拉欣果然有了儿子，他衷心感谢真主的恩赐，精心抚养幼子。十几年后的一天夜里，伊卜拉欣做了一个梦，梦见真主安拉命令他把心爱的儿子宰掉献祭以考验他的诚心。伊卜拉欣顺从执行"启示"的那一刻，真主让伊卜拉欣刀下留人，派天仙吉卜热依勒背来一只黑头羝羊作为祭献，代替了伊卜拉欣的儿子。当伊斯兰教创立后，穆斯林们承认伊卜拉欣并尊为圣祖，每年的这一天，便形成了宰牲献祭的习俗沿袭至今，成为所有信仰伊斯兰教（安拉）的人们的传统节日之一。

临近古尔邦节的临近三天，家家户户的主妇就忙碌起来了，她们要制作大量的油炸馓子和各种精美点心，为节日期间来家里贺节的亲朋好友和远方的来客准备充足的美食。节日也成为主妇们厨艺与持家德行的大展示和大竞赛。古尔邦节这一天清晨的礼拜，是一年中规模最大的一次礼拜，所有成年男人皆去当地礼拜寺参加聚礼，场面蔚为壮观。聚礼之后，各家各户都要到坟地去祈祷，怀念并为死去的亲人祈福。

古尔邦节的主要内容有：①举行会礼。会礼是古尔邦节的核心内容之一。穆斯林沐浴更衣后会聚于城市中心清真寺或宽敞的郊野举行盛大会礼仪式，以诵读《古兰经》和纪念先知、赞美圣贤为主要内容。各地穆斯林每年逢此日，都要戒食半日，俟会礼后进食。②宰牲。一般的穆斯林都在节日之前准备好到时要宰的牲口，共有骆驼、牛、羊三种，根据家庭的经济情况来决定。大户用驼，中户用牛，小户用羊，无力宰牲者免除。羊为一人一只，牛为七人一头，骆驼等同于牛。不管哪种牲口，均须健康强壮，外观美丽。宰后的肉要分成三份，分别留作自用、赠送亲友以及施舍给穷人。宰牲时必须高念"泰克比尔"（Takbir，即真主至大），宰牲方为有效（Mustahabb，可嘉圣行）。

第七节　旅游名胜与奇观

阿富汗的天然名胜与奇观主要集中在喀布尔、马扎里沙里夫和赫拉特。喀布尔是一座有 3500 多年历史的名城，是著名的东西方通商要道"丝绸之路"上的重镇，是连接中亚和南亚的贸易必经之路，也是东西方文化交流的一个中心，位于喀布尔的名胜古迹主要有班达拉米亚国家公园、阿卜杜勒·拉赫曼清真寺、阿富汗国家博物馆、巴布尔花园、达鲁阿曼宫、马扎里沙里夫清真寺等。马扎里沙里夫距首都喀布尔约 300 公里，是一个美丽而古老的边陲城市，城内的蓝色清真寺是阿富汗新年庆典的必备场所之一。赫拉特是阿富汗斯坦西北部的历史名城，赫拉特城堡、赫拉特大清真寺等名胜古迹便坐落于此。

一、班达拉米亚国家公园

班达拉米亚国家公园（Band-e Amir National Park）位于阿富汗巴米扬（Bamyan）中部。公园内有闻名世界的班达米尔湖（Lake Band-e-Amir），又称阿富汗圣湖，毗邻巴米扬峡谷，是兴都库什山上的天然大坝形成的密集蓝色湖泊链。这些湖泊由岩山地带断层和裂缝里渗出的富含矿物质的水所形成。伴随着时间的流逝，许多硬化矿物质石灰华堆积层形成的湖泊壁可以存蓄湖水了。"班达米尔"在湖区周围的哈扎拉民族语言中意为"王者之坝"，据阿富汗当地传说是由先知穆罕默德的女婿在巴布尔国王统治时期扔掷形成，故有此名。阿富汗临时政府建立之后，国内局势相对稳定，更多的游人前往旅游。从阿富汗首都喀布尔到班达米尔湖地理距离不过 200 公里，但乘车却要十个小时左右。从喀布尔沿平坦的公路北行一个多小时后，就要往西驶上散落锋利小石头的崎岖山路。狭窄的道路坑坑洼洼，千转百绕，尘土飞扬，既翻山越岭，又横穿沙漠。

班达拉米亚栖息地在成为国家公园之前曾遭到严重的破坏，当地居民的生活严重依赖该地区的自然资源，砍伐薪柴、扩垦农田和过度放牧与捕猎，并严重殃及了该地区的野生动物。由于捕猎，班达拉米亚公园已经找不到雪豹的踪迹了。然而，野山羊、东方盘羊、狼类、狐狸、各种鱼类和鸟类仍栖息在班达拉米亚。虽然公园办公室明文规定禁止非法捕猎鸟类和生活在公园内的少数哺乳动物，但目前还没有数据来评估公园内野生动物和生物多样性的数量。政治纷争和数十年的战乱曾让班达拉米亚成为首座国家公园的努力付诸东流，为推广和保护班达拉米亚的自然美景，阿富汗于 2009 年 4 月 22 日建立了班达拉米亚国家公园，并保护公园的自然资源和野生动物。尽管国内恶化的安全局势致使对外旅游业几乎中断，但仍有数以千计的阿富汗人与朝圣者们前往参观班达拉米亚。

二、阿卜杜勒·拉赫曼清真寺

阿卜杜勒·拉赫曼清真寺（Abdul Rahman Mosque），也被称为喀布尔大清真寺，是阿富汗最大的清真寺之一。它位于喀布尔的中心商业区之一，占地约 213 亩，三层楼高，可容纳一万余人。清真寺内还有一所宗教学校和一个 15 万藏书的图书馆。其中，大楼的一层仅供妇女使用。这座清真寺是以一位有影响力的阿富汗商人哈吉·阿卜杜勒·拉赫曼（Hajji Abdul Rahman）的名字命名的。哈吉·阿卜杜勒·拉赫曼于 2001 年开始建造这座清真寺，他去世后由他的儿子们继续这个项目。清真寺的主要工作于 2009 年底完成，但正式的落成典礼于 2012 年 7 月举行，阿富汗前总统哈米德·卡尔扎伊（Hamid Karzai）和部分高级官员出席了典礼。

三、阿富汗国家博物馆

阿富汗国家博物馆（National Museum of Afghanistan）又称喀布尔博物馆，是一座两层楼的建筑，位于阿富汗喀布尔市中心西南 9 公里处。其于 1919 年设立，1924 年正式开放。主要收藏阿富汗各地出土的史前遗物和贵霜王国时代的佛像、印度教神像、伊斯兰时代文物、各历史时期的钱币和民俗文物等。陈列有公元前 5000 年印度河文明和阿富汗史前文明的石器、陶器、金银器；希腊、罗马文化东渐时期的古罗马玻璃花瓶；佛教故事牙雕刻画和犍陀罗艺术品等。阿富汗国家博物馆曾被誉为是世界上奇珍异宝收藏最多的博物馆之一。该博物馆内的许多藏品都是独一无二的稀世珍宝，它们代表着这个中亚国家悠久的历史和它连接古代中国和古罗马之间的丝绸之路的重要战略位置。在这个博物馆中，曾收藏过珍贵无比的"比克拉姆象牙雕像"和著名的"科伊诺尔钻石"。早些时候的藏品也是中亚最重要的藏品，有超过 10 万件可追溯到几千年前的物品，包括波斯、佛教和伊斯兰王朝的物品。1992 年内战爆发后，博物馆曾遭到多次洗劫，并被火箭弹摧毁，导致展出的 10 万件展品损失了 70%。2007 年以来，在许多国际组织的帮助下，阿富汗国家博物馆已经恢复了 8000 多件文物。2012 年，大约有 843 件文物被英国归还。2014 年，阿富汗国家博物馆按照国际标准进行了大规模扩建，并设有花园供游客放松和散步。

四、巴布尔花园

巴布尔花园（Baghe Babur）是位于喀布尔的一座历史公园，

也是第一位莫卧儿（Mughal）皇帝巴布尔的安息之地。这个花园被认为是在公元1528年左右开发的，当时巴布尔下令在喀布尔建造一条林荫大道花园，这在他的回忆录中有详细描述。在阿富汗内战期间，巴布尔花园曾遭到严重破坏。经过仔细地记录后，在2002年至2004年对墙壁的损坏部分进行了修复或重建。自2003年以来，保护工作的重点一直放在以下几个方面：第一，保护1675年沙贾汗（Shah Jahan）建造的白色大理石清真寺，用以纪念他对巴尔赫的征服；第二，修复巴布尔的墓地围墙；第三，修复20世纪初的花园亭；第四，重建海雷姆塞莱综合建筑群（haremserai）。考虑到园林的历史性质和当代游客的需要，阿富汗对园林自然环境进行了大量投资，安装了管道灌溉系统，种植了数千棵土著树木。自2008年1月以来，巴布尔花园一直由独立的信托基金管理，游客数量显著增加。

五、达鲁阿曼宫

达鲁阿曼宫（Darul Aman Palace）位于阿富汗喀布尔西部，是喀布尔众多王宫之一，也是具有新古典风格的欧式建筑，建于20世纪20年代。它是阿曼努拉国王推行改革的重要象征。阿曼努拉下台后，该宫曾先后用作喀布尔博物馆和国防部办公楼。2019年，为迎接阿富汗一百周年独立日的到来，达鲁阿曼宫重新翻新并用于庆典活动。

六、马扎里沙里夫清真寺

马扎里沙里夫清真寺，又称蓝色清真寺（Blue Mosque），位于阿富汗北部的马扎里沙里夫，距离乌兹别克斯坦边境不远。蓝色清真寺位于市中心，占据了城市的天际线。蓝色清真寺寺内铺有明亮的白色瓷砖和厚板，墙壁铺有彩色瓷砖，但主色为亮蓝色，并且在建筑物周围以几何图案排列。蓝色清真寺大致为长方形，位于礼拜场所的中心是一个壮观的墓室。几个世纪以来，这座建筑群已经大大扩展，并在清真寺内建造了新的墓葬。对于阿富汗人民来说，蓝色清真寺不仅是一座神寺，也是一个礼拜场所、教育场所，更是这座城市最重要的市民空间之一。此外，每年的诺鲁孜节，来自阿富汗各地的人都会聚集在这里，共同参加新年第一天的升旗仪式。

参考文献：

［1］闫伟：《阿富汗穆沙希班王朝的文化整合与族际关系》，载《世界历史》2017 年第 3 期。

［2］朱永彪、闫培记：《阿富汗难民：历史、现状及影响》，载《世界历史》2009 年第 4 期。

［3］孟庆顺：《近代阿富汗政治动乱的历史根源》，载《世界历史》1988 年第 4 期。

［4］张吉军、张婷：《政治伊斯兰与阿富汗社会发展之逻辑关系辨析》，载《南亚研究》2018 年第 4 期。

［5］贾春阳、杨柳：《阿富汗问题三十年（1979~2009）：地缘政治、民族与宗教》，载《南亚研究》2009 年第 4 期。

［6］傅小强：《〈中国周边民族宗教概况〉专题之六 阿富汗民族宗教概况》，载《国际资料信息》2002 年第 12 期。

［7］何可人：《“丝绸之路”上的阿富汗城市地理景观变迁与国家治理》，载《南亚东南亚研究》2019 年第 5 期。

［8］闫伟：《国家与宗教的博弈——现代阿富汗政教关系嬗变及反思》，载《西北大学学报（哲学社会科学版）》2017 年第 2 期。

［9］祝全：《阿富汗人的礼仪与习俗》，载《现代交际》1994 年第 2 期。

［10］彭树智：《阿富汗与古代东西方文化交往》，载《历史研究》1994 年第 2 期。

第三章

白俄罗斯的习俗文化

【本章概要】白俄罗斯位于东欧平原西部，是处于欧洲地理中心的国家。该国气候温和、资源丰富、风景秀丽，一直同中国保持着友好往来。白俄罗斯是个多宗教的国家，其人民主要信奉东正教；白俄罗斯人性格豪爽直率，通情达理，爱喝烈酒，善于同外界往来；白俄罗斯民族服饰精巧、食物多样、建筑独特、交通发达；其人民在日常交往、婚丧嫁娶、纪念节日等方面有着特有的习俗；白俄罗斯拥有众多的名胜古迹和历史文化遗产，是旅游观光胜地。本章将从国家概况、姓名性格、衣食住行、日常交往、婚丧习俗、纪念节日、旅游名胜与奇观七个部分详细介绍。

第一节　国家概况 [1]

一、地理位置

白俄罗斯，全称白俄罗斯共和国（The Republic of Belarus），地处北纬51°16′~56°10′的温带，最北端位于北纬56°10′的维尔涅德温斯基区，最南端位于北纬51°16′的博拉金斯基区。白俄罗斯共和国的地理中心位于明斯克州普霍维奇斯基区安东诺沃村附近。

白俄罗斯是欧洲的地理中心，是连接独联体国家和欧盟成员国最短的交通通道，白俄罗斯位于东欧平原西部，东邻俄罗斯，北、西北与拉脱维亚和立陶宛交界，西与波兰毗邻，南与乌克兰接壤，边境线全长2969公里，白俄罗斯的国土东西长650公里，南北宽560公里，国土总面积为20.76万平方公里，领土面积居欧洲第13位。白俄罗斯人大部分居住在首都明斯克等大城市附近，将近80%的人口为白俄罗斯人，其余为俄罗斯人、波兰人和乌克兰人。1995年后，白俄罗斯语和俄罗斯语被设为官方语言，白俄罗斯人大多信仰东正教，复活节等节日被设定为国定假日。

二、地形与气候

（一）地形

白俄罗斯地势以平原为主，平均高度为160米。在中部地区

---

〔1〕　参见李向阳总主编：《"一带一路"国别概览——白俄罗斯》，大连海事大学出版社2018年版。

有不超过其国土面积 20% 的高地，其境内最高峰为海拔 345 米的捷尔金斯卡娅山。白俄罗斯 30% 的国土属于低地地貌，海拔平均在 80 米至 150 米之间，海拔最低的地带位于白俄罗斯和立陶宛边境的涅马诺姆交界点。低地地区的河谷宽阔而平整，且多为沼泽区。

白俄罗斯全境最高地区位于其领土北部，主要以丘陵和山脉为主，另有一些平坦的低地和阶梯形的谷地交错分布。在其西北部地区，分布着冰河末期的遗迹，冰碛丘陵、冰河堆石所形成的盆地以及冰碛平原散布其间，地势较为复杂。在其中北部地区，一座东北西南走向的白俄罗斯山脉横亘于此，它从西部边境的格罗德诺一直延伸到东部的奥尔沙，在第聂伯河东岸与斯摩棱斯克丘陵连为一体。在其东北及北部地区，地形也主要是以丘陵为主，北部低地主要呈波状地形，地势普遍较低。而在其东南和南部地区，则以平原和沼泽为主。整个平原从北向南逐渐倾斜，虽然整个平原零星分布着一些低矮的丘陵和冰碛山脉，但地势整体上都较为平坦。

（二）气候

白俄罗斯位于温带，地形以平原为主，地理位置接近于大西洋，所以白俄罗斯的气候属于东欧平原所具有的从海洋气候过渡到大陆气候的温带大陆性气候。该气候的基本特征是：气候温和，温差小，降雨充足，天气不稳定。

白俄罗斯境内的夏季太阳辐射强度基本一致，而南方地区冬季太阳辐射则明显增多，太阳辐射的强度是从北往南逐步增加。白俄罗斯地处温带，受大西洋气流影响，夏季多阴雨，冬季多降雪。白俄罗斯冬季和夏季天气干燥，这是由于缺乏高山阻隔，直接受到来自东部的大陆气团的影响而导致的。另外，北极气团也会周期性地降临白俄罗斯，导致气温骤降，而夏天，白俄罗斯的气候则受热空气的影响。白俄罗斯大气环流会经常变换，使白俄罗斯的春、秋两季天气不稳。

白俄罗斯的年平均温度自东北向西南，逐步从 5.5℃ 增加到 7.5℃，1 月份是最冷的月份，平均气温自西南向东北，从零下 3.4℃ 下降至零下 7.2℃。该国西南地区因大西洋气流原因而变得温暖，冬季气温经常降到零下 20℃ 至零下 30℃，有记录的最低气温达到零下 36℃ 至零下 42℃。

白俄罗斯受潮湿的大西洋气流影响，全年湿度较高。其中，秋、冬两季湿度最高，全国的相对湿度超过 80%；春、夏两季，由于高温影响，湿度降为 50%~60%，个别日期为 30%。高湿度经常让白俄罗斯出现多云、大雾天气，70% 的雾天经常出现在每年 10 月至次年 3 月，且经常出现在高地的闭合盆地。

白俄罗斯处于降水带，降水在 4—9 月份，降水最多的月份是 7 月，最少的是 1—3 月份，降水量自西北向东南逐步减少。降水量取决于地貌，中部的高地地区降水量多于北部和南部地区。白俄罗斯全国降水量最大的地区是诺夫哥罗德高地，年均降水量为 750 毫米。降水最频繁的是秋、冬两季，时间从每年 11 月至次年 1 月份。虽然夏季降雨频率较低，但降水强度大，而且时常伴有雷雨和冰雹。冬季降雪较多并形成积雪覆盖层，积雪覆盖层最厚的时期是在冬季末，厚度自西南向东北最深可达 35 厘米。

三、行政区划

白俄罗斯有 1 个具有独立行政区地位的州级城市明斯克市和 6 个州。全国共设有 118 个区、115 个市、24 个市辖区、85 个镇、23 027 个村。

（一）明斯克市

明斯克市是白俄罗斯的首都，是政治、经济、科学、行政和文化教育中心，也是欧洲最古老的城市之一。这里生活着不同民族、不同宗教信仰的居民，截至 2023 年 1 月，人口约 199.55 万，占全国人口 21.69%。

明斯克市自古以来都是连接周边地区的贸易中心，素称"贸易之城"，著名的"明斯克自由经济区"即坐落于此。该市对外贸易额占全国贸易额的 37.2%，有 60 多个国家于此进行外资与合资生产。明斯克市也是白俄罗斯最大的工业中心，全国 20% 的工业产品出自明斯克市。它的工业领域涉及机械和设备生产，食物、饮料和烟草制品，电子设备，计算机仪器，电子和光学仪器，交通工具，建筑材料，制药产品与药学制剂。

明斯克市著名景点有：胜利广场、泪岛、圣灵主教大教堂、别洛韦日国家森林公园、光荣之丘、白俄罗斯国立大学。明斯克市建有大型的科学和教学中心。白俄罗斯国家图书馆、高科技园、博物馆、剧院以及众多高等教育机构都汇聚于此。白俄罗斯总统府、国家议会和部长会议、国家银行等重要的国家行政机构也均位于该市。明斯克市以多样的建筑群、大型广场、宽敞的街道、大面积的绿化为傲。

（二）戈梅利州

戈梅利洲是白俄罗斯面积最大的行政区，其东邻俄罗斯，南接乌克兰，西近波兰。州内下设 21 个区，占地面积 4 万多平方公里。森林面积占总面积的 40%，人口仅次于明斯克州。戈梅利州主要城市包括韦特卡、多布鲁什、卡林科维奇、罗加乔夫、斯韦特洛戈尔斯克等。首府戈梅利市是一座古老的城市，以机械制造和金属加工为主，其人口数量约 51.5 万，是白俄罗斯城市人口数量第二大城市。

戈梅利州拥有巨大的经济潜力，是白俄罗斯最发达的工业区之一。这里汇集了超过全国 1/5 的工业生产。州内七成的工业产品用于出口。对外贸易伙伴国有近百个，其中俄罗斯、德国、中国是其主要贸易伙伴。另外，州内建有"戈梅利—拉顿"自由经济区。

戈梅利州农业耕地面积约 130 万公顷，农业以畜牧业、蔬菜和土豆种植为主，东北地区出产亚麻。戈梅利州对肉和肉类产品、奶制品和动物饲料可以进行原材料加工。戈梅利州交通发达，全国 90% 的货运客车和近一半的客运列车穿过该州。

戈梅利州十分注重保护建筑古迹，保留了许多古代文化和建筑遗迹。主要的名胜古迹有普里皮亚季森林公园、图洛市的城堡山、皇宫公园、戈梅利市的圣彼得和圣保尔教堂等。全州共有 26 座博物馆、4 个剧院和 2 个艺术画廊。戈梅利州还建有波列斯基国家放射生态学保护区和 56 个禁猎区。

（三）布列斯特州

布列斯特州位于白俄罗斯的最西端，其南部与乌克兰接壤，西邻波兰。人口排在明斯克州和戈梅利州之后，位列第三位。布列斯特市是该州的首府。该州拥有全国最大的电炉、煤气炉等生产企业。该州农业以畜牧业、甜菜生产、蔬菜种植为主，产品即可满足居民所需，也可出口。

（四）维捷布斯克州

维捷布斯克州位于白俄罗斯的最北端，其西部与拉脱维亚接壤，西与立陶宛交界，北、东与俄罗斯毗邻，人口密度全国最低。该州工业发达，主要包括：石化加工、电能、纺织品等。农业以种植谷物、饲料作物为主。该州湖泊面积全国第一，因而渔业发达。维捷布斯克市是该州的首府，是白俄罗斯最古老的城市之一。

（五）格罗德诺州

格罗德诺州西邻波兰，北邻立陶宛，是白俄罗斯面积最小的州，也是人口最少的州。格罗德诺市是该州首府。该州与世界多个国家有经贸往来，其中中国、俄罗斯、德国、波兰等国是其主要贸易伙伴。

（六）明斯克州

明斯克州，位于白俄罗斯的中心，是该国第二大州，也是该国最大的工业中心、农业中心。州首府是明斯克市。

（七）莫吉廖夫州

莫吉廖夫州是白俄罗斯东部的一个州，该州经济以农业为主。莫吉廖夫市是该州首府，同时也是该州第三大城市，坐落于第聂伯河岸，是化学工业、机械制造业、轻工业以及食品工业中心。

四、国家标志

白俄罗斯位于欧洲中心，原为苏联的加盟共和国。白俄罗斯联邦于1991年8月25日宣布独立，于1991年12月19日改名为"白俄罗斯共和国"，简称"白俄罗斯"。"白"表示"自由的、独立的"和"纯粹的"。关于白俄罗斯名称的由来，有很多种说法：一种说法认为，"白俄罗斯"意即"纯的罗斯人"，因为白俄罗斯人，比俄罗斯人、乌克兰人保留更纯的古斯拉夫人的血统和特点；另一种说法认为，"白俄罗斯人"之所以称为"白"，是由于该民族自古代开始即喜欢穿白色的亚棉麻布服装并用白布绑腿的缘故；还有一种说法认为，之所以称为"白俄罗斯"是因为强调"白"的自由和解放之意，因为该民族是从鞑靼人的统治下解放出来的；甚至还有说法认为，称为"白俄罗斯"是因为从古代开始，白俄罗斯人就因其"金发、灰眼、白肤，喜着白衣"而闻名，因此国家就以民族名命名，即为"白俄罗斯"。

（一）国旗

白俄罗斯国旗呈长方形，长宽比为2∶1，国旗上半部分为红色宽条,下半部分为绿色窄条,旗面左侧为具有民族特色的红白花纹竖条。国旗各个颜色具有一定的象征意义。红色代表击败侵略者的白俄罗斯军团之旗帜,象征光荣的过去。绿色代表森林与田地,代表希望。左边花纹代表民主的传统文化与精神的延续及人民的团结。

（二）国徽

白俄罗斯国徽的正中心是白俄罗斯的版图,叠放在金色及呈放射状的太阳光之上。光的源头是一个太阳图案,但一半被一个更大的地球图案遮盖。而且这个地球图案也只有一半,地球表面以紫色和蓝色分别显示部分欧亚大陆及水域。国徽的左右被小麦秸秆包围,并衬托着鲜花,左侧是三叶草属植物,右侧是亚麻花。一条长长的彩带缠绕着两边的小麦秸秆,彩带与国旗一样以红、绿条相间,彩带的正中间写着"白俄罗斯共和国",字体呈金黄色。国徽正上方是一枚五角星。国徽象征着白俄罗斯勤劳的理念、正义的胜利以及傲立于世界民族之林的信心。

（三）国歌

白俄罗斯国歌是《我们白俄罗斯人》。歌词大意为:自由的风为你的名字唱着自由的歌,绿林以亲切的声音为你呼唤,太阳以火焰歌颂着你的声名远播,繁星为分散的力量倾注信念……复兴的清风已吹遍各个角落,怀着无限的精神,祖国更美好快乐的日子已经到来。

五、宪法

1994年3月15日,白俄罗斯颁布了独立后的第一部宪法,即《白俄罗斯共和国宪法》,该宪法规定取消总统任意解散议会的权限。后来,卢卡申科总统与最高苏维埃权力斗争激化,于是下令举行全民公决。根据公决结果,批准了卢卡申科总统提出的宪法修正案。新宪法规定，白俄罗斯议会由"一院制"改为"两院制"，由共和国院（上院）和代表院（下院）组成，每四年选举一次。同时，新宪法还规定，白俄罗斯实行总统制和三权分立：白俄罗斯共和国国民会议行使立法权，内阁行使执行权，法院行使司法权。这三者既是相对独立的，又是彼此制约的；总统作为国家元首，由选举产生，任期五年，连任不得超过两届；新宪法还重新规定了总统有解散议会的权力；另外，新宪法还赋予总统组织全民公决、确定各级议会选举、任命政府总理、副总理及其他政府官员等权力。虽然宪法规定白俄罗斯实行总统制，但总统在国内政治决策方面很大程度上还要受制于议会，所以总统的权力远不及俄罗斯、土库曼斯坦等中亚国家总统的权力大。

1994 年宪法基本实现了立法、司法和行政三权的分立和平衡。议会拥有立法权，议会和总统共同提名司法系统，然后再由议会选举产生和任命。总统提名政府总理和主要部长，之后还需再通过议会批准。总统拥有行政权，负责领导和组织政府。

第二节　姓名性格

一、姓名[1]

白俄罗斯人的名字主要有两个来源，一是来自宗教的圣徒的名字，二是由白俄罗斯民族词汇构成名字。宗教的名字又有两个来源，一是以希腊为渊源的东正教教名，如诗人扬·巴尔丘斯基名字中的"扬"是《圣经》中约翰名字的变形；二是以拉丁语为渊源的天主教教名，如汽车工业杰出的领导者帕维尔·马列夫的

---

〔1〕 参见《白俄罗斯人名》，载 http://blog.sina.cn/dpool/blog/s/blog_14aa32b3d0102vvet.html? vt=4，最后访问日期：2020 年 10 月 17 日。

名字"帕维尔"相当于拉丁语系的教名"保罗"。来自白俄罗斯词汇构成的名字，也可能是来其他斯拉夫民族，如政治家和科学家斯坦尼斯拉夫·斯坦尼斯拉瓦维奇·舒什克维奇的名字"斯坦尼斯拉夫"的一个典型的斯拉夫名字，意为"有名望的人"。

白俄罗斯的姓氏最早出现在中世纪晚期（也就是在立陶宛大公国统治期间），姓氏主要来自职业、父名、地名或个人特征，如政治家米高拉·桑姆约纳维奇·阿巴姆茨克的姓氏"阿巴姆茨克"来自父名，意为"爱布拉姆的儿子"；足球运动员维克多·彼得罗维奇·索科尔的姓氏"索科尔"是乌克兰的一个地名；足球运动员赛瑞·弗拉基米罗维奇·卡瓦楚科的姓氏"卡瓦楚科"意为"铁匠"，等等。

白俄罗斯的人名结构与俄罗斯人相同：名字+父称+姓氏。如诗人库帕拉、首任总统亚历山大·格里戈里耶维奇·卢卡申科、乒乓球运动员萨姆索诺夫。白俄罗斯三大姓氏为：扬诺维奇、伊万诺维斯基、齐克。妇女结婚后要改姓夫姓，如卢卡申科总统的夫人加林娜·洛迪奥诺夫娜·卢卡申科。

二、性格[1]

白俄罗斯人性格豪爽直率，喜欢坦诚，通情达理，爱喝像伏特加这样的烈性酒，善于同外界礼尚往来，非常重视礼貌待客，文明用语时常"挂在嘴边"。他们表示高兴时，往往爱开怀大笑，而表示轻蔑时，又总习惯地微微一笑。因此，中国人的礼貌微笑，对他们来说，往往会使他们感到莫名其妙。

白俄罗斯人性格比较温和，绝大多数温文尔雅，心地实在，非常注重礼貌，如他们有"女士优先"的优良传统，习惯在各种

[1] 参见《白俄罗斯人社交习俗》，载 https://wenku.baidu.com/view/9b9a442acc7931b764ce151b.html，最后访问日期：2020年10月17日。

场合照顾优待妇女。可以说，尊重女士是白俄罗斯全社会的道德风尚。问候时，男子应先向女子问候；当妇女走进客厅时，男子应站起来表示礼貌，而男子走进客厅时，妇女可以不站起来，但必须面向来人，以示礼貌；在介绍人们相识时，总是把妇女先介绍给男子，妇女在回答时应主动伸出手去握手并说出自己的姓名；要向妇女介绍某个人时，应先征求她同意后再介绍；上公共汽车、进房间、上楼梯时，男子一般都让女子先行，并为其开门，即使对不认识的女子也需这样做；出门时男子帮助同行女子穿大衣、拉大门；在影剧院里，男子应先找座位让女子坐下后，自己再坐；请女子跳舞后，会送她回原来位置，致谢后再离去；照相时，无论是在室内还是在室外，如果女子站着，男子就不坐着照；跟女子在一起时，吸烟前一定要征得对方的同意。

白俄罗斯人非常喜欢"7"这个数字，认为"7"是个吉祥的数字；比较忌讳"13"这个数字，认为"13"是个不吉利数，会给人大祸临头的感觉或给人带来灾难。因此，他们无论做什么事情，总乐于同"7"数打交道。又如，白俄罗斯民族崇尚偏爱白色，认为白色纯真、洁净；也喜欢红色，认为红色象征着勇敢，并会给人以鼓舞；忌讳黑色，见到黑猫，会使他们感到沮丧。

第三节　衣食住行

一、服饰

受基辅罗斯时期服饰风格以及波兰、立陶宛、拉脱维亚、俄罗斯等其他国家的影响，白俄罗斯形成了别具一格、有其鲜明民族特色的传统服饰。男性传统服饰一般是白色亚麻布绣花衬衫，系彩色腰带，外套坎肩，下穿白色灯笼裤，扎白色裹腿，脚蹬皮靴，头戴毡帽、皮帽或草帽；女性传统服饰较为艳丽，别具匠心，上衣一般为白色绣花衬衣，下穿白色长裙，腰系毛织小花围裙，再搭配上五彩绒线编织成的腰带，头上戴花头巾，脚穿皮靴或皮鞋，具有独特的民族风情。

二、饮食

白俄罗斯的饮食品种丰富多样，该国民众以面包和土豆为主食。白俄罗斯人非常钟爱土豆，关于土豆的做法种类繁多，仅用土豆就能做出 100 多道菜。土豆也是其早餐的必备食物，通常与煎鸡蛋一起食用，用黑麦糊、面粉和土豆做成的土豆薄饼更是他们的传统食品。在白俄罗斯的城市里，随处可见的商店除了咖啡店、餐厅外，还有"布里巴尼"，即土豆店。

白俄罗斯的美食有着悠久的历史，对饮食非常有讲究，其美食多吸收了英法菜系的精华，有很多具有民族特色的美食，如烧烤、鱼子酱、罗宋汤以及传统的小煎饼。白俄罗斯的美食不仅令人称赞，还非常奢华，这里的小菜一般都是鱼子酱。鱼子酱的种类还很多，既有鲑鱼子，也有黑鱼子、鲟鱼子等品种；除此之外还有小餐包，而小餐包也是一种香肠，外面的肠衣是非常脆的，里面的肉馅是香嫩的，一般是作为冷盘或者是夹在面包里面吃。白俄罗斯冬季气候非常寒冷，因而该国的主食还主要以各种肉类为主。白俄罗斯人以俄式饮食为主，爱吃黑面包，爱喝汤，尤其喜欢凉杂拌甜汤和白菜汤，还很喜欢酸奶、奶渣和干酪。白俄罗斯人平常饮食习惯用刀叉做餐具，他们也非常喜欢中国菜，认为中国的菜肴独具特色、味美适口。

第四节　日常交往

白俄罗斯人民在日常交往中有其特有的基本准则和礼仪规范，这些规则与习惯是人们在长期共同生活和相互交往中逐渐形成的，并以礼仪、风俗等方式固定下来的，被人民尊重并长期遵守。

一、礼仪

白俄罗斯人民受教育程度和综合素质很高，推崇礼尚往来，非常重视礼仪，愿意礼貌待人。

白俄罗斯人在社交场合与客人相见时，会握手以示礼貌，并且使用右手，因为他们认为使用左手握手是不礼貌的行为；握手时，他们会脱下手套以示诚意，绝不会隔着门槛握手；白俄罗斯人与其亲朋好友相见时，一般会相互亲吻，尤其是在与特别好的朋友相见时，拥抱和亲吻更是必不可少的礼仪，一般是先拥抱后相互亲吻脸颊三次，顺序是先右再左再右；在白俄罗斯，晚辈在向长辈问候时，长辈会亲吻晚辈的额头以示亲切；若是朋友之间，一般都会吻对方的脸颊；男子对尊敬的女士，多施吻手礼；夫妇和情侣之间，施吻唇礼；若被邀请做客时，客人进屋脱掉衣服、帽子后，会先向女主人问好，再向男主人和其他人问好。

在白俄罗斯，民众非常重视待客之道还表现在：迎客仪式。白俄罗斯人民在迎接客人的仪式上还有一定规矩：对于非常重要的客人，主人一般会在过道迎接；对于一般的客人，主人通常会在房间里等待。此外，一般是家里排位最低的人，会在家门口迎宾的；一家之主则会在门廊迎宾。在白俄罗斯，主客双方一般都要发表感言，感言可以是合作、友谊、家庭，也可以是祝福。如果只简单敷衍地说"干杯""合作愉快"等话语，会被认为是极不礼貌的行为。午宴一般会在下午一点到三点之间举行，晚宴一般会从晚上七点开始，持续 2~3 个小时。

在酒桌上，就如白俄罗斯人豪爽的性格一般，民众喜爱喝伏特加这样的烈性酒。白俄罗斯人喝酒时总想把自己灌醉。白俄罗斯人很讨厌在喝酒时作弊，你能喝就喝，不能喝也不勉强。白俄罗斯人每次喝酒举杯时，必须有理由才会喝，或是为了爱情，或是为了友谊，总之一定要有祝酒词才喝，而且酒桌上第三杯酒，是一定要敬在座的女士。白俄罗斯人喝酒很是豪爽，先端起酒杯，说完祝酒词，然后把酒一饮而尽，喝的基本是烈酒，而且一般都是一次一整杯或半杯的往下干。为防止喝醉，有时还会再喝上一口果汁。

在过年、过节、生日宴会被邀请去做客时，一定会选择赠送鲜花。送花时忌讳送双数花朵，因为双数花朵一般都是为葬礼上的死者准备的，若为生者准备双数鲜花会被认为是咒人死亡，所以，民众一般都会选单数花束送人，以三、七或九支为佳。另外，给年纪大些的女性送花，通常要选择玫瑰红或大红等颜色鲜艳一点的花朵，显得有活力；而送年轻姑娘，一般选择浅一点的花束，如粉色、黄色等，象征纯洁；若是在情人节送玫瑰，则一定要选红色。

在白俄罗斯，会客时宾主座次也是非常有讲究的。尊贵的客人要坐在圣像下面最尊贵的座位上，主人一般会坐在贵宾的右手边。告别时，客人要先向圣像祈祷，然后与主人行吻礼，视客人的尊贵程度，主人将客人送至房间门口或送至屋外。

二、习俗

白俄罗斯在社会习俗方面也有一定的嗜好和忌讳。

白俄罗斯人喜欢数字"7"，认为"7"是个吉利的数字，会给他们带来福气与好运；喜欢白色、红色，认为白色象征纯真与洁净，认为红色象征着勇敢，会给人鼓舞；非常崇拜盐，认为盐能驱邪除灾，喜欢用盐和面包招待客人以示善意和友好。因为在古俄罗斯盐很珍贵，只有款待贵宾时才能在宴席上见到；而面包在当时则是富裕和地位的象征。通常，主人手捧面包，客人躬身接过面包，先对面包示以亲吻，然后掰一小块，撒上一点盐，品尝一下，表示感谢。此习俗从古流传至今，已成为俄罗斯人与人交往中不可缺少的环节。

白俄罗斯人忌讳数字"13"，认为"13"是个"不吉利数"，会给人带来灾难；忌讳黑色，尤其见到黑猫，更会使他们感到沮丧；一般不爱吃蘑菇和茄子；忌讳黄色蔷薇花，认为这是一种令人沮丧的花，忌讳用其送礼，认为是断绝友谊的象征；非常忌讳把盐碰撒的行为，认为是不祥的预兆；非常讨厌用左手握手的行为，认为使用左手是非常不礼貌的举止；忌讳在房间里吹口哨，认为会把财富吹跑；还非常忌讳用餐时在桌上放喝完的空瓶子。

白俄罗斯人多信俄罗斯东正教，西北地区的人则多信天主教。不管你是不是信奉东正教，若是去一些不完全属于旅游开放的教堂，女士都需要戴头巾，男士则需脱帽。

第五节　婚丧习俗[1]

一、婚礼

白俄罗斯的婚礼在如下环节均有其独特的礼仪风俗：提亲、最佳婚期选择、婚礼服饰、新人护身符、婚戒、选择姓氏的权利、婚礼程序、送新郎、送新娘、婚礼途中、婚姻登记、教堂婚礼、新人拜访纪念地、家门口迎接新人、婚宴、新娘头纱传递、新婚之夜、新婚之年等。

（一）提亲

白俄罗斯家庭婚礼仪式在结构程序上要比其他国家婚礼仪式复杂得多，一般为期 2～3 周，甚至会持续更长时间。婚礼前仪

---

〔1〕参见［白俄罗斯］奥克萨娜·科托维奇、杨卡·克鲁克：《白俄罗斯民俗与文化：基于民间文化的田野调查》，余源译，北京大学出版社 2020 年版。

式、婚礼本身再加上婚礼后的一系列仪式，差不多会持续一年左右的时间。

在白俄罗斯，提亲作为结婚典礼的起点，具有非常重要的社会意义。因为民间认为，提亲不仅会预示新人未来的婚姻走向，还决定着两个家族今后的关系。根据传统，提亲前通常会先考虑以下事项：两个家庭的社会地位是否相当；他人对新人的评价如何；考虑缔结婚姻的对方是否具备热爱劳动、心灵手巧和团结友爱等优秀品质。

按民间传统，在白俄罗斯，提亲是新郎父母深思熟虑、仔细斟酌之后做出的决定。但是，深思熟虑后的提亲也不是百分百成功，有时会遭到新娘父母或新娘本人的拒绝。因此，为了提亲能够成功，人们会特别谨慎地准备，尽量选择合适的时间、合适的媒人前去拜访。在白俄罗斯人的观念中，周四是适合提亲的大吉之日。之所以说周四适宜提亲，是因为白俄罗斯民间常说："你什么时候结婚？小雨过后的星期四！"

通常由新郎的教父作为媒人到新娘家去提亲。可以说，新郎的教父是婚礼过程中的关键人物，如果因为某种原因他已不在人世或因其丧偶、离异或二婚的身份不适宜提亲，那么男方家可以从40岁以上、家庭幸福和睦、有社会声望的男性中挑选媒人。从媒人迈过未来新娘家门槛的这一刻起，婚礼前期仪式就开始了。提亲的目的在于为两家搭起相互了解、相互尊重的桥梁。

提亲是否成功还需看新娘的母亲是否完成了如下具有深层象征意义的仪式。若有，则表示提亲成功，否则提亲失败，即在媒人带来的酒瓶中装满粮食种子，用长条巾将其卷好后还给媒人，这意味着"播下的种子一定会结满新的谷穗"。

（二）最佳婚期选择

对于婚期，白俄罗斯民间有一套独特的时间调节体系，其中融合了民间世俗和基督教两种历史悠久的传统文化。

斋期要戒食荤腥，停止娱乐活动，禁止夫妻同房，更不能举办婚礼，教堂在这期间也不会承办婚礼仪式。

东正教历法中有四大斋期：

（1）为期六周的圣诞斋期，始于11月28日，止于圣诞节前夕的籽油日，即1月6日。

（2）为期七周的大斋期，始于谢肉节后，止于复活节。这个斋期开始和结束的时间每年略有不同，取决于东正教最大的节日即复活节的时间。

（3）彼得斋期，始于圣三一节之后的第二个星期一，止于7月12日，即第一使徒圣彼得和圣保罗纪念日。

（4）为期两周的圣母安息节斋戒期，从8月14日持续到8月28日。

教堂婚礼加冕仪式不在周二和周四举行（即周三和周五斋戒日的前一天），不在周六举行（周六为祭祖日），不在基督教的重大节日及其前夕举行。

民间传统认为，圣诞祝歌节节期（即1月6日至21日）是最不适宜举办婚礼的时间；另外，还有谢肉节周以及所有的祭祖星期六也不适宜举办婚礼。

根据民间观念，五月对新婚夫妇极其不利，这期间任何的提亲都会被视为是令人不悦甚至可耻的事情。因此，要尽量避免在闰年和五月举办婚礼。

在白俄罗斯最适宜开始婚礼程序的日子是周五、周日。可以在当天先去婚姻登记处，按照国家既定程序进行婚姻登记，然后在教堂举办婚礼，再根据民间传统举办婚宴。

（三）婚礼服饰

根据白俄罗斯民间历来的传统，新郎和新娘都要身穿白色（浅色）礼服，象征新婚夫妇身份的转变。不过，不论是新郎还是新娘的礼服，都要包含红色元素的部件（腰带、绣花、镶边、饰物等）。

白俄罗斯民间讲究婚礼不穿租赁的礼服，因为上面会留下前一位新娘的"命运编码"，影响到下一位新娘的婚姻。

根据习俗，为新娘置办礼服的时候，不同日子要买不同服装。例如，裙子和头纱应在周三购买，鞋子应在周五购买。出门买婚礼用品之前人们会念："我的天使，戴着金色的礼冠，披着洁白的头纱。不是一个月，不是一年，而是一生。阿门。阿门。阿门。"

民间认为，新婚夫妇应尽量保存好购买礼服找回的零钱，并在三个月内或尽可能久的时间内不去花掉这些零钱，只有这样才能让婚礼礼服为自己婚后的生活带来幸福。另外，最好不要让别人试穿自己的礼服，以防不怀好意的人利用婚礼礼服和头纱为新人招灾引祸。

（四）新人护身符

根据传统，在整个婚礼期间，新人必须随身佩戴护身符。新人会在衣服里子上别一枚别针，或用红线绣一个小十字架。

新娘在衣褶里藏一个小型的圣母玛利亚圣像，新郎则要在左胸前的衣兜里放一个小型的耶稣基督圣像。

对新娘来说，最有效的护身符是红腰带（绦带、红绳）。所以，在穿婚纱之前，新娘常会先在腰间系一根红腰带。

（五）婚戒

传统的宗教传统仪式中，在教堂婚礼仪式之前，先要举行订婚仪式，在此仪式上新人互相佩戴的戒指被称为"订婚戒指"。这枚环形的婚戒是先辈们流传下来的最可靠的护身符之一。在早前的民间传统中，金银婚戒象征着日月的结合，所以，如今新郎的订婚戒指是金的，而新娘的婚戒是银的。

关于婚戒，白俄罗斯民间有几条规定：

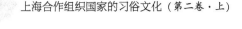

　　新郎新娘的婚戒应该由同一种金属制成，并且没有任何雕刻花纹，这是因为不做装饰的婚戒象征顺利的婚姻生活。

　　根据斯拉夫的传统，新郎和新娘的戒指均应由新郎在同一天同一个地点购买，以祝愿婚后生活能够同心同德、天长地久。买完戒指回家时要默念："向着美好的生活，向着忠诚的家庭。阿门。"

　　民间认为，戴过的戒指上会刻上前一位使用者的命运，他们的命运可能会影响下一个佩戴者。所以，如果无法确认这枚戒指的过往，最好不要用父母的或他人的戒指重新改制后作婚戒。另外，民间还认为，若将他人戒指改制会使自己承担切断了标志结合的戒指的罪名。出于同样的原因，不能用寡妇或离异人士的戒指作婚戒，以免不幸的生活再次上演。如果这种事情已经发生，人们会购买新的戒指，在教堂将其圣化，用洗礼仪式为其更名并重新加冕。

　　离婚后，之前婚姻中的婚戒应摘下并存放，不可作为日常饰物佩戴，也不能再当作婚戒使用。

　　祖传的婚戒对新婚夫妇来说，是最宝贵的纪念物之一，传承的代数越多，收藏的价值也就越大。只有在父母银婚之后，新人才可把父母的婚戒当作自己的婚戒使用。最受人尊敬的婚戒是已过金婚之人（祖父祖母）传给新人的戒指。

　　民间认为，若在婚前互赠戒指，则会导致新人快速分手；若在婚礼仪式中婚戒掉落，这预示着婚后很快就会离婚或寡居；若婚戒在婚礼仪式中或婚后遗失、损坏，则预示着这对夫妻此后将面临严重的健康问题，或是离婚、丧偶。民间还认为，婚戒、头纱、礼裙以及其他婚礼仪式用物，不可让他人试穿试戴，否则婚后会不幸。

　　（六）选择姓氏的权利

　　过去传统观念认为，若女性婚后不随夫姓，则该女性会在能量层面缺少庇护，从而导致健康状况恶化。但现在《白俄罗斯共和国民法典》规定，女性在婚后拥有选择是否随夫姓的权利，也就是说夫妻双方中任何一方都有保留自己婚前姓氏的权利。同时，妻子也有权选择是否随夫姓。夫妻双方还可将各自婚前的姓氏组合成复姓（比如，戈列尼谢夫-库图佐夫，拉古诺维奇-切列波夫，多夫纳尔-扎波利斯基）。

（七）婚礼程序

1. 伴郎伴娘

伴郎和伴娘是现代人的叫法，是婚姻登记处进行婚姻登记时的名誉证婚人，一般为未婚的、没有子女的青年男女。

伴郎通常从新郎最好的朋友中挑选。不过民间认为，婚礼上这样光荣的角色一生中只能承担一次，否则会导致自己组建家庭的进程受阻，即一直单身。

2. 媒人媒婆

按照民间传统，双方新人都有自己的媒人，通常由新人的教父、教母来担任。教父、教母是婚礼中最重要的参与者：教父负责提亲；教母负责为教子准备婚礼大圆面包。作为媒人的教父、教母必须有一个完整的家庭，且有儿有女。若教父教母家中的情况不符合条件，那么媒人就需要从亲戚、朋友或者邻居中挑选，但是无论如何选择，被选之人必须拥有幸福美满的家庭。

有时人们会选择在当地广受欢迎的人来做媒人。"广受欢迎"的标准是参加婚礼的次数。参加婚礼次数越多，则说明越受欢迎。另外，也可通过其他婚礼参加者对此人的评价来判断此人是否适合做媒人。

3. 教父教母

如果教父教母没有承担媒人的角色，那他们将和新人的祖父母一起成为婚礼上最尊贵的客人，成为婚礼庆典特殊的守护者。教父教母须出席在教堂举办的婚礼加冕仪式。

（八）送新郎

新郎要先接受自己父母的祝福，然后才能和迎亲队伍一起前往新娘家接亲。为此，要在家里的正中间摆放一张桌子，上面铺上全新的桌布，桌布上放上面包和盐，点上雷神节的蜡烛。新郎的父母用家里的圣像为儿子祈福，然后父亲用长条巾将儿子的手绑起来，按太阳运行的方向领着儿子绕桌三圈，母亲则手捧家里的圣像和雷神节的蜡烛跟随其后，用这一仪式赢得家里已故先祖们的支持。

随后，新郎的父母站在门口，在婚礼专用的长条巾两端分别裹上一个完整的面包，并用手将长条巾的中部顶起，形成拱门的形状让儿子穿过，以向先祖们行礼致敬。

教父（教母）或媒人在前往教堂婚礼仪式的路上，会随身携带一根雷神节的蜡烛当作最有效的护身符，为新人的婚礼加冕之路驱魔辟邪。

（九）送新娘

送新娘出嫁也有一整套规矩，新娘的父母为新娘举行祈福仪式，形式与为新郎举行的祈福仪式类似。按照古老的传统习俗，给新娘上妆的仪式应在新娘家同侧的邻居家举行。这一仪式最好能选在家庭和睦、生活幸福的邻居家完成，绝对不能挑选前一年家里有人去世，发生过车祸或火灾等不幸事件的家庭，更不能挑选鳏寡、离异或无子女的邻居。随后，新郎接上新娘返回新娘家。新娘的父母应完成与新郎家类似的仪式。

（十）婚礼途中

新娘的父母同样会在门口用长条巾和两个面包搭建一个"拱门"，让两位新人低头弯腰从拱门下穿过。此时，家里所有的来宾会连续祝福新人三次。接受祝福后的新人跨出门槛来到院子里，坐上婚车；新郎要坐在婚礼头车上，新娘要坐在第二辆婚车上，表示新娘从此跟随新郎。婚礼头车最好装饰一对大金属环，再给金属环内挂上一些小铃铛用以驱邪，同时给婚车装饰上红白色彩带和彩球。

新郎和新娘各自落座后，新娘的父母从家里出来，绕行整个婚车队伍三圈，旨在用一个象征性的圈"锁住"婚车队伍，让婚礼车队不被别的车截断。根据传统习俗，载着新人的婚车队伍必须按照太阳运动的方向行驶到新娘家、民事登记处、教堂和婚宴场地。

（十一）婚姻登记

白俄罗斯现行法律要求新人先在婚姻登记处办理结婚证，然后才能在教堂举办婚礼加冕仪式。

在东斯拉夫民族的传统世界观中，左边是女性起源的化身，右边属于男性区域。正因为如此，在婚姻登记处，新娘站在新郎的左边，伴郎站在新郎旁边，伴娘站在新娘旁边。

另外，在登记结婚的时候，新人会站在一条长条巾上，仪式结束后新人会同时离开这条长条巾，证婚人或媒人会把这条长条巾收起来带走。

（十二）教堂婚礼

教堂婚礼由订婚仪式和结婚仪式两部分组成，以前这两个仪式在不同的时间举行：订婚仪式在婚礼之前举行，结婚仪式在婚礼当天举行，订婚缔结的婚约可以解除。

只有婚姻双方都是东正教教徒，才可以在东正教教堂完成婚礼加冕仪式，新郎年龄不得小于18岁，新娘年龄不得小于16岁，且新郎新娘不得为近亲。在教堂举行婚礼加冕仪式时，新人的婚戒要放在靠近自己神座的右边，然后由跟在神甫后面的辅祭将其取走，放在专门的托盘之中。神甫祝福新人三次，并赐予他们蜡

烛。若新人双方都不是第一次缔结婚约，则不会得到蜡烛。

为新郎加冕时，神甫会念："因圣父及子及圣灵之名为上帝的奴仆（名字）与上帝的女仆（名字）结婚加冕。"同时拿起婚礼冠在新郎头顶画十字，然后让新郎亲吻固定在礼冠前部的救世主圣像。然后神甫用同样的方式为新娘祝福和加冕。至于礼冠到底该戴在新人头上还是举在新人头顶，教规中并没有严格规定。

随后，辅祭会拿来一个装有酒的酒杯，神甫对酒做祷告，画十字并将酒杯递给新郎新娘。新人轮流分三次将同一杯酒喝完。接着，神甫让新郎的右手握住新娘的右手，在上面盖上长条巾，再将自己的手放在长条巾上，领着两位新人绕行诵经台三周。绕行仪式结束后，神甫从新婚夫妇头上摘下礼冠，并向他们致以新婚祝词，祝福他们的婚姻幸福长久。最后，新人被领到皇门前，新郎亲吻救世主圣像，新娘亲吻圣母圣像。

（十三）新人拜访纪念地

教堂婚礼加冕仪式后，载着新人的婚礼车队会驶向先祖的墓地、大型革命纪念地或其他与本地历史文化有关的纪念地。

在白俄罗斯，民间常说："有了祖先，才有我们"，祖先崇拜是其最基本的社会文化基础。正是由于这样的传统文化，才形成新人拜访纪念地这一习俗。以前，白俄罗斯人家族的墓地通常就在教堂的旁边，新人举行完教堂婚礼之后要去参拜家族祖先的墓地，参拜完之后，婚礼车队才能返回家中。

（十四）父母在家门口迎接新人

在白俄罗斯现代城市婚礼中，新人的父母常常在餐厅、饭店等婚车行进路线的终点迎接新人。不过，传统婚俗中婚礼车队的行进路线其实是这样的：

婚礼车队从新郎家始发；新郎带着婚礼车队去接新娘；婚礼车队接到新娘后，先去婚姻登记处，然后去教堂，再去纪念地；

考虑到婚礼车队要按照太阳运行的方向行驶，所以通常会从太阳升起的方向行驶到新娘家，新娘的父母在门前迎接新人；然后，新娘家里举行分食婚礼大圆面包的仪式，整理客人带来的礼物，而新人则继续前往新郎家中，参加接下来的婚礼程序。婚礼车队依然要按照太阳运行的方向行驶到新郎家。新郎的父母在家门前迎接新人，与新郎家的亲属和一些新娘方的应邀客人在此继续参加婚礼程序，直至婚礼结束。

迎接新人时，新郎父母会在家门口准备好面包和盐，并以代代相传的传统知识为题，让一对新人接受家族的"考验"。

父母迎接新人用的面包和盐，有其特殊的含义：根据传统，当新人出发去教堂的时候，应在长条巾红色的两端卷上两个大面包，象征新人各自单身的生活；在完成结婚登记和教堂婚礼加冕仪式后，两个新人结合为一个整体，所以一定要把长条巾的两端叠在一起，在上面放上象征着两人结合为一个家庭的面包和盐。

新郎的母亲拿着面包和盐，父亲拿着托盘，里面放着一瓶伏特加和两个高脚杯。父亲为新人倒满一杯伏特加，新人将酒杯放到嘴唇边，但不能喝，随即用右手经过左肩泼到背后。根据民间信仰，右肩站着的是护神天使，左边是魔鬼，所以应该经左肩泼出以驱邪避祸。将这一仪式重复两次，在第三次的时候，新人会将酒杯同酒一同用右手经左肩扔出。如果扔出去的两只酒杯都完好无损或都破碎，则预示着婚姻会幸福长久；如果其中一只没有摔碎，那么根据民间观念，谁的酒杯完好无损，谁就会率先离世。

民间认为面包和盐是新婚夫妇的护身符，所以对待婚礼大圆面包的态度非常谨慎：新人只能亲吻三下母亲手中捧着的迎接新人的婚礼大圆面包，不能损坏面包的完整性，还不能掉到地上，更不能打翻。现如今的婚礼上有了咬面包或弄坏面包的习俗，人们认为"谁咬的面包多，谁就是一家之主"。但这其实并不符合传统民俗观念，因为咬面包或损坏面包的时候，有可能会打翻盐罐，而打翻盐罐素来被视为凶兆，会给新人带来厄运。

新人第一次一同踏入家门具有重要意义。父母要在家门口迎接新人，祖母或者其他人会在门口放一把新打开的锁，在锁上盖上长条巾。新人跨过门槛后，祖母就会将长条巾卷起来，上锁后把钥匙交给新郎的父母，把锁交给新娘的父母，象征着没有人能拆散这个新组建的家庭。

（十五）婚宴

白俄罗斯的婚宴有很多讲究，该国婚宴餐桌是由单张小桌组成的。新人不能单独坐在两张桌子或两张桌子交界的缝隙或缺口处，必须坐在同一张小桌上。如果在餐厅、咖啡厅等公共餐饮场所举办婚宴，新人落座的餐桌要面向东方。座椅也一样，新人最好坐在同一条长椅上。如果没有长椅，那就要在两张单椅上铺一块布或一件翻毛羊皮袄，然后将两张椅子的椅子腿绑在一起，象征夫妻二人永结同心。

餐桌座位也有特定安排，新娘旁边坐的必须是其女伴，新娘的教父和教母只能紧挨着伴娘落座；同样，新郎旁边坐着他最好的朋友或者伴郎，然后依次为新郎的教父和教母。年龄是安排宾客座次所遵循的原则：红角一端坐在新人旁边的是年轻人，年龄越大的人，坐在离红角越远的地方，最年长的人坐在与新人相对的桌子的另一端。

新人落座前，要确保他们的位置没被人提前坐过。为防止婚礼出现意外，在宾客入座前，家里最年长的老人会小声连念三遍"愿上帝保佑"。落座时，新人只能按顺时针方向或太阳运行的方向走向座位，离席时则要沿反方向离开。

根据传统，新人在婚礼期间会拉着手，而且必须始终在一起，哪怕跳舞的时候也不可分开。另外，民间相信，在婚宴上新人喝酒越少，婚后的生活道路则会越平坦。

（十六）新娘头纱传递给下一位待嫁的姑娘

新娘婚礼服饰的主要标志之一是头饰，包括头纱和花环两部分。在分享婚礼面包仪式结束后，新郎的母亲会立即走向新娘，将头纱从新娘头上摘下，再为新娘系上已婚妇女的标志性饰物：三角头巾和围裙。

新郎母亲将头纱从新娘头上摘下后递给伴郎，伴郎给伴娘戴上，伴娘自转三圈，再把头纱依次传递给其他前来参加婚礼的待嫁的姑娘们，她们每个人都要重复刚才伴娘的做法。传递头纱象征传播生活的接力棒，被传递的人则代表下一个要出嫁的人。最后头纱由新郎的母亲收回，挂在红角的圣像下。

头纱虽然可以传递给伴娘和其他待嫁的姑娘们戴，但新娘手中的捧花却不可以。因为白俄罗斯民间传言，若将捧花抛给那些未婚的姑娘们，则新人的婚姻不能长久，丈夫对妻子的爱不能长久。因此，若新人祈盼自己的婚姻幸福美满，可将捧花仔细晒干，然后缝在枕头里。

（十七）举行新人能庆祝金婚的仪式

上述仪式完成后，还要举行一个象征新人能庆祝金婚的仪式：新郎的母亲将新人在教堂举行婚礼时站立过的长条巾拿出，并铺在新人的桌前，然后把新人用过的盘子、勺子、酒杯擦干净后，放到长条巾上。接着，摘下新娘和新郎佩戴的胸花，将其编织在一起，与婚礼蜡烛和婚礼面包共同放到长条巾上。随后，新郎、新娘和年轻人离开，从中老年宾客中选出一对老人扮演"新郎"和"新娘"，大家唱歌跳舞讲笑话，尽情欢乐到深夜。

（十八）新婚之夜

民间认为，不论什么人以何种理由都不能进入新婚夫妇即将度过初夜的房间。虽然根据传统习俗，婚礼的前半部分可以在新娘家举行，但新婚之夜必须在新郎家度过。新婚之夜的婚床由新郎的亲生母亲或教母负责准备，并在新婚夫妇到来前洒上圣水。在准备婚床时，如果发现床上有任何东西，如泥土、动物毛发或是其他意料之外的东西，那么新人都绝不可以在这张床上度过新婚之夜，否则会引发新人不睦。

为了防止这一后果，新人的母亲会当众宣称新人当晚会在某个房间过夜，并对房间摆设，尤其是对铺在床上的绒毛褥子大肆夸奖，但到夜晚来临之后，母亲会将新婚夫妇悄悄带到另外一个谁都想不到的房间，让他们在那里度过自己的新婚之夜。

（十九）新婚之年

婚礼过后，即进入了"新婚之年"。在此期间，新婚夫妇要完成一系列特定的仪式。

第九天，新娘和新郎的父母到新娘父母家去做客，新娘的父母要尽其所能迎接贵客，类似中国的传统习俗"回门"。在婚礼过程中，新人的父母需要操心婚礼中的各种琐事，只有在婚礼结束一周以后，他们才能有机会与亲家见面交流。

婚后第九天到第四十天是新人的"蜜月期"。婚后，新婚夫妇应该努力建设自己的家庭，让自己的日子井然有序，处理好与新的家人之间的关系。当然，最重要的是，这段时期新婚夫妇会成为真正的夫妻，共度之后的漫漫人生之路。

（二十）促成婚嫁的特有仪式

白俄罗斯民俗中至今仍保留着很多促成婚嫁的特有仪式。

孩子刚出生时，父母就会为其规划将来婚嫁的事宜；孩子一岁之内，父母会在特定的日子去教堂，向家庭幸福庇护神祈祷，希望能保护孩子的童贞，保持贞洁；父母会日复一日、年复一年地遵守一系列与孩子未来婚嫁有关的规矩和禁忌，比如，为了保证女儿当年出嫁，所有家庭成员在报喜节这一天都要待在家里，并且不会邀请别的女性到家里来。民间认为，平时家里的物品倒放会导致新郎不再登门，女儿嫁不出去。

传说白鹳能给家庭带来成功和幸福，等白鹳在这家屋顶的轮胎里坐窝的时候，固定过轮胎的小伙子和姑娘就能举行婚礼了。所以，父母会让其未成家的儿子或女儿在自家屋顶固定一个旧轮胎，帮助即将飞回的白鹳筑巢。

白俄罗斯民间传说，新娘在准备前往教堂举行婚礼时，如果能在出娘家门时在身后拽一张桌子，就可以促使自己的姐妹或好友在自己出嫁之后尽快出嫁；另外，民间还相信，新娘在分食婚礼面包仪式之后，要在一个新羽绒枕上坐一坐，然后让未能出嫁的姑娘们也在这个枕头上坐一坐，同时向家庭生活庇护神们祈祷。

二、丧葬礼仪

丧葬礼仪在白俄罗斯社会生活中被赋予很高的文化地位，只有这一仪式可以让其他任何现有的仪式体系失去效力，不论是世俗仪式，还是宗教仪式。

在白俄罗斯人的传统观念中，丧葬礼仪似乎能暂时中断正常的时间进程。因为，当家里有人去世后，整个家庭一年之内都不再庆祝圣诞祝歌节、谢肉节、复活节、库帕拉节等节日，而是转入丧葬仪式的时间体系。在这段时间内，全家人都要注意自己的言行，不可娱乐嬉闹，必须沉默寡言并着深色服饰。虽然在丧礼期间，人们不参与各种节日和庆典活动，但还得像以前一样，完成自己必须完成的工作，在临街窗户上挂一条白色长巾，向大家宣告这家人正在经历的事情。

（一）灾难临头或死亡的征兆

斯拉夫民族的传统观念认为有很多可以预知死亡即将来临的

征兆：

（1）民间认为，如果一个人很明显地听到有人叫他的名字，但却找不到那个叫他的人，这是先祖发出的让他在另一世集合的信号。

（2）如果梦见已故的至亲或熟人叫自己去他那里，预示着死亡即将来临。

（3）梦见掉牙出血预示家里会出丧事，如果掉牙没出血，则预示远亲或邻居家要出丧事。

（4）民间相信，家人去世前会有鸟儿来报丧，比如乌鸦、喜鹊飞进村子并落在屋顶上；布谷鸟飞进村子历来被视为凶兆，"布谷鸟叫，把丧来报"，特别是布谷鸟在自家房上鸣叫的情况；山雀、燕子等小型鸟飞进房间或者猛地撞上了家里窗户的玻璃也是凶兆。

（5）复活节当天家里摔碎东西，这一年家里会有人去世。

（6）炉子上的砖块掉落，预示家里有人去世已不可避免。

（7）圣像从墙上掉落或是圣像上出现裂纹都预示家人去世；如果家里的圣像找不到了，则预示要灭族。

（8）院子里的母鸡打鸣或开始下无壳的蛋，预示丧事。

（9）狗在半夜狂吠不止，把头往地上杵，或是在花园里刨坑，都预示着家里要出丧事。

（二）死亡来临时的仪式

尽管死亡是谁也无法预料的，但是死亡是命中注定、无法避免的，每个人最终都会面临死亡。为了减轻死者临死前的痛苦，他的亲人通常要遵守一系列特定的民间仪式。例如：

（1）为了给予死者灵魂自由，减轻他离世的痛苦，根据民间习俗，家里要把所有的窗户、箱子、炉门等都打开，并将其衣服解开。

（2）守在死者身边的人要给他挪个位置，让死者的脚冲向床头，或是把他放到地板上靠近直角冲着房间垂直地板线的方向。

（3）可以在濒死之人的手里放一根于2月15日在教堂里获取的、用蜂蜡做的雷神节的蜡烛，以减轻其临死前的痛苦。

（4）民间习俗规定，濒死之人即将去世的时候，未成年的孩子、孕妇和家畜不得靠近。

（5）要用复活节的桌布或结婚时的衣服来遮盖死者。

（三）确认死亡

白俄罗斯人通常用一面不太大的镜子来确认死者是否已经死亡。具体做法是：把镜子放到死者的嘴前等一分钟，如果镜子表面是湿的，说明人还活着；如果是干的，说明人已经死了。这面镜子以后便不能再用，还要将其扔掉，以免给自己和家人带来灾难。

（四）死者去世后举行的仪式

白俄罗斯人认为"人死了，他的生命计时也冻结了"，当死者去世后，马上就会为其举行拨停钟表的仪式，即把家里的大挂钟或座钟拨停，把死者的手表也拨停，等周年祭的时候才能再次启动被拨停的钟表，该仪式通常也代表着死者与生者世界的中断，标志着死者即将进入已故先祖的世界。

白俄罗斯西部的民众大多信仰天主教，他们的习俗是用黑布遮盖反光的平面物品，比如镜子和玻璃制品。因此，在把死者抬出房间时，他们会为其举行"遮盖镜面"的仪式，即用白布把死者所在房间所有反光的平面物品遮盖起来。

白俄罗斯农村还有个重要习俗：死者去世后，要马上给临街的窗户挂一条白色的长条巾，宣告家里出了丧事。

根据民间传统观念，死者的灵魂一定会在彻底离开家之前"冲洗一下"。死者的灵魂会在任何一个装有水的容器中完成净身仪式。这样的水不能再用，否则会给家庭招来新的不幸。因此，当死者去

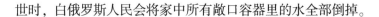

世时，白俄罗斯人民会将家中所有敞口容器里的水全部倒掉。

（五）为死者净身更衣

死者去世一个小时后，一定要为死者净身，即等尸体冷却下来之后，为死者摆出应有的姿势，再将尸体放到地板上，为其进行净身仪式。净身仪式所用肥皂和毛巾都要埋起来或烧掉。死者的家人和至亲无权为死者举行净身仪式，除非这是死者临死前的遗愿。不过，老人们也知道违反传统习俗会导致不利的后果，所以他们一般不会提出过分的要求。

根据传统习俗，举行净身仪式的最佳时间是从日出到日落，即最好在天亮的时候进行。但若无法满足这一条件，比如，人是在夜晚去世的，而传统习俗又规定要在人去世一小时之后为其净身，并在净身后立刻为死者更衣，那就要在规定时间为其净身，但其净身用过的水必须放到第二天早晨再倒，而且要密切关注，不能让任何人触碰净身用过的水。

在为死者更衣时一定要注意不可使死者的衣服上出现红色，哪怕是一小块都不行，因为这会导致另外一位至亲随后离世。另外，根据白俄罗斯传统观念，父母之命是神圣的，一定要执行，哪怕会违反社会通用的习俗规范。若死者在世时，要求死后要穿戴某个东西，那其子女必须严格按照他的遗愿去做。

（六）死者的棺木

为死者净身更衣的同时，家人会为死者准备棺材。死者的棺材里会放置他生前常用的东西，但绝不会放置他人的东西。

白俄罗斯民间认为，闻到焚烧做棺材产生的刨花的味道会倒霉。所以，白俄罗斯人会将做棺材产生的刨花收集或者埋掉。

根据白俄罗斯人的传统，死者可以在家里停放一至两个晚上，但停放期间必须在死者的遗体旁点上蜡烛，且有人为他祈祷，平静地谈论死者生前之事，谈论他的家庭、目前葬礼的筹备状况以及未来的前景等。总之，绝不能把死者单独留在家里。

为防止死者在家停放给本家招来无法治愈的疾病，在此期间，白俄罗斯人绝不会拖地、洗衣或准备丧宴吃食。

（七）哭丧

白俄罗斯民间传统，日落后严禁哭泣或哭丧。这是因为白俄罗斯人相信日落后留下的所有眼泪，都会被死者装在袋子里背在身上，然后回来兴师问罪。亲人去世，活着的人会悲痛万分，虽然哭泣有助于倾泻负面情绪，但过度的哭泣不能让逝者起死回生，因此，必须节制自己的情感，以免对身体造成伤害。

第六节　纪念节日

一、新年

1月1日是白俄罗斯传统节日——新年。人们通常会在这一天来到教堂，祈祷戒除酗酒等其他致命的恶习，或祈祷疾病痊愈。

白俄罗斯传统年俗认为，"你怎样迎接新年，新的一年就会怎样迎接你"。人们相信，丰盛而不重样的新年大餐会预示着新一年家庭生活的殷实和富足。因而，人们在新年会准备融入了每个月元素的12道年夜饭，在每道菜品中都体现出四季的变化，以祈求来年的好运和富贵。

白俄罗斯民间认为，一个人在新年当天的生活状态，会预示他在新一年的生活状态。比如，新年第一天干脏活或者重活，接下来的一整年都会陷入劳苦之中，终日不得闲；新年第一天还债，整年都会处于"偿还"状态；新年第一天从里到外都换上新衣服，且多换几套衣服，这样新的一年就可以拥有更多的新衣服；新年第一天第一个从井里打水洗脸，就能在新一年里经常得第一。因此，白俄罗斯人讲究新年一定要愉快地迎接，才能保证来年生活的平安顺遂。

另外，白俄罗斯民间还认为，要想新的一年家里顺利、幸运、盈利，新年当天必须是男士第一个进屋；若人们在新年零点钟声敲响第一下时，在纸上写上自己的心愿，并赶在钟声敲响最后一下之前把这个纸条烧掉，就可以让许下的心愿得以实现；若祈愿自己一整年都能像金和铜那样光彩照人，就应该在新年洗脸时，往水里放铜币或金币；若想让自己的生意在新的一年里更加兴旺，新年当天卖给第一位顾客的东西会便宜一些，因为"贵在开张"。

二、圣诞祝歌节、圣诞节

耶稣基督的降生是基督教的一个重大节日。上帝将自己的儿子耶稣基督派到带有原罪的人间来拯救人类，这一事件成了重要节点，可以说，新的一年从圣诞节开始。

与此同时，民间节日圣诞祝歌节也在进行。圣诞祝歌者是先祖灵魂的象征，这天晚上，装扮了的圣诞祝歌者们走遍整个村子，他们反穿着羊皮袄，戴着动物的面具，点着蜡烛，来到每一户人家，祝愿这家人健康幸福，五谷丰登，牛羊满圈。如果这家有适婚年龄的年轻人，还要祝福他们早日成家，早生贵子。圣诞祝歌者会在每一户人家演唱传统仪式的歌曲，演唱结束后为主人送上专门的祝词，同时请求主人赠给礼物。

三、卫国战争胜利纪念日

为了纪念二战时反法西斯战争取得伟大胜利，白俄罗斯将5月9日定为卫国战争胜利日。作为该国最神圣的日子之一，每年这一天，白俄罗斯的各界代表都齐聚在明斯克的胜利广场，由总统发表重要讲话，并向胜利纪念碑献花。全国各地也会举行集会、献花等纪念活动，以缅怀英勇牺牲的战士们。

四、独立日

每年的 7 月 3 日是白俄罗斯独立日，也是其国庆日，以庆祝白俄罗斯从苏联独立出来的历史性时刻，象征着国家主权的恢复与民族自豪感的增强。1944 年 7 月 3 日，白俄罗斯从德国占领下解放。1996 年底，白俄罗斯通过全民公决，将 7 月 3 日定为白俄罗斯独立日。独立日是白俄罗斯的全国性法定假日，民众放假一天，当天会在首都明斯克举行盛大的阅兵仪式。

五、圣母安息日

圣母安息日是白俄罗斯的重大节日，人们将圣母视为人民的庇护神。在信徒的心中，8 月 28 日这一天既充满悲伤，又让人欣慰。忧伤是因为圣母去世了，欣慰则是因为圣母去世后并没有躺在棺材里，而是复活升天了，到了天上以后，她不再是谦卑的少女玛利亚，而是成为圣母，保护所有尊崇她、热爱她的信徒。

民间常在这一天到教堂里给新一季的谷物、稻穗、蔬菜水果和草药祝圣，因此，白俄罗斯人也将这一天称作绿色节。根据民间习俗，圣母安息日要腌酸黄瓜，但不要在此日赤脚走路，以免所有的病都粘到脚上来。

六、第三个救主节

在白俄罗斯，8 月 29 日是其第三个救主节，也称胡桃救主节、夏布救主节、亚麻布救主节。有民谚说，第三个救主节是储备粮食的日子。

这一天也叫面包救主节，因为这一天的主要习俗就是烤馅饼、烤制大圆面包和挂锁型面包，烤面包的面粉必须用新一季庄稼磨的面粉。

为了得到更多的恩典，这一天各地流行用馅饼招待穷人、病人和残疾人。

七、谢肉节

复活节前第八周是白俄罗斯的谢肉节周，谢肉节是禁止食肉的日子，也称告别周。谢肉节这一周从周一到周日都要大肆庆祝，正如民谚所说："谢肉节这一周尽情欢闹"，"谢肉节乐七天"。自古以来白俄罗斯人们就认为，"谢肉节的狂欢意味着终结生活中的痛苦与不幸。"这周的每天晚上，人们不劳作，互相串门做客，因为"谢肉节这一周的每个晚上都是圣夜"。

这一周人们不能吃肉，只能吃奶制品。谢肉节的主菜为黑麦煎饼，是人们特别中意的美食。根据民间习俗，谢肉节做的第一张煎饼是献给先祖即已故亲人的，人们会把它摆在红角，以表对先祖的尊敬和祭奠。到了第三天，人们会把这张煎饼分给鸟儿，让它们用自己的翅膀送给"在天堂令我们思念的亲人"。

谢肉节的第一天，孩子们会到各家各户去串门，祝福主人谢肉节快乐，并向主人讨要煎饼。谢肉节的最后一天，人们要上桌七次，这也是大斋戒持续周数的数字。晚上全家人聚在一起，在斋戒前最后一次食用动物来源的食品。

第七节　旅游名胜与奇观[1]

白俄罗斯地理位置优越，常年气候湿润，冬季温和，夏季多雨，风景优美，交通便利，是旅游的首选地，每年吸引世界大量各地游客。白俄罗斯的名胜古迹和著名景区数量众多。

---

〔1〕 李向阳总主编：《"一带一路"国别概览——白俄罗斯》，大连海事大学出版社 2018 年版。

一、胜利广场[1]

胜利广场坐落于明斯克市中心，1947 年建成，长 225 米，宽 175 米，是明斯克市的地标。虽然在白俄罗斯三个广场（胜利广场、十月广场、独立广场）里是面积最小的，但因其是白俄罗斯历史的缩影，外地游客来到明斯克后，会把这里作为首选目的地。广场上矗立着卫国战争阵亡烈士纪念碑，高 40 米，碑身底部四面镶嵌大型金属浮雕群，以纪念白俄罗斯军民英勇抗敌的战斗历程。碑顶为象征英雄城市的五星勋章，碑前是体现烈士不朽精神的长明圣火。纪念碑前的广场中央是象征着烈士不屈精神的长明圣火，自 1961 年点燃至今都没有熄灭过。

胜利广场两侧是除明斯克外另外 12 座英雄城市和要塞的石碑。广场地下是宽敞的人行通道，通道的中央大厅内建有一个直径达 2 米的琥珀花环，花环内设有照明装置。当灯光亮起的时候，整个花环就像一团熊熊燃烧的火焰，提醒着过往行人不要忘记为胜利而光荣牺牲的死难烈士。目前，胜利广场已成为白俄罗斯举行隆重纪念活动的主要场所之一。每逢胜利日、独立日等重大节日，白俄罗斯都要在该广场举行阅兵和隆重的献花仪式。外国领导人来访时，白俄罗斯总统和其他领导人通常都会到该广场向烈士纪念碑敬献花圈。

二、伟大卫国战争历史国家博物馆[2]

位于明斯克市共和国宫左侧，是白俄罗斯最大、收藏品最多

---

〔1〕 参见《远方的家｜一带一路（244）白俄罗斯 明斯克城市地标：胜利广场》，载 https://tv.cctv.com/2017/11/06/VIDEQx2nSebjUbXoDPOsvmLg171106.shtml，最后访问日期：2020 年 11 月 8 日。

〔2〕 参见《北京您早｜记者探访白俄罗斯伟大卫国战争历史国家博物馆》，载 https://news.cctv.com/2018/10/10/VIDERdmBOqCvy0FgQVLFjEkv181010.shtml，最后访问日期：2020 年 11 月 8 日。

的一座卫国战争纪念馆。博物馆内陈列着很多第二次世界大战时期的武器装备及历史实物，也记录着中国与白俄罗斯的友好往来，是去白俄罗斯旅游时不可错过之地。该博物馆于 1944 年 10 月 22 日首次对外开放，主要展品来自 1942 年 10 月在莫斯科举办的"白俄罗斯的生活和战斗历程"展，集中反映了白俄罗斯军民在 1941—1945 年间抗击德国法西斯的悲壮历史。

三、别洛韦日森林国家公园

世界上最古老的国家保护区之一，修建于 1990 年，位于白俄罗斯与波兰交界处，距明斯克 340 公里。国家保护区内有 59 种哺乳动物（包括 6 种国家保护动物），253 种鸟类，约 300 头欧洲野牛。别洛韦日森林国家公园出名的原因之一，就是因为在该公园生存着世界罕见的活化石——欧洲野牛。这些野牛是保护区最珍贵的动物，现已成为白俄罗斯的象征。别洛韦日森林独具特色，是中欧平原上最大的古老森林。这里的森林平均树龄超过100 年，部分地区树龄超过 250 岁。

四、布拉斯拉夫湖国家公园

建于 1995 年，位于与立陶宛和拉脱维亚交界的布拉斯拉夫行政区公园。公园总面积 69 100 公顷，其中约有 200 个池塘是公园内的"珍宝"。布拉斯拉夫的湖泊总面积为 114 平方公里。这里风景秀丽，景色宜人，是旅游度假的首选之地。

五、普里皮亚季森林公园

建于 1996 年，位于戈梅利州，坐落在被誉为"欧洲之肺"的沼泽地的中心。公园占地 188 485 公顷。该公园以珍稀的动植物而闻名。

六、纳拉奇湖国家公园

建于 1999 年，公园内的纳拉奇湖被称为"国家之珠"，是白俄罗斯最大的湖，美丽的湖泊和游乐设施吸引着大量游客到访。公园内还有国家最大的纳拉奇疗养院和一个假日营地。另外，纳拉奇湖还以矿泉水而闻名。

第四章

蒙古国的习俗文化

【**本章概要**】蒙古国作为中亚地区的一个内陆国家，其成立与发展经历了较长的历史时期。本章共分为七节，从实际出发来介绍蒙古国的详细情况。第一节为国家概况，主要从区位区划与自然条件、历史简况、国家标志、语言、自然资源等方面来介绍；第二节为姓名性格，主要从姓名组成和性格特点方面来分析；第三节为衣食住行，主要从服饰风格、饮食文化、居住条件、交通概况进行分析；第四节为日常交往，主要从相见礼仪、拜访礼仪方面来分析；第五节为婚丧习俗，主要从婚嫁习俗与丧葬习俗来分析；第六节为纪念节日，主要从日常节庆与纪念节日方面来分析；第七节为旅游名胜与奇观。

第一节 国家概况

一、区位区划与自然条件

(一) 区位

蒙古国 (Mongolia),简称蒙古,位于东经 87°44′~119°55′的欧亚大陆上,是一个典型的内陆国家。它位于亚洲中部的蒙古高原上。[1]蒙古东、南、西与中国接壤,北与俄罗斯接壤,最东端距离中国只有 38 公里,最西端到达哈萨克斯坦共和国。蒙古的国土面积为 156.65 万平方公里,在世界上处于第 19 位。为世界第二大内陆国家。蒙古的边境线一共 8219 公里,其中一部分被山脊和河流分隔成为极其明显的天然界限,还有绝大部分地区分布在草原和高原上。

(二) 区划

蒙古国按行政区划分为 21 个省和首都乌兰巴托市。分别为后杭爱省、巴彦乌勒盖省、巴彦洪格尔省、布尔干省、戈壁阿尔泰省、东戈壁省、东方省、中戈壁省、扎布汗省、前杭爱省、南戈壁省、苏赫巴托尔省、色楞格省、中央省、乌布苏省、科布多省、库苏古尔省、肯特省、鄂尔浑省、达尔汗乌勒省和戈壁苏木贝尔省。行政区划分为三级:省、县、巴嘎,每个省平均拥有 18 个苏木区,全国约有 2700 个巴嘎乡,每个苏木区平均拥有 8~9

---

[1] 孟松林:《感觉蒙古国》,载《人与生物圈》2003 年第 4 期。

个巴嘎乡。在人口和民族方面，蒙古国人口大约为 350 万人。人口最多的民族是喀尔喀蒙古族，大约占蒙古国人口的 80%。乌拉巴托市是蒙古国的首都，地处中央省境内，是一个具有 300 多年历史的城市，是其经济、政治、文化、科技的中心。它与十多个城市接壤，早晚温差较大。截至 2019 年，乌兰巴托市的现居人口已经超过了 180 万人。乌兰巴托市的行政区划分为苏赫巴托尔区、巴彦格勒区、宋给纳海尔汗区、青格尔泰区、汗乌拉区、巴彦祖尔赫区、纳来哈区、图拉区、扎日嘎朗特区、嘎楚口特区等。

（三）地势气候

1. 地形地势

关于蒙古国的地势地形，该国家地势西高东低，且缓慢向东边低斜。地形以高原为主，从西到东一共 2392 多公里。国家内山区众多，平原面积小。全境可以分为以山区和森林为主的西部山地，以高原和沼泽为主的中、东部高原和以戈壁沙漠、草原和荒漠草原为主的地形区，而戈壁沙漠内部地形平缓，大约占全国的三分之一。值得一提的是，蒙古国内部还存留着世界的分水界，在分水界的南部地区是亚洲的内陆盆地和湖泊区，其面积大概占蒙古国总面积的三分之二。[1]由于地处蒙古高原，因此蒙古国家的海拔在 1000 米以上，东部和东南部地区相对低缓，海拔大概在 600~1000 米之间。蒙古国主要山脉有：位于蒙古国西部的阿尔泰山，平均海拔 3000 米，西北—东南走向；位于蒙古国中部的杭爱山，平均海拔 3000 米，西北—东南走向；位于蒙古国东部的肯特山（蒙古人尊为圣山），平均海拔 2000 米，东北—西南走向。

----

〔1〕 赵尧知：《蒙古军事实力》，载《现代兵器》1994 年第 4 期。

2. 自然气候

由于远离海洋，蒙古国属于典型的内陆国家，气候为典型的大陆性温带草原气候，全年干旱少雨，日温差和季温差巨大。季节变化十分明显。夏季炎热但时间短，昼夜温差大；冬季寒冷且时间漫长，常伴随暴风雪；春季和秋季降水极少，干燥多风。[1] 全年天气以晴朗为主，据统计年均晴朗天气可以到达 250 天。日照时间最长，平均日照时间为 2800 小时。气温方面，蒙古国大部分地区年最低气温可以低至零下 40℃，最高气温可以超过 35℃。其中北部地区相对较冷，年均气温约在零下 6℃；南方地区由于地处平原，气温大约为 5℃ 左右。7 月的天气最为炎热，山区温度和平原温度差异巨大，山区温度气温在 13℃ 左右，戈壁和平原的气温甚至可以达到 20℃ 以上。

由于近年来的温室效应日益严重，虽然蒙古国的平均气温较往年只增长了 0.7℃，但是温室效应随之带来的极端天气的影响却是巨大的。

二、历史简况

（一）前蒙古时期

1. 匈奴时期

早期的亚洲大陆腹地的蒙古地区有三大以游牧为生的部落：月氏、匈奴、东胡。前 209 年，匈奴的冒顿单于建立了蒙古历史上的第一个国家。匈奴成为强大的游牧部落，并在秦朝、汉朝时期与中国长期对立。然而，强大的游牧帝国并不长久，经过激烈的内部纷争和外来的军事打击后逐步走向衰落。虽然在东汉初期，匈奴由于中国历史上的战役而统一并连年入侵，但是后来在

---

〔1〕　刘钟龄：《蒙古高原景观生态区域的分析》，载《干旱区资源与环境》1993 年第 C1 期。

48 年匈奴分裂成南北两个，155 年在鲜卑人征伐下北匈奴崩溃，最终在 158 年被丁零人打败；而南匈奴在 216 年被曹操一分为五。秦、汉王朝在漠南地区南部设置郡县。

2. 鲜卑时期

鲜卑的渊源尚无定论，一说认为其属于汉文史料上所谓的东胡部落之一。在 2 世纪中期，鲜卑在檀石槐的领导下崛起，进而建立了鲜卑国，占领了蒙古地区和中国汉朝北部的一些地区。并进一步渗入魏晋时期的中国北部边疆，直至五胡十六国时期，分别有慕容鲜卑、秃发鲜卑、乞伏鲜卑、段氏鲜卑、宇文鲜卑、拓跋鲜卑建立的国家。386 年，拓跋鲜卑建立了北魏，统一了五胡十六国之后的中国北部，维持统治直至 581 年。这个时期在蒙古地区活跃的民族还有敕勒。

3. 柔然时期

402 年，拓跋鲜卑的别支（奴隶）柔然的首领是郁久闾杜仑，后自称可汗。在之后的一百年中柔然称雄蒙古草原。北魏和柔然之间发生了多次战争。552 年，柔然人在蒙古高原被突厥土门可汗击败，柔然汗国灭亡。

4. 突厥时期

552 年突厥击败柔然汗国成为蒙古地区的新兴王国。583 年突厥分裂为东西两汗国，并在屡次与隋朝的战争中战败而走向衰落（参见隋与突厥之战）；虽然在隋末唐初时因中国内乱而盛极一时并连年入侵，最终在 630 年，东突厥被唐朝征服并纳入疆域，但 681 年后突厥复国，并对武则天的武周连年入侵，对武周的边疆造成不同程度的摧毁。

5. 回纥时期

回纥是敕勒的一小部分，原是突厥下属的部落。唐天宝三年（744 年），以骨力裴罗为领袖的回纥联盟在唐朝的协助下，推翻了突厥汗国，杀突厥白眉可汗。一开始唐朝和回纥的关系以和平为主。不过也在 762 年趁机敲诈混乱中的唐朝，并以掠夺洛阳城为条件收复洛阳从而对剿灭安史之乱起到一定作用。9 世纪时，因为长期对吐蕃的战争造成内乱，加上统治无道而最终被黠嘎斯在 840 年出动十万重兵灭亡。

6. 黠嘎斯和阻卜时期

黠嘎斯灭亡回纥后，一部分回纥人因亡国而南迁契丹，大部分回纥人西迁中亚的塔里木盆地的绿洲城邦。少部分留在原地，其间大漠南北都被黠嘎斯占领，其东部有突厥语族的阻卜部落，一直到 924 年被耶律阿保机打败。[1]

7. 契丹时期

契丹最早见于史籍是 405 年，渊源尚无定论，根据汉文史料的记录自称"青牛白马之后"，一说渊于段氏鲜卑部。907 年，耶律阿保机成为可汗。916 年契丹首领耶律阿保机建立大中央胡里只契丹国，因契丹人聚居区是在辽水上游一带，而且 938 年之后统治了当时中国的燕云十六州，国号"大辽"，后来北宋人也沿袭此叫法，到 1125 年大中央胡里只契丹国为女真人所灭。大中央胡里只契丹国盛时疆域包括蒙古地区的大部，全盛时，疆域东北至今日本海，北至今蒙古国中部的色楞格河、石勒喀河一带，西到阿尔泰山，南与北宋接壤。

(二) 蒙古人兴起

1. 蒙古统一

1125 年辽被从前其下属女真人的金击败，耶律大石收拢残部西迁中亚建立西辽。此时大兴安岭以东的东北地区归女真人的金，而蒙古草原依然是突厥语族和蒙古语族的部落。13 世纪初蒙古人逐渐强盛，并在蒙古尼伦的乞颜部首领铁木真带领下于 1206

---

〔1〕 那顺乌力吉：《〈辽史〉"阻卜"名称的演变》，载《西部蒙古论坛》2011 年第 4 期。

年最终成功消灭各部，并建立了大蒙古国，作为蒙古族历史的正式开始。

2. 大蒙古国

1196 年至 1204 年铁木真陆续征服塔塔尔部、泰赤乌部、蔑儿乞部、乃蛮部、克烈部等诸说突厥语的游牧部落，并且在 1204 年使汪古部归顺，并于 1206 年在蒙古地区建立"大蒙古国"。大蒙古国很快占领了蒙古地区，并四处出征，发动侵略战争，于 1211 年至 1216 年重创金国，并在 1217 年至 1229 年继续进攻金国，在 1205 年至 1227 年间七次入侵西夏而最终彻底灭亡西夏、1218 年灭西辽，之后在 1219 年底至 1223 年侵灭花剌子模帝国和高加索诸国和基辅罗斯诸国，于 1231 年入侵高丽，于 1234 年 3 月 9 日彻底灭亡金朝。在历代大汗的努力之下，蒙古发展成为横跨欧亚的大蒙古国。

3. 大元王朝

1271 年蒙古帝国黄金家族拖雷的四子忽必烈在中国地区建立了大元帝国；当时蒙古人称之为大元大蒙古国。在此前后蒙古帝国分裂成若干互不隶属的四大汗国，其中大元帝国（拖雷汗国）具有全蒙古宗主国意义上的地位。蒙古高原地区隶属大元帝国统治下。

4. 北元时期

明代蒙古史是蒙古史研究中的薄弱环节，其国内研究在一定程度上落后于国外，日本学者和田清《明代蒙古史论案》奠定了明代蒙古史框架。明朝成立后元朝残余势力退回岭北，戈壁沙漠北部是蒙古人北元和 1388 年北元覆亡之后而分裂出来的鞑靼和瓦剌和兀良哈的活动范围，南部则是明军对抗北元的前线。15 世纪末，东部蒙古首领达延汗统一漠南蒙古实现"中兴"。[1]

---

〔1〕 苏利德：《17 世纪初卫拉特蒙古兴起原因浅析》，载《西部蒙古论坛》2012 年第 3 期。

1572 年，蒙古首领达延汗的孙子阿勒坦汗率土默特部驻牧呼和浩特，并在今玉泉区境内建"库库和屯"城，从此土默特部从草原游牧过渡到定居生活。阿勒坦汗在此前和明朝订立的藩属关系，阿勒坦汗被奉为"顺义王"。明政府于万历年间赐汉名"归化"，意思是蒙古族归顺，服从明政府的统治。

明朝在辽东西部、漠南南部、甘肃北部和哈密一带先后设置了蒙古卫所 20 多处，各卫所长官由蒙古封建领主担任。

（三）中国清朝时期

明神宗万历四十六年（1618 年）后金首领努尔哈赤起兵反明。1626 年努尔哈赤与漠南蒙古科尔沁部结盟。[1]努尔哈赤死后皇太极统一漠南诸部，获元朝传国玉玺后于崇德元年（1636 年）建立大清国，并最终消灭南明，统一全中国。其间塞外的蒙古诸部有的与清朝统治者联盟、联姻，如科尔沁部；有的则被清朝征服，如喀尔喀部、和硕特部、卫拉特部、察哈尔部、准噶尔部。当时整个东亚地区的蒙古部落隶属于清朝的治下。

清代将蒙古分为设官治理的内属蒙古和由札萨克世袭统治的外藩蒙古。外藩蒙古又称之为外札萨克蒙古（漠南蒙古十六盟）和乌里雅苏台、科布多（喀尔喀蒙古、漠西蒙古）。其中前者成为如今我国内蒙古自治区的主体部分。清代后期的官方文书中出现了内蒙古和外蒙古的概念。"内蒙古"一词指内札萨克蒙古四十九旗，外蒙古则指喀尔喀四部（有时也包括科布多和唐努乌梁海）。清亡之后喀尔喀蒙古走向独立，而内蒙古则分属于兴安省、热河省、察哈尔省、绥远省、宁夏省。中华人民共和国成立后，设立了内蒙古自治区。

清朝蒙古地区实行盟旗制度。盟由各部定期会盟而形成的机

---

〔1〕 吕微微：《努尔哈赤反明之谜》，载《党建文汇（下半月）》2007 年第 3 期。

构，旗是分解原来的部落而组成。盟旗中地位最高是各旗札萨克与藏传佛教的呼图克图。

（四）现代蒙古

1911 年库伦活佛博克多格根宣布外蒙古独立，1915 年签订《中俄蒙协约》，1919 年徐树铮率军占领外蒙古，1921 年蒙古人民革命党在苏联红军的帮助下建立"人民革命政权"，1924 年宣布废除君主立宪制，成立蒙古人民共和国，定都库伦，改城名为乌兰巴托。1937 年，在霍尔洛·乔巴山的领导下，蒙古爆发了大镇压，大约有两到三万人遇害，占当时外蒙古人口的 2% 到 3%。1961 年，蒙古国成为联合国成员国。苏联解体以后，蒙古国于 1992 年 2 月 12 日推行多党制和总统制民主，实行议会制。新宪法当日生效，国名改称为"蒙古国"。

三、国家标志

（一）国旗

蒙古国的国旗呈横长方形，其长宽比为 2 : 1，旗面是由三个面积相等的长方形组成，且长方形的两边是红色，中间为蓝色。因为蒙古国人民最喜欢红色和蓝色故因此设计，红色象征着乐观和胜利，蓝色象征着忠诚。蒙古国国旗中火、日、月三者结合，表示国家的昌盛，中央的太极图象征了国家的和谐，其余两个三角形等同于箭，向下的三角形表示以武力捍卫家园，太极图上下方的两条长方形有坚持正义和忠实之意，左右两方的长方形是一个城墙，暗示了全民团结比城墙更加的坚固。

蒙古国先后采用过八面国旗。1911 年外蒙古脱离清王朝到 1924 年蒙古人民共和国建立之前使用过三面旗帜，1924 年建立蒙古人民共和国，使用紫色索永布旗，诺曼坎战役后加上象征胜利的莲花底座，1949 年至 1992 年的蒙古国国旗比现在的国旗多一颗星,象征社会主义。在蒙古人民革命党推行多党制和总统制民主后,旗帜除去五角星,中间的浅蓝色也变为深蓝色。

(二)国徽

蒙古国国徽又被叫作"神骏马"国徽。国徽的设计十分考究,是以白莲为底座,象征着圣洁与美好;边框以万寿纹章为辅助,象征着无限希望;底色为蓝色,象征着长生天;而上面的圆顶代表着蒙古国内部富有的无限宝藏。[1]而金色索音宝和神骏马直接立在国徽的中间,体现出蒙古的独立、自主与朝气。国徽的顶端和底端具有象征着过去、现在和未来的如意宝和代表大地与宽容的绿色纹章,纹章象征着永世吉祥与美好,同时也预示着国家的繁荣。同时国徽还有吉祥法轮元素,象征着蒙古国崇尚佛教的特点,也表达了国家和人民对于佛教的诚心。底部有山峦样式的设计,表达了蒙古国孕育大地,宽厚载物的特征与期许。

(三)国歌

蒙古国国歌,旋律创作于1950年,由蒙古国作曲家贝利金·达姆丁苏伦(1919年至1991年)和卢沃桑坚特斯·穆日约吉(1915年至1996年)合作完成。乐曲启用于1961年,该乐曲曾三次填词成为国歌。蒙古国国歌的歌词最初由森丁·达姆丁苏仁(1908年至1988年)填上。现行的国歌版本在2006年7月6日颁布,歌词由蒙古国国家大呼拉尔(议会)修订,以纪念成吉思汗创立蒙古帝国800周年。[2]蒙古国歌词曾有三次改动。1991年至2006年7月6日蒙古国实行民主改革,蒙古国国歌恢复最初创作时的版本,但删除了第二段有关歌颂蒙古人民革命党领袖苏

---

〔1〕 洪学东:《论蒙古帝国1219年储君议定与1226年成吉思汗嘱托》,载《内蒙古民族大学学报(社会科学版)》2012年第1期。

〔2〕 黄家骙:《蒙古大选后的政局和当前中蒙关系》,载《内蒙古财经学院学报》2012年第4期。

赫巴托尔和乔巴山，以及苏联领袖列宁和斯大林的歌词。歌曲 4/4 节拍，旋律庄严稳重，简单又流畅，是一首结合蒙古国和欧洲音乐风格的国歌。

（四）国花

蒙古国的国花为翠雀花，别名大花飞燕草、飞燕草，翠雀花属多年生草本植物，茎直立，多分枝，株高 80—100 厘米，全株被柔毛。叶互生，掌状深裂。总状花序顶生，萼片瓣状，蓝色。[1]

四、语言

蒙古国的语言为蒙古语，属阿尔泰语系或蒙古语族，主要使用者在中国蒙古族聚居区、蒙古国和俄罗斯联邦西伯利亚联邦管区。[2]蒙古国使用的蒙古语因在 20 世纪五六十年代受苏联影响主要使用西里尔字母拼写，俄罗斯的卡尔梅克语、布里亚特语被视为蒙古语的方言，中国内蒙古地区的蒙古族还在使用传统蒙古文。蒙古语产生于 9—10 世纪，语言学家认为东乡语、保安语等语言同蒙语有亲缘关系，主要分为中部方言、西部方言（卫拉特语）、北部方言（布里亚特语）和东部方言（科尔沁—喀喇沁）。

关于蒙古语方言的划分，理论上分为以下两种意见：第一种意见是除蒙古国的喀尔喀方言以外，中国蒙古语可分为三种方言：①内蒙古方言，包括内蒙古自治区、辽宁、吉林、黑龙江地区蒙古族所使用的察哈尔、巴林、鄂尔多斯、额济纳阿拉善、科尔沁、喀喇沁土默特等土语。②巴尔虎—布里亚特方言，包括内蒙古自治区呼伦贝尔盟陈巴尔虎、新巴尔虎、布里亚特等土语。

---

〔1〕 梧桐：《"一带一路"上的国花文化——蒙古国·翠雀花》，载《天天爱科学》2020 年第 6 期。

〔2〕 苏日那：《蒙古语语情研究的必要性：中国境内蒙古语为例》，载《中华少年》2015 年第 19 期。

③卫拉特方言，包括新疆、青海、甘肃等地蒙古族所使用的土尔扈特、额鲁特、察哈尔土语。第二种意见是把整个蒙古语分为四种方言：①中部方言，包括喀尔喀、察哈尔、鄂尔多斯等土语。②东部方言，包括喀沁、科尔沁等土语。③西部方言，包括杜尔伯特、土尔扈特、额鲁特、明安等土语。④北部方言，包括布里亚特各土语。另外在四种方言之间还有若干过渡性土语。

蒙古国法定的蒙古文为基里尔字母拼写的通行文字。1990年后，随着蒙古国民族传统意识的复兴，蒙古国政府根据恢复民族文化的传统颁布政令，要求各级政府部门和官方机构的印章和文书的抬头使用旧蒙文，在中学和大学开设旧蒙文认读课、书法课，以保障民族传统文化的继承性。

第二节 姓名性格

一、姓名组成

蒙古人的名字反映了蒙古民族文化、历史传统以及生活习俗、宗教等方面的特点。[1]

（一）喜以动物名称命名

如阿狮兰（狮）、巴尔思（虎）、那海（狗）、阿尔布古（有花纹的鹿）、脱里（鹰）、玛喇勒（牝鹿）等。蒙古男性以勇猛为荣，所以用凶猛的动物来命名，并且以虎为名者较多，在虎前加形容词，如哈喇巴儿思（黑虎）、普刺巴尔思（黄虎）、乌兰巴尔思（红虎）、额白巴尔思（雄虎）、茂巴思（恶虎）等。牛在畜牧中占有重要的地位，牛力气大，身强，无所畏惧，所以很多

---

〔1〕 程龙、赛音德力根：《论蒙古族生活习俗及宗教信仰习俗》，载《教育教学论坛》2016年第9期。

人用它来命名的，如起名叫"不花"（牛），为区别，在"不花"之前加形容词，如铁钼尔不花（铁犍牛）、按男不花（金犍牛）、察罕不花（白色的犍牛）等。这反映了蒙古族以狩猎和畜牧为主的经济文化及民族特性。[1]

（二）喜欢用"巴图"来命名

"巴图"意为结实，还可汉译为拔都、八都、伯秃、伯都、八托。在巴图之后加附加词，如巴图噶尔（结实的手）、巴图和坦（结实的城）、巴图布琳（全结实）等。为赋"结实"之意还有以金属命名的，如阿勒坦（金）、铁钼尔（铁）、西日莫（生铁）、宝力道（钢）、图卡铁钼尔（真正的铁）等。

（三）以祝福、吉祥、幸福的词来命名

如那苏图（长寿）、宝音或伯颜图（福）、好必图（有福）、乌力吉巴雅尔（"乌力吉"为吉、"巴雅尔"为喜）、吉日嘎朗（幸福）、贺喜格（恩惠）、白仓（富仓）、都冷仓（满仓）、巴达荣贵或满达尔夫（兴旺）等。有以吉祥之意的数字命名的如伊苏岱（九），象征丰盛、是无尽数。有以祖父、父亲、外祖父等人岁数命名的，希望能长寿，如吉林台（六十）、达兰台（七十）、乃颜（八十）等。

（四）喜欢以星辰、花草树木、珠宝等为女性命名

如娜热（太阳）、萨仁（月亮）、敖登（星星）等；又如其其格（花儿）、其木格（花蕊）、牡丹、海棠、梅花等；再如塔娜（珍珠）、哈森（玉石）、水灵（翡翠）、乌莹（蓝色宝石）等；也有象征着命运的名字，如呼吉雅（儿子的命运）、杜达古拉（带弟）等。女子按出生月份命名的也颇多，如正月、三月、五月、六月、七月、八月等。

---

〔1〕 王璐：《古代蒙古族狩猎经济研究》，西北民族大学 2018 年硕士学位论文。

二、性格及特点

蒙古国人民和蒙古民族是一个勤劳勇敢的民族。他们心胸宽广，性格热情豪爽，做什么事情都能够乐观开朗地去面对。蒙古人素有"马背上的民族"之称，由于他们是放牧民族，脸部为了能承受住风沙的吹打，颧骨处的肌肉特别坚硬，皮质也很厚。脸色大多都是绛紫色。不论男女他们的眼睛大多较小，眼珠多呈黄褐色；宽鼻型较多，少量有鹰钩鼻；耳朵大多都是长阔型；男子的脸型多是申字和用字型，女子多呈田字形；老年人喜欢留胡须。无论是从外貌上还是从生活中都能充分表现出蒙古人质朴爽朗、热情与豪放的性格。

蒙古人大多能歌善舞，女子舞步轻捷，风格独特，能够直观地从舞蹈中感觉到欢快优美的风情，动作多以抖介入。男子舞姿造型挺拔，快捷洒脱，表现出蒙古男性勇猛刚劲的美。

第三节 衣食住行

一、服饰风格

蒙古人民服饰的起源可以追溯到史前时期，服饰的共同特点就是适应高原气候[1]。由于蒙古国的地理位置和地势特征，如何在高寒地带保护好自己就显得尤其重要。所以他们御寒的帽子和靴子都非常特别。帽子叫圆顶雁尾毛皮护耳帽，是他们用来防冻的重要服饰。靴子多为长筒靴，为了防寒通常也会做得很厚，上面往往有各种彩色花纹。蒙古靴子的样式比较简单，分为圆头

---

[1] 卢九彬：《蒙古族服饰的形成与发展》，载《内蒙古师范大学学报（哲学社会科学版）》2007年第A1期。

和尖头两种，一般情况下，年轻人穿的靴子尖头比较多，年轻女子比较喜欢穿又细翘又高的鞋子。蒙古族居住于蒙古高原，气候寒冷，加上他们多以游牧为主，而且在马上的时间比较长，因此服饰必须具有非常强的御寒作用，而且要便于骑乘。故而，长袍、坎肩、皮帽和皮靴就成为他们的钟爱之物。

蒙古族最大的族群喀尔喀人的妇女头饰是用人发、银、金和宝石组成，其重量可以达到 20 公斤。喀尔喀妇女的银饰是由顶盖和两边下垂的流苏组成，而且镶满了珊瑚和绿松石。

蒙古袍是蒙古人的传统服装，根据社会地位的不同有不同的风格，有的做得比较考究，而有的就比较随意。在严寒的冬天，蒙古人比较喜欢用毛皮制作的衣服。当天气炎热的时候，蒙古人会穿着淡色的单袍，让人感觉更加凉爽。在节日里，根据社会地位和等级的不同，有钱人家都会穿鲜艳的织物袍子，颜色大多为红色、蓝色、绿色和白色各种颜色。妇女穿的衣服在细节处有绸缎的花纹或者绣花，看上去非常精美。传统的蒙古人还会在腰间挂着一把蒙古刀，而妇女会喜欢把银袋和针线包挂上。现在城市里的年轻人一般比较喜欢穿西装，头上戴着礼帽；在乡村地区，无论是年轻人还是年纪大的人都会穿着蒙古袍，传统气息依旧十分浓重。

二、饮食文化

蒙古民族作为游牧民族，在长期的历史发展过程中形成了独特的游牧饮食文化。传统的饮食主要是奶制品、肉制品和奶制饮品。随着农业的不断发展，谷物也成了蒙古国人民的重要食物。

（一）肉食品

长期以来在蒙古族，特别是牧区，肉食品是传统的主要食品。品种主要是手扒肉和煮全羊等。[1]手扒肉是蒙古人生活中肉食的主要吃法，其做法是先将宰的羊清理后切成大块下锅煮，通常只是加盐不加其他佐料，直到煮至七八分熟后就可以从锅里拿出来食用。煮全羊通常说的就是一只整羊，它在蒙古作为上等食品，一直受到蒙古人民的喜爱，一般来说在那达慕和春节每家每户都会制作。制作方法是去皮和内脏，从脊背第七根骨至尾部为一段，然后再割头、颈、四肢、胛各为一件，再带尾入锅，煮熟后取出，按照卧羊的姿势摆在大盘中。端上桌的时候，要把羊头向着主要的客人。在宴席的时候要唱赞歌，敬酒祝词等。在节日的时候，对待尊贵的客人都应该设整场宴席。

（二）奶食品

奶食品同样也是蒙古国人民的传统食品。奶是白色的，而蒙古人视白色为神圣之物，以白色为吉祥，于是把奶食作为白食。奶食的种类众多，味道丰富，营养美味，奶制品制作的方式因为地域不同而有所不同。主要有酸奶、黄油、奶豆腐、奶油等。

（三）奶茶

蒙古地区起初并没有早茶，后来茶叶经商人传到蒙古地区，受到蒙古国人的喜爱，从此茶便成了蒙古人生活中离不开的饮料。就普遍意义而言，蒙古人多饮砖茶与奶茶。奶茶的制作方法是先将水烧开，然后把捣碎的砖茶放在锅里煮，温火煮一段时间就可以将茶叶滤出，然后倒入鲜奶并融合而成。由于奶茶的制作过程和添加的料各不相同，因此做出来的味道都不一样，各有地方风味。

（四）马奶酒

蒙古人最喜欢喝的饮料是马奶酒，蒙古人把马奶酒当作最好

---

〔1〕　拉雅：《舌尖上的蒙古美食》，载《中华民居（上旬版）》2013年第8期。

的饮料，常常用来招待亲朋好友。马奶酒并非由粮食制作，而是
用酸奶子酿造，其酿造的方法是对发酵的马奶进行蒸馏。马奶酒
具有丰富的营养，不容易醉人，促进人体新陈代谢、补血助消化
的益处，同时还可以治疗胃病、气管炎、神经衰弱、高血压、肺
结核等症状。除此之外，蒙古人还爱喝葡萄酒、伏特加、白酒和
啤酒等。

三、居住条件

从事游牧业生产的蒙古人，长期过着以"鞍马为家、车帐为
室"的迁徙流动生活。过去牧民一般住在帐篷、蒙古包里。白色
的蒙古包宛若一朵朵大蘑菇，散落在绿绿的草原上。牧民夏天随
着畜群"逐水草而居"，集体住在布帐篷里，冬天则住在用羊毛
擀制的厚厚的毡子做的蒙古包里，以革衬毡，席地而卧。[1]牧民
一年四季寝食均在蒙古包进行。划分草场放牧后，蒙古人实现了
定居。现在，辽阔无垠的大草原上，盖起了一幢幢砖瓦结构的住
宅，每家居室都有大玻璃窗、烟囱、火炕或土暖气等，甚至安装
了小型风力发电机和太阳能热水器。室内布置有桌椅、橱柜、沙
发、电器设备，生活用品应有尽有。

四、交通概况

蒙古族是马背上的民族，马匹是草原上的主要交通工具，辅
助以牛、骆驼和勒勒车。蒙古人从孩童时就会骑马，骑手与马融
为一体，疾走如飞，腾挪自如。在蒙古族中流传的谚语说，没有
马的人不打仗，没有弓箭的人不打猎。游牧民族的迁移搬迁，主
要以牛、骆驼拉的勒勒车为运输工具。如今，摩托车、拖拉机、

---

〔1〕 库立君：《青海蒙古族宗教信仰及文化习俗探析》，载《青海师范大学学报
（哲学社会科学版）》2008 年第 2 期。

汽车等交通工具在蒙古草原上已经很普及了，就连放牧牛和羊群也使用摩托车驱赶，早晨将牲畜赶到草原上活动，晚上再去赶回宿营地。

第四节　日常交往

一、相见礼仪

蒙古人以待客态度真诚而闻名于世。只要他们得知宾客临门，男女主人总会恭敬地站在门口热情恭候佳宾。宾主见面，不管过去是否相识，都会向客人问候"您好""向您请安了"等。客人告辞时，主人往往要举家相送，并附"再见""欢迎再来""一路平安"之类的送行话。蒙古人与客人见面时，还有个特别的待客习惯。他们喜欢拿出自己珍爱的鼻烟壶让客人嗅闻。客人若遇到这种情况，应该诚心实意地嗅闻，然后把壶盖儿盖好还给主要来宾。他们与亲人或朋友打招呼问候方式极为特殊。相互见面，一般不习惯先问对方身体如何，而是习惯先问对方的牲畜是否平安，这是蒙古国人的传统习礼。这是由于游牧民族整日以牲畜为伴，牲畜在他们的日常生活中占有极重要的地位，离开牲畜他们就等于失去了自己的经济支柱。故此，亲友相遇一般都不先问对方身体如何，而是先要问牲畜是否平安。

二、拜访礼仪

（一）献哈达

献哈达是蒙古族人民的一种传统礼节。哈达是一种礼仪用品。拜佛、祭祀、婚丧、拜年以及对长辈和贵宾表示尊敬等都需要使用哈达。哈达以丝绸为料，一般为白色、浅蓝色和黄色。长度通常为五尺左右，宽度不等。有的绣有"云林""八宝"等民间花纹图案。对长辈献哈达时，献者略弯腰向前倾，双手捧过头，哈达对折起来，折缝向着长者；对平辈，双手平举送给对方；对小辈，一般将哈达搭在脖子上。敬鼻烟壶是蒙古族牧民的一种日常见面礼。鼻烟壶用玉石、象牙、水晶、玛瑙、翡翠、琥珀和陶瓷等制成。晚辈同长辈相见时，晚辈曲身鞠躬，双手捧着鼻烟壶，敬献长辈，长辈用左手接受，闻后归还。同辈相见时用右手相互交换鼻烟壶，双方闻后归还。

（二）禁忌礼节

火忌，蒙古族崇拜火，认为火神或灶神是驱妖辟邪的圣洁物，所以人们进入蒙古包后，禁忌在火炉上烤脚，更不许在火炉旁烤湿靴子和鞋子，不得跨越炉灶或脚蹬炉灶，不得在炉灶上磕烟袋、摔东西、扔脏物。[1]不能用刀子挑火、将刀子插入火中，或用刀子从锅中取肉。

忌蹬门槛，这也是蒙古族禁忌之一。到牧民家做客，出入蒙古包时，绝不许踩蹬门槛。农区、半农半牧区的蒙古族也有此禁忌。在古代，如果有人误踏蒙古可汗官帐的门槛，即被处死。这种禁忌习俗，一直延续至今。

水忌，蒙古人认为水是纯洁的神灵，忌讳在河流中洗手或沐浴，更不许向河流中扔脏物。由于草原干旱缺水，牧民逐水草放牧，无水则无法生存，所以牧民习惯节约用水，注意保持水的清洁，并视水为生命之源。

忌摸头、忌别人打狗、忌产妇住处外人进入探访。

另外，病忌，牧民家里有重病或病危的人时，一般在蒙古包左侧挂一根绳子，并将绳子的一端埋在东侧，说明家里有重患

---

〔1〕 乌仁其其格：《蒙古族火崇拜习俗中的象征与禁忌》，载《中央民族大学学报（哲学社会科学版）》2005 年第 5 期。

者，不待客。

另外，还有一些节日礼节需注意。礼节白节，蒙古语称"查干萨日"（白月、正月），意为新年、春节。古代蒙古人以白色为纯洁、吉祥之色，故称春节为白节。白节在正月初一。过白节是从古代沿袭下来的习俗。元世祖忽必烈在位时，就非常重视过白节。[1]腊月三十晚上，全家即穿上节日盛装，欢聚一堂，拜贺新年，彻夜不眠。通常全家老少先烧香拜佛，然后晚辈向长辈献哈达或磕头、敬酒、礼拜。初一清晨，家族亲友开始互相拜年，到正月十五或月底才结束。

祭火，是蒙古族最古老的祭祀活动之一。也就是祭火神、祭灶神。普通农牧民的祭火一般都在农历腊月二十三；贵族和台吉则在腊月二十四。有个别的地方秋季祭火，在婚礼上还要祭火。

（三）祭敖包

敖包是蒙古语，意为堆子或鼓包。祭敖包是蒙古民族盛大的祭祀活动之一。敖包通常设在高山或丘陵上，用石头堆成的一座圆锥形的实心塔，顶端插着一根长杆，杆头上系着牲畜毛角和经文布条，四方放着烧柏香的垫石；在敖包旁边还插满树枝，供有整羊、马奶酒、黄油和奶酪等。在古代，祭祀时，由萨满教巫师击鼓念咒，膜拜祈祷；在近代，由喇嘛焚香点火，颂词念经。牧民们都围绕着敖包，从左向右转三圈，求神降福。随着社会的发展、科学的进步，牧民观念的更新，现在的祭敖包在内容、形式方面都有了变化。蒙古族还有祭尚西（神树的意思）的习俗。通常是在一棵孤独的神树下，用五颜六色的花布条把树枝装饰得特别艳丽，一位扮装的尚西老人盘膝坐在神树下，男女老少汇聚在周围拜祭尚西，并推选几名主祭人手捧哈达、美酒、奶食品，向尚西老人敬献。仪

---

[1] 巴斯：《白月之节：蒙古族的"春节"》，载《实践（思想理论版）》2018年第2期。

式结束，便进行蒙古族人民喜闻乐见的传统文体活动。

（四）祭成陵

祭成吉思汗陵，这是蒙古民族最隆重、最庄严的祭祀活动，简称"祭成陵"。成吉思汗是蒙古民族崇敬的民族英雄，他在 13 世纪初统一了蒙古各部，建立了蒙古汗国，横跨欧亚两洲，震撼世界。蒙古民族祭祀成吉思汗的习俗，最早始于窝阔台时代，到忽必烈时代正式颁发圣旨。规定祭成吉思汗的各种祭礼。并使之日臻完善。现今鄂尔多斯伊金霍洛旗成陵的成吉思汗祭典，就是沿袭古代传说的祭礼。祭礼一般分为日祭、月祭和季祭，都有固定的日期。祭品齐全，皆供整羊、圣酒和各种奶食品，并举行隆重的祭奠仪式。每年阴历三月二十一日为春祭，祭拜规模最大、最隆重，各盟旗派代表或个人前往伊金霍洛旗的成陵奉祭。

（五）祭苏鲁定

苏鲁定是成吉思汗的军旗或军徽，蒙古民族最珍重的古代文物之一，珍藏于鄂尔多斯高原的成吉思汗陵园内。苏鲁定是成吉思汗远征时所向披靡的旗帜，又是太平无事时的吉祥物。蒙古族在每年阴历三月十七日，都隆重举行祭苏鲁定的仪式。祭祀时，祭桌上摆放了整羊，还有马奶酒、奶食品等供品。参加祭祀的蒙古族群众络绎不绝，各自带着祭品，虔诚地叩拜苏鲁定，借以表达对成吉思汗的敬仰，缅怀成吉思汗的丰功伟绩。

第五节　婚丧习俗

一、婚嫁习俗

蒙古民族是世界范围内知名度很高的民族，因此其所形成的文化也具有深远意义且传播悠远。从远古时期以来，蒙古族就是一个跨国界民族，它的兴衰和人口迁移以及与其他民族的发展与融合牵扯到方方面面，特别是与婚姻有关。关于婚姻习俗，古代的习俗和现代习俗具有很大不同，根据不同部落之间的差别也形成了不同的风俗差异。常见的婚礼习俗包括喀尔喀婚礼、布里亚特婚礼、巴尔虎婚礼等。[1]

（一）婚礼流程

在蒙古国，婚礼流程一般分为订婚、订婚日、迎亲、结婚等。订婚一般都是男方带着媒人拿着哈达和美酒等礼品去女方家进行说媒。但是并非一次就可以成功，男方需要多次上女方家进行说媒。逢年过节，男方还需要去女方家进行问候。男女到了结婚年龄之后，证婚人前往女方家对结婚日期进行商定，礼成之后男方会设宴款待亲友。等到婚期临近时，男女双方亲友都会把蒙古包挪到离男女新人家庭四五十公里的地方，这些亲友一方面是方便帮助男女家庭筹备婚礼，另一方面是帮助新人准备新婚用的蒙古包。在过去蒙古国人民有着"抢亲"和"新人同骑"的习俗，但是现在随着社会的发展，这种风俗已经逐渐消失。现代娶亲路上，依照习俗，彼此都想抢先到家，男女双方互相追逐戏逗。有时，女方的送亲人抢去新郎的帽子，挑在马鞭上，或扔在地上，新郎没法，只好下马拣帽，这样就耽误了时间。有时，聪明的男方也有办法，在离新郎家不远的地方设一桌酒席，款待送亲人，女方盛情难却，只好下马喝酒，男方趁机抢先到家。一路上这样纵马奔腾，你追我赶，气氛热烈。新郎以及迎亲队伍到达新娘家后，总会被女方家当作上宾热情招待，大家在一起又吃又喝、又唱又跳，好不热闹。这时，男方祝颂人会悄悄地离开宴席领着新郎来到新娘的房间里。待他俩在客位上坐下以后，陪娘们

---

[1]　李巴达拉胡：《呼伦贝尔蒙古族布里亚特部婚礼音乐的固守与变迁》，载《内蒙古艺术学院学报》2018 年第 1 期。

就会端上来一个煮熟了的羊脖子招待新郎，并请新郎把羊脖子从中间掰断，以试新郎的力气大小。为了戏弄新郎，陪娘们早就将一根红柳棍或一根铁棍子巧妙地插进羊脖骨髓道里。新郎如果事先有人指点，他就会识破其中奥妙，取出柳棍或铁棍，很容易地将羊脖子掰断。有的新郎则不识其中秘密，因而费尽力气，弄得满头大汗，又着急，又羞愧，而陪娘们则趁机取笑新郎。

（二）婚庆演变

由于蒙古国草原众多，因此牧区的婚礼多在秋天进行，新郎在亲友的陪同下，去女方所住的住处进行迎亲，新郎与新娘各自乘马，在离男方家不远的地方停留，同时男方需要设宴款待宾客。结束后，大家一起前往新郎新娘的新居，在新居前有一张桌子，新居的院子里同时还有一盆火，大家载歌载舞，新郎新娘向火盆跪拜，然后新人再向亲朋好友跪拜。有时候为了热闹还会进行摔跤和赛马表演。

如今随着城市化的发展，受到西式婚礼的影响，城市里的婚礼已经有所变化，首都乌兰巴托设立了一所婚礼宫，结婚的礼仪和顺序完全按照欧洲的模式，只是没有牧师和教堂。大城市的婚礼宫都会放一套金属的弓、斧、铃制成的装饰品。这些象征着未来的孩子身强力壮，聪慧可爱。

二、丧葬习俗

（一）天葬

天葬盛行于牧区，在蒙古国又称为"野葬"或者"弃葬"。具体流程就是人在死亡之后，把死者的旧衣服脱掉，换上新衣服和白布裹满全身，然后将尸体放在车上，然后赶车前行。尸体掉在哪里，哪里就是吉祥之地。在天葬之后，死者的后代在49天之内不能够剃发也不能够饮酒作乐，在这段期间内应当保持肃穆以表示对死者的尊敬。[1]

（二）火葬

火葬是喇嘛教在古代时期传入蒙古族的一种丧葬仪式。一直以来都是王公贵族和官吏以及大喇嘛死后采用的丧葬方式。而普通的老百姓死亡之后不会用火葬，除非普通人患了传染病或者产妇死亡之后才进行火葬。在火葬的第二天，由死者亲属将骨灰搜集起来，有的人把骨灰撒于山川大河，有的人把骨灰装于瓶罐中留作纪念。[2]

（三）土葬

土葬是民间一般的丧葬仪式。在喇嘛教传入之后，蒙古的上层也进行过土葬，土葬由喇嘛念经超度，然后再把逝者的尸骨埋于荒野。

（四）现代丧葬

目前前三种方式已经越来越少，现在通行的丧葬方式大多都是将尸体送往陵园安葬，以便亲友寄托哀思。在墓碑的选取上，多采用不规则的墓碑造型，造型的设计根据亲友对死者的评价与喜爱程度自行设计。

第六节　纪念节日

一、那达慕

1921 年蒙古人民革命党领导的人民革命取得胜利，7 月 10

---

〔1〕《蒙古人的丧葬习俗》，载 http://www.360doc.com/content/15/1225/16/16967035_523044230.shtml，最后访问时间：2020 年 10 月 15 日。

〔2〕陈光国、徐晓光、洪玉范：《喇嘛教在蒙古地区的传播和萨满教的衰落》，载《西北民族大学学报（哲学社会科学版）》1995 年第 4 期。

日，在库伦（今乌兰巴托）成立君主立宪政府，后定其次日为国庆日。1997 年 6 月 13 日，蒙古国庆中央委员会第三次会议决定将蒙古国国庆易名为"国庆节—那达慕"。那达慕，蒙语意为"游戏"或者"娱乐"，原指蒙古民族历史悠久的"男子三竞技"（摔跤、赛马和射箭），现指一种按着古老的传统方式举行的集体娱乐活动，富有浓郁的民族特点。1922 年起，定期在每年的 7 月 11 日举行，成为蒙古国庆活动的一个主要组成部分。[1]

二、白月节

白节又称"白月"、查干萨日，是蒙古族的"春节"。白节是蒙古族一年之中最大的节日，相当于中国的春节，传说与奶食的洁白有关，含有祝福吉祥如意的意思。[2]古代蒙古人把农历春节叫"希恩吉尔"，即新年。自古以来，蒙古族以白色为纯洁、吉祥之色，他们最崇尚的是白色，故称春节为白节。与国内其他民族一样，生活在中国境内的蒙古族也十分注重过春节。但由于生产生活条件和客观环境的不同，蒙古族过春节，草原游牧文化特色十分浓厚。

整个白月期间，草原上的男女青年纷纷骑上骏马，带上崭新的哈达和美酒等，三五成群，挨家挨户给各浩特（定居点）的亲友、家长拜年。但是，现在草原上看到的更多的是骑摩托车或开吉普车的男女青年。拜年的路途是青年男女赛马、追逐、嬉戏的绝好机会。身临其境的人无不感到马背民族不拘一格的生活情趣和粗犷豪迈。

---

〔1〕《蒙古国重要节日介绍》，载 http：//www. ccyl. org. cn/zhuanti/menggu/zjmg/200904/t20090414_218750. htm，最后访问时间：2020 年 10 月 15 日。

〔2〕《白节》，载 https：//baike. baidu. com/item/白节/3162558？ fr = aladdin，最后访问时间：2020 年 10 月 16 日。

三、寒食节

清明节，也称"寒食节"，是中国传统文化节日，随着文化交流与渗透，蒙古人也特别重视清明节。在节日的前后三天，每家每户都到坟地或者是在家中或是在寺庙上坟祷告，虔诚上香。一方面表达了对传统节日的喜爱，另一方面也反映了蒙古人思念先人，尊重孝道的美好品德。

第七节　旅游名胜与奇观

一、风景城市

（一）乌兰巴托

乌兰巴托位于蒙古高原中部，意思是"红色英雄城"，为蒙古国的首都，是蒙古国最大的城市和政治、交通中心。该市市民平均年龄非常小，30 岁以下的人口高达 70%，有"世界上最年轻的城市"之称。

乌兰巴托宽广整齐、风景秀丽，既是蒙古草原上一座古老的城市，又是一座新兴的年轻城市。市内高楼大厦鳞次栉比，一幢幢楼房拔地而起，在现代化楼群之中，传统的蒙古包仍然可见，传统和现代的完美融合使得乌兰巴托更具魅力和特色。由于乌兰巴托是一座相对年轻的城市，因而拥有的历史建筑数量不多，寺庙成为最大的看点之一，最受欢迎的当数福祈寺。此外，还有兴仁寺（吹仲喇嘛庙）、甘丹寺等。蒙古国家古典艺术剧院、苏赫巴托尔广场、宰桑纪念碑、蒙古国家体育馆、友谊公园、成吉思汗骑马塑像等也是乌兰巴托值得一游之地。

（二）乔巴山

乔巴山市是蒙古国东部重要的城市之一，是东方省工业、文化、教育中心。早期为喇嘛教庙宇中心，后为贸易城镇。有"阿敦楚鲁"股份公司、"东部区电力系统"股份公司、"东方面粉"有限责任公司等400多家企事业单位。在第二次世界大战后，乔巴山市兴建起以畜产品加工为主的现代工业，市内有年洗毛200吨的洗毛厂、年产6000吨的面粉厂、日产90吨肉制品的肉类联合厂，以及发电厂、热电站和汽车修配厂等。南部有阿敦楚伦露天煤矿（年产15万吨）。郊区农牧业发达，东部地区是交通枢纽和贸易中心。

乔巴山市东部地区扮演着交通枢纽和贸易中心的角色，有1939年修筑的通往塔木察格布拉克、扎尔格朗图和俄罗斯索洛维耶夫斯克的铁路，有西通往乌兰巴托和科布多、北通往俄罗斯赤塔市的公路。羊毛、萤石和其他矿产就是通过这些交通设施运往俄罗斯的。

（三）赛音山达

赛音山达，蒙古国东戈壁省省会，是蒙古国的第四大城市。南边与小镇乌拉乌拉相接，北接城市纳来哈，城区面积4平方千米，人口约50 000人，市内有大小商店20余家，坦克敖包山将赛音山达老城区和新城区对半分开。赛音山达火车站位于老城区南部，乘坐火车是这里的人们远途出行和出国的唯一方式。相对于蒙古国其他的省会城市，赛音山达的经济比较落后，当地人以游牧为主。

二、特色景点

（一）政治受害者纪念馆

政治受害者纪念馆是为了纪念蒙古国前总理戈登（P. Genden）

而建的，该博物馆目前由其女儿管理运营。纪念馆中一个大厅内展示出一些骷髅，这些骷髅均被子弹穿透，再现了 20 世纪 30 年代乔巴山大肃反运动的历史场景。

（二）蒙古自然史博物馆

蒙古自然史博物馆位于蒙古国首都乌兰巴托，是自然史专门博物馆。[1]该博物馆原名国家博物馆，建于 1924 年，是蒙古国历史上最早的博物馆。1940 年至 1941 年，该博物馆成为农村研究博物馆。1956 年，又更名为"国家中心博物馆"。在 1991 年蒙古民主化之后，该馆更名为"蒙古自然史博物馆"。

该博物馆的原名"国家博物馆"同如今乌兰巴托的另一家博物馆"蒙古国家博物馆"的名称十分相似，而且两家博物馆距离很近。但蒙古国家博物馆主要展出蒙古国家历史以及有关文物，和该博物馆的展出内容完全不同。俄国学者 P. K. 科兹洛夫（P. K. Kozlov）、V. I. 利索夫斯基（V. I. Lisovskii）、A. D. 西穆科夫（A. D. Simukov），以及美国学者 C. 安德鲁斯（C. Andrews）等人的收藏及研究均对该博物馆的建馆做出了贡献。该博物馆后来成为其他一些博物馆的建馆基础。

该博物馆分为地质、地理、植物和动物、古生物学、人类学部分，涵盖了蒙古国自然史的各个方面。该馆展出的恐龙化石十分知名，其中包括十分完整的特暴龙化石，此外还藏有 10 多种恐龙蛋化石。

（三）乔金喇嘛庙

乔金喇嘛庙是一座藏式佛教寺庙，始建于 1904 年，1908 年完工，位于蒙古国首都乌兰巴托市中心，是该市最重要的佛教寺

---

〔1〕　杨勇：《蒙古历史文化博物馆的现状及展望》，载《鄂尔多斯文化》2006 年第 2 期。

庙之一。[1] 该寺庙曾被乔金喇嘛里夫桑汗达夫，即蒙古国末代大汗、第八世哲布尊丹的哥哥占领，1938 年政府将其改造成一座博物馆。

乔金喇嘛庙群包括 4 个小寺庙，其中主庙内有一座建于 18 世纪的镀金释迦牟尼佛祖雕像，佛祖雕像右边是乔金喇嘛里夫桑汗达夫的雕像，左边是巴丹乔木伯龙活的防腐遗体。此外，寺庙内还收藏着大量珍贵的宗教乐器，萨满教舞面具、唐卡绘画以及蒙古国末代可汗从西藏带回的 226 卷手抄版的《丹珠尔经》以及一全套 108 卷的《甘珠尔经》影印本等，这些收藏是研究宗教历史及文化重要的资料。

（四）甘登寺

甘登寺（又译"甘丹寺"）始建于 1835 年，是一座西藏风格的教寺庙，全名甘登泰格池林寺，意为"全是欢乐的地方"。它是蒙古最大的教寺院，也是当地人民学习佛教最主要的地方。甘登寺现住喇嘛 150 名，内有 26.5 米高的"Migjid Janraisig"观世音菩萨塑像，1994 年被列为国家保护对象。

20 世纪 30 年代，受斯大林影响，蒙古在霍尔洛·乔巴山的领导下曾有 15 000 名僧人遇害，几乎毁坏了所有的蒙古境内的寺庙，甘登寺是少数幸存的寺庙之一。1938 年苏联拆毁了寺庙内的观世音菩萨雕像，苏维埃时期结束后，1996 年蒙古人民自发组织捐款重新修建了观世音菩萨雕像，新的雕像上共有 2286 颗宝石，像身镀一层金箔，据说是蒙古国的国宝。

（五）苏赫巴特广场

苏赫巴特广场是乌兰巴托市的中心广场，被称为乌兰巴托的

---

〔1〕 谢浩：《组合严谨 肃穆神圣——佛教寺院的建筑布局》，载《建筑》2001 年第 11 期。

"天安门"。广场以 1921 年蒙古国革命中的英雄苏赫巴特的名字命名，广场中心便是苏赫巴特骑马的雕像，正好位于政府大殿的前面。

苏赫巴特广场在 1989 年以前一直是民众、青年和军队游行的重要地点，比如 1966 年苏联领导人勃列日涅夫访问蒙古，蒙古人民就曾经在此举办大型活动。今天，它依然是蒙古举办大型国家级仪式、文化活动和展览的重要地点，外国国家领导人出访蒙古的时候，一般都会在苏赫巴特广场上向苏赫巴特雕像致敬。站在广场上向南远望还可以看到城外的成吉思汗山，山上有巨幅的成吉思汗画像，占据整个山的一个侧面，无论你走在乌兰巴托市的哪个地方，抬眼望去，都能看到成吉思汗的巨大的画像，无比壮观。

三、自然风光

（一）戈壁沙漠

戈壁沙漠亦称"戈壁"，在蒙古语中有沙漠、砾石荒漠、干旱的地方等意思，而在中文里又称"瀚海沙漠""戈壁滩""戈壁沙漠"等。它是荒漠的一种类型，即地势起伏平缓、地面覆盖大片砾石的荒漠，戈壁表面大部分不是沙子而是一些裸露的岩石。

戈壁是世界上巨大的荒漠与半荒漠地区之一，绵亘在中亚浩瀚的大地，在历史上曾经是蒙古帝国最重要的一部分，也是丝绸之路沿线几个重要城市所在地。它跨越蒙古南部和中国北部、西北部广袤的空间，北达阿尔泰山和蒙古草原，西南至河西走廊和青藏高原，东南至中国黄淮海平原。

戈壁从西南至东北长约 1610 千米，北至南全长 800 千米，西部最宽，2007 年统计显示其占地面积约 1 295 000 平方千米，是亚洲最大的沙漠地区。戈壁海拔和纬度都比较高，因此气温比较低，而且年温差、日温差都相当大。植被稀疏罕见，仅在高原和山下的平原上，有灌木似的矮小植被。动物相对来说多种多样，有诸如野骆驼、蒙古野驴、詹兰羚羊和捷尔伦羚一类的大型哺乳动物以及旱獭与囊鼠等啮齿类动物。

（二）鄂尔浑河

鄂尔浑河在元朝时被称为"阿鲁浑河"，发源于蒙古国后杭爱省的杭爱山脉，向北经过 1124 千米后注入蒙俄边界的色楞格河。鄂尔浑河是蒙古国最长的河流，比色楞格河还长，主要支流为土拉河及塔米尔河，联合国教科文组织于 2004 年将鄂尔浑河谷列为世界遗产。

鄂尔浑河河内有包括狗鱼、鲤鱼、哲罗鱼及鲶鱼等在内的丰富的鱼类，据说鲶鱼都超过 1 米长，是个垂钓的好地方。此外，沿河还有两个重要的历史遗迹：回纥帝国第一个首都王庭牙帐、蒙古帝国的首都哈拉和林，这些都是人类历史上的宝贵财富。俄国探险家彼得・库兹米奇・科兹洛夫还曾在河谷地区发现了匈奴单于的陵墓，更为这条河流增添了神秘性。当然，对于游客来说，鄂尔浑河最著名的还是它那宽 10 米、高 20 米的大瀑布，这是当地非常著名的景点。

（三）烈火危崖

烈火危崖的正式名称叫作"巴彦扎格"，位于蒙古国南戈壁省的戈壁地区。烈火危崖是巴彦扎格的俗称，之所以取此名称是因为这一广阔的区域分布着众多红如烈火般的危崖。它们坐落于戈壁地区，这里天高云淡，视野非常开阔，自很远处就能看见它们娇艳的身影。尤其是在日落西山的时候，漫天的红霞照映着连绵的山崖，相当壮丽。

地球上很少有比烈火危崖还偏僻的地方，开拓者美国古生物学家和探险家罗伊·查普曼·安德鲁斯曾在 1922 年至 1930 年间五次对这一区域进行突破性考察。安德鲁斯和他的团队在宏伟的峭壁下发现了大量的恐龙化石，包括全球首次发现的恐龙蛋和埋藏在锈红色砂子之下的完整的巢穴，使得这里一跃成为世界知名的旅游胜地。

（四）杭爱山

杭爱山古称"燕然山"（又称"燕山"，但并非北京附近的燕山），南北朝末期又改称为"于都斤山"，是一道位于蒙古国中部的山脉，呈西北—东南走向。它跨越扎布汗省、前杭爱省和后杭爱省，全长约 700 千米，主峰鄂特冈腾格里峰海拔 4031 米。

杭爱山是蒙古国内流区和外流区的分界线，色楞格河、鄂尔浑河均发源于其北麓，向北经过俄罗斯境内最终注入北冰洋，成为国内北冰洋流域与内流区域的重要分水岭。山脉的北坡长有针叶林，南坡多草原牧场和温泉，并建有疗养地，是放松身心、享受度假的好地方。

（五）阿尔泰山脉岩画群

阿尔泰山脉岩画群位于蒙古国境内，在其三处遗址发现的大量石刻遗迹与随葬的纪念碑上展现了 12 000 多年来人类文化在蒙古国的发展。

最早的岩画表明蒙古曾有一时期还部分覆盖着森林，此处的山谷为猎人们提供了大型狩猎的场所。其后，阿尔泰山地景观据推断已经变为今天的山地草原，这一时期的岩画表明放牧逐渐成为主导的生活方式。最晚期的岩画作于公元前 1000 年的早期及斯基泰时期与后突厥汗国时期（公元 7—8 世纪），展示了此处的生活方式向马上游牧生活的过渡。阿尔泰山脉岩画群为我们了解北亚地区的史前社会提供了富有价值的史料。

第五章

阿塞拜疆的习俗文化

【本章概要】在东欧和西亚的"十字路口",有一个国名意为"火"的国家,那就是海岸线长456千米,国土面积排名世界第112名的阿塞拜疆共和国。阿塞拜疆共和国位于欧亚大陆交界处的外高加索地区的东南部,东临里海,南邻伊朗,北靠俄罗斯,东部与哈萨克斯坦、土库曼斯坦隔海相望,西接格鲁吉亚和亚美尼亚,是欧亚大陆的"心脏地带",是"丝绸之路"沿线国家中的重要一员。阿塞拜疆共和国是一个多民族的国家,阿塞拜疆人民热情友好,朴实勤劳,能歌善舞。它自然资源丰富,历史文化悠久,石油开发是经济的重要支柱,且油质优良。由于它特殊的地理位置,使得不同的种族和宗教文化在此处融合。独特的气候条件,让阿塞拜疆共和国山川秀丽,景色宜人,温泉、瀑布等都是天然的旅游度假之选。本章将从国家概况、姓名性格、衣食住行、日常交往、婚丧习俗、纪念节日、旅游名胜与奇观七个部分进行论述。

第一节　国家概况

一、国家的形成

阿塞拜疆，全称阿塞拜疆共和国（The Republic of Azerbaijian），其所处的外高加索地区很早就有了人类生命活动的痕迹。距今50万年前，阿塞拜疆境内就进入了旧石器时代，公元前1000年初期，进入阶级社会，公元前9世纪，出现了奴隶制国家。到公元前3—4世纪，在高加索曾建立阿尔巴尼亚部落联盟。到公元前1世纪中叶，现在的阿塞拜疆与达吉斯坦南部形成了阿尔巴尼亚国家，公元元年前后还出现了城市。公元1世纪初，第一批基督教教会在阿塞拜疆的阿尔巴尼亚形成。

到公元3—10世纪，阿塞拜疆就一直被波斯、阿拉伯帝国统治。公元387年阿尔巴尼亚并入萨珊王朝，虽然保留了自治权，但一直受到波斯人的压迫。在波斯统治下，阿尔巴尼亚人和阿特罗帕特纳人长期共处，也为阿塞拜疆南北两部分经济文化融合创造了条件。642年阿拉伯人战胜波斯，萨珊王朝覆灭，阿特罗帕特纳成为阿拉伯的属国，并改名阿塞拜疆。8世纪初，阿拉伯哈里发政权镇压了人民起义，并使得高加索阿尔巴尼亚成为自己的附属国。9世纪后半叶到10世纪前半叶，人民起义使得阿拉伯哈里发统治逐步衰落，现在的阿塞拜疆境内出现了新的封建王朝——希尔万王国。在公元11—13世纪，阿塞拜疆民族才正式形成。

13—16世纪，阿塞拜疆民族多次受到外族的入侵，并于很长一段时间都处在割据状态。直到 1538 年，萨非王朝灭希尔万王国，阿塞拜疆第一次全境完整地被萨非王朝实现了统一。16 世纪上半叶，奥斯曼帝国日益壮大，奥斯曼帝国与萨非王朝的矛盾也愈演愈烈，1534 年至 1536 年和 1538 年至 1601 年，土耳其人先后两次进占阿塞拜疆，1603 年萨非王朝重新占领阿塞拜疆，但仍然战事不断，1638 年土耳其与波斯签订和约，阿塞拜疆重新处于波斯统治之下。

在 16—18 世纪期间，阿塞拜疆基本一直处于波斯萨法维帝国的统治中。1723 年俄国趁阿富汗入侵波斯，一举占领了阿塞拜疆沿里海地区，此后几十年，外高加索一直是俄国和土耳其交战的主战场之一。在俄国与波斯于 1813 年签订的《古利斯坦条约》和 1828 年签订的《土库曼彻条约》中，波斯被迫将阿塞拜疆北部领土割让沙俄。1913 年沙俄爆发了大规模工人罢工运动，布尔什维克党是这次工人运动的主要领导者，而一些资产阶级民主主义者也成立了一些政治组织，其中就有穆萨瓦特党。1917 年阿塞拜疆人民同俄国沙皇统治下的人民一起参加了推翻俄国沙皇的十月革命，1917 年 11 月布尔什维克党在巴库成立了苏维埃政权——巴库公社。同年，以格鲁吉亚社会民主党、社会革命党、穆斯林社会主义联盟、阿塞拜疆穆萨瓦特党、亚美尼亚人民自由党为代表，在第比利斯成立了外高加索行政委员会，且在 1918 年共同建立了外高加索政府，宣布其脱离苏俄。1918 年 5 月 28 日，阿资产阶级宣告成立阿塞拜疆民主共和国。1922 年阿塞拜疆、亚美尼亚、格鲁吉亚组成了外高加索社会主义联邦苏维埃共和国。1922 年 12 月 30 日，苏俄、外高加索联邦共和国、乌克兰、白俄罗斯宣布成立苏维埃社会主义共和国联盟。1936 年苏联颁布了新宪法，该宪法取消了外高加索共和国联邦，而阿塞拜疆、亚美尼亚、格鲁吉亚以加盟共和国的身份加入苏联。

20 世纪 80 年代后期，苏联开始大规模爆发"民主改革"，亚美尼亚人占多数的纳卡自治区提出了想要脱离阿塞拜疆的要求，阿塞拜疆各地开始纷纷抗议，不能接受纳卡自治州被亚美尼亚占领，并强调纳卡自治州是阿塞拜疆领土中不可缺少的一部分。阿塞拜疆民众的独立情绪被彻底激发，1988 年阿塞拜疆全国进入紧急状态，苏共中央派遣军队入驻巴库，苏军与阿塞拜疆人民阵线矛盾激化。1990 年 1 月苏军与人民阵线支持者发生武力冲突，大量平民伤亡，史称"黑色一月"。此时阿塞拜疆人民希望脱离苏联的呼声越来越大。1990 年 3 月，在戈尔巴乔夫实行新改革之际，阿塞拜疆也对自己的政治局势进行了新一轮改革，并设立了总统制。同年 9 月，阿塞拜疆最高苏维埃通过了《关于阿塞拜疆苏维埃社会主义共和国主权》。1991 年 2 月 6 日，阿塞拜疆正式将国名更改为阿塞拜疆共和国，并更改了国旗和国徽。

二、国家象征

（一）国旗

阿塞拜疆的国旗，国旗的宽与长的比例为 1：2。阿塞拜疆国旗旗面被等分为三个面积相同且平行的长方形，从上往下颜色分别由蓝色、红色和绿色填充组合而成。在红色长方形部分的正中位置还绘制了一轮白色的弦月以及一颗白色的八角星。蓝色是阿塞拜疆的传统颜色，代表了阿塞拜疆临近里海；红色象征着生命的力量，也标志着阿塞拜疆正在逐步走向光明的未来；绿色象征着富足的生活，同时也代表了伊斯兰教（在阿塞拜疆，大多数国民都信奉伊斯兰教）；弦月代表着新生，八角星是高加索地区特有的图案，代表着阿塞拜疆的八个不同的民族，寓意民族统一。

阿塞拜疆现在所使用的国旗可以追本溯源到 1918 年。1918 年 5 月 28 日，阿资产阶级宣告成立阿塞拜疆民主共和国，当时的国旗的整体设计与现在的国旗其实相差无几，仅仅是弦月和八角星的位置不同，当时它们的位置是在左边而非中间。1920年阿塞拜疆并入外高加索联邦，国旗被废止，后阿塞拜疆被并入苏联。直到1991年伴随着苏联的解体和阿塞拜疆共和国的正式成立，于1918年设计使用的旧旗帜在修改后被重新启用并一直沿用到现在。

（二）国徽

阿塞拜疆的国徽自外向内由黄色、蓝色、红色、绿色四个同心圆组合而成。一颗大的八角星绘制在同心圆的正中间，八角星的正中间有一团正在燃烧的火焰，火焰寓意为自由和独立，意味着自由和独立的熊熊烈火正在阿塞拜疆的国土上燃烧。同心圆的下方由青翠的棉花枝叶和金黄色的麦穗环绕而成，标志着阿塞拜疆人民生活富足，农牧业发展兴旺。

（三）国歌

阿塞拜疆的国歌《阿塞拜疆进行曲》同样可以追溯到1918年，该曲由阿穆德·加瓦德作词，于泽尔·哈策贝育夫作曲，并在1919年被正式启用。但在1920年，在阿塞拜疆并入了外高加索联邦后，该国歌被废用。1991年阿塞拜疆共和国宣布正式成立后，再次将该歌曲定为了国歌。歌词大意为：

阿塞拜疆，阿塞拜疆！

啊大好河山，你的孩子是英雄汉！

我们的生命准备为你献上，

我们的鲜血准备为你流淌。

三色旗尊贵地飘扬！

三色旗尊贵地飘扬！

牺牲了人民千百万，

你成了战斗的疆场。

每个捐躯的战士都是英雄汉。

你正日益兴旺。

我的生命永远为你献上，

我对你的热爱一千零一次在心里深藏。

为保持你一切无恙，

为你的旗帜受人景仰，

所有年轻人都自愿承担。

大好河山！大好河山！

阿塞拜疆！阿塞拜疆！

阿塞拜疆！阿塞拜疆！

三、地理位置与行政区划

阿塞拜疆在阿拉伯语中意为"火的国家"，它位于欧亚大陆交界处的外高加索地区的东部，地处东经44°至52°，北纬38°至42°。国土总面积约在8.66万平方公里，陆地边境线总长2657公里，海岸线延绵456公里。大、小高加索山自西向东穿越全境，余脉一直潜入里海。大高加索山脉是亚欧分界线，所以阿塞拜疆的小部分领土属于东欧，绝大多数地区属于西亚。

阿塞拜疆全国共有77个行政主体，包括66个区和11个市，其中7区1市属于纳希切万自治共和国。全国划分为14个经济区。

巴库，阿塞拜疆的首都，是阿塞拜疆的最大的城市，也是阿塞拜疆的政治、经济、文化中心。巴库位于阿普歇伦半岛南侧的海湾内，四季多风，因而得名风城。巴库盛产石油，是阿塞拜疆最大的工业城市，因坐落于巴库油田，素有"石油城"的美誉。巴库是里海沿岸最大的港口，是外高加索地区最大的城市和航运、航空和铁路枢纽，因而也是丝绸之路上的一座名城。由于巴库位于北纬40°22′，东经49°53′，属于东四区，夏时制一般在3月底开始（届时将钟表拨快1小时），10月底结束（届时将钟表拨回标准时间）。

纳希切万自治共和国地处外高加索南部中阿拉斯盆地，被亚美尼亚、土耳其以及伊朗三国紧紧环绕，但却与阿塞拜疆本土相隔开，因而纳希切万自治共和国又被称为"一块飞地"。纳希切万自治共和国成立于 1924 年 2 月 9 日，在苏联时期并入了阿塞拜疆苏维埃社会主义共和国。在 1991 年阿塞拜疆共和国宣布独立后，纳西切万也就成为阿塞拜疆的自治共和国。

四、法律制度

1921 年 5 月 19 日，阿苏维埃第一次代表大会通过了阿塞拜疆苏维埃社会主义共和国第一部宪法，该宪法规定了苏维埃政权的基本原则等问题。在阿塞拜疆成为苏联加盟共和国后，1937 年 3 月 14 日，阿塞拜疆苏维埃第九次代表大会通过了阿塞拜疆的第二部宪法。该宪法体现了社会制度和国家制度统一的社会主义原则等。1978 年 4 月 21 日，阿塞拜疆最高苏维埃通过第三部宪法，表明了阿塞拜疆的社会制度和政治的基础、国家和个人相互关系的性质。

独立以后，由于阿塞拜疆国内政治局势动荡不安，对于宪法的争论也一直在进行着。直到 1995 年 11 月 12 日经过全民公决阿塞拜疆通过了独立后的第一部宪法——《阿塞拜疆共和国宪法》，该宪法于同年 12 月 27 日正式生效。该宪法的基本原则规定维护国家独立、主权和领土完整；在宪法的框架内提供一个民主的体制，争取建立民主、法制、文明的世俗国家；建立反映国民意愿的法制体系，为每个人提供与经济和社会秩序相一致的生活水平；确立了总统制的国家政权体制。总统为国家元首，由全民直接选举产生，任期为 5 年，连任不得超过两届。

2002 年 8 月 24 日，经全民公决对宪法部分条款做出修改，包括将总统候选人的得票数为"绝对多数"的三分之二投票才能当选，变更为总统候选人的得票率超过简单半数即可当选。而且如果总统因故不能履行职权行使总统权力，总统还可以把自己的权力交由议长代为行使，议会选举由过去的多数制和比例制结合改为单一的多数制，取消了比例选举原则。

2016 年 9 月 28 日，阿塞拜疆再次以全民公投形式修改宪法，将总统任期由 5 年延长至 7 年，增设了第一副总统和副总统的职位，赋予了总统解散议会的权力，废除参选总统候选人年龄不得小于 35 岁的年龄限制，参选议员年龄门槛由 25 岁降低至 18 岁。

五、语言

阿塞拜疆的官方语言是阿塞拜疆语，属于突厥语系乌古斯语支，约有 2300 万至 3000 万左右的人使用阿塞拜疆语进行沟通交流，其中大约 1600 万使用阿塞拜疆语的人在伊朗。在阿塞拜疆，大约 95% 的人都会使用阿塞拜疆语，除此之外，俄语也被广泛运用着。部分的少数民族也会有自己的语言，如茨冈人、阿瓦尔人、库尔德人等。

阿塞拜疆语最早出现在 7—8 世纪中亚的奥古兹部落，属于突厥语的一种。书面记载的阿塞拜疆语最早出现在 8 世纪，而经过考古研究表明阿塞拜疆语的标准语形成在 14 世纪，是阿拉伯语与波斯语交织而形成的。阿塞拜疆语使用的是拉丁字母，共 32 个字母，一共有 9 个元音以及 23 个辅音，在标准的阿塞拜疆语中，一般是没有双元音的。阿塞拜疆语法类型属于黏着语。

到目前为止，阿塞拜疆的字母表一共被修改了四次。1928 年以前阿塞拜疆一直使用的是阿拉伯字母，从 7 世纪开始到 1928 年，阿拉伯字母已经被使用了千余年。1929 年阿拉伯字母被拉丁字母取而代之。在 1938 年，苏联政府颁发禁令，不再允许使用拉丁字母，而必须使用斯拉夫字母。后来阿塞拜疆宣布独立后，在 1995 年，阿塞拜疆政府规定不再使用斯拉夫字母，重新继续使用拉丁字母。

其实，在苏联管控时期，阿塞拜疆语虽然作为阿塞拜疆的语言之一可以在报刊书本上出现，但是当地使用俄语的人更多，更有优势。在当时，不仅90%以上的学校都是进行俄语教学，而且一个人只有精通俄语，他才能被准许进入一些科研机构、政府机构、医疗机构任职。在阿塞拜疆宣布独立以后，阿塞拜疆政府也逐渐意识到民族语言的重要性，因此在1995年的宪法中明确地规定了阿塞拜疆语是阿塞拜疆唯一的国家语言，要求每一个阿塞拜疆人民必须熟练掌握阿塞拜疆语，为此政府还开办了数所语言学校，在2000年左右，阿塞拜疆语的学生已经达到295 000人，而俄语学生仅有95 000人。

第二节　姓名性格

一、姓名文化

在阿塞拜疆，他们的名字一般都会比较长。当地人在起名时常常喜欢以"名字+父名+关系词+姓氏"进行组合，其中男性名字的中间会加入"奥格雷"（oğlu）用来表示某人之子，女性名字的中间会加上"克兹"（kyzy）以表示某人之女，例如作曲家拉菲克·巴巴耶夫（Rafiq Farzi oğlu Babayev）。

在2011年，阿塞拜疆还紧急出台了一部由该国最高研究机构——国家科学院编纂的阿塞拜疆人名录，该名录收集了数百个名字，并交由阿塞拜疆国民议会妥善保管，为的是希望以立法的同时，将这部人名录定为当地人为自己孩子取名时的参考指南。这本指南中，鼓励一切弘扬阿塞拜疆优良传统文化的词语出现在新生儿的姓名之中。阿塞拜疆国民议会文化委员会还将这本名录称为是阿塞拜疆起名的"红绿灯"。其中凡符合阿塞拜疆立法精神，弘扬阿塞拜疆精神的名字都是绿灯，在绿灯的好名字中"额尔钦"专指中国人、中国使臣，"钦"在阿塞拜疆中是"CHINA"的音译，"额尔钦"这一名字也彰显了阿塞拜疆与中国在丝绸之路上的友好关系。而在名字中出现了对阿塞拜疆的不良词汇的为黄灯，例如"土尔兹班"在阿塞拜疆语中意为"怀疑"。而对于那些在历史上曾对阿塞拜疆造成恶劣影响的历史人名被列为红灯名字。

二、性格特点

阿塞拜疆人在性格上自信乐观，开朗豁达。他们十分重视家庭，尤其重视尊老爱幼的家庭观念，对子女十分疼爱，尊重长辈，凡家中大事必与长辈沟通交流，询问长辈意见，用餐时也会让老人坐在上位。当地人待人接物也十分热情有礼，民风淳朴。

社交场合，我们可以看到阿塞拜疆人彬彬有礼。男性主要是握手礼，通常出现在和客人相见、告别时。而与相熟的好友亲人见面，则一般是将右手放在胸口，并略微倾斜30°，行鞠躬礼，起身后再行握手之礼。女性在和相熟的朋友见面或者分别时，主要是互相亲吻对方的脸颊。家庭成员间，常以亲吻为主，如年长的老人会主动亲吻孩子的额头或是眼睛，孩子会去亲吻老人的手臂以示尊敬。应邀到别人家里做客或者参加派对时，常常以送女主人鲜花表达尊重。在日常生活中，阿塞拜疆人形成了以右为尊的习惯，如端饭、敬茶等动作，一定是要使用右手，穿衣也一定要先伸右臂或右腿，出门进门，先迈右腿。阿塞拜疆人热情好客，尤其是对外国人非常友好，无论何时何地走在街上，都经常有人向你打招呼，还会遇到热情的当地人主动和你聊天，甚至邀请你去他的家中小坐，并送上自制的茶点。由于阿塞拜疆境内大部分居民信奉伊斯兰教，所以对礼仪十分重视，且忠实诚信，善恶分明。

第三节　衣食住行

一、服饰文化

在 19 世纪以前，阿塞拜疆人的着装与高加索地区民族的着装基本上是一致的，它在一定程度上还延续了古代波斯人的穿衣风格。在 20 世纪初时，伊斯兰教在阿塞拜疆盛行，穿衣风格也慢慢开始向伊斯兰教靠拢，即女子出门必须在穿戴上能够包裹全身，且只露出眼睛的披纱，有时也会选择戴面纱。在苏维埃政权建立以后，采取了一系列措施使得宗教与政治文化相分隔，阿塞拜疆的服饰也渐渐脱离伊斯兰教的禁锢，服饰也逐渐现代化，城市男子开始穿西装，女子穿短袖长裙也十分常见了。

在传统的阿塞拜疆服饰中，男子的服饰一般穿白色的棉麻质地的短袖衬衣和一条宽松的灯笼裤，外面再套一件黑色为基底且镶有金边的缎纹布质地的紧腰身长外衣，腰间常常佩戴一把短剑或短刀，头上戴一顶动物毛皮织就的白色高顶帽子，脚上穿毛袜和软皮靴。在一些气温偏低的地区，男子还会穿一件羊皮或裘皮大衣，阿塞拜疆的男子一般都会蓄有胡子。女子上身穿色彩艳丽、以红色和金色为主的棉麻材质的衬衣，下身穿着收紧了腰身的褶带长裙，腰间系一条宽皮带，皮带上往往点缀着许多金属片和金色流苏，外面再套上一件收紧腰腹的细褶长外套，头上经常束着绸缎做的头巾，头发一般编两条麻花辫，脚上穿着毛袜和平底皮鞋。在寒冬，女子还会再穿一件较厚的坎肩，头上戴一顶矮矮的牛羊皮做的小帽，披一条长披肩御寒。阿塞拜疆女子还经常佩戴一些金丝耳饰、金手镯、项链、小铃铛等来打扮自己。在一些重大的节日或者节目演出中还经常能看到阿塞拜疆人民穿着这些艳丽的传统服饰。

二、饮食文化

阿塞拜疆的菜口味普遍偏重，阿塞拜疆人民更是无肉不欢，餐桌上牛羊肉必不可少，尤其是羊肉，在制作肉制品的菜肴时喜欢搭配一些栗子、杏干和葡萄干等坚果类的吃食。主食以面食为主，例如烤大饼、面包、小饺子汤等，在一些重要的日子里，会吃手抓饭。当地人喜欢甜、咸和油，所以菜肴往往高脂高盐。

（一）红茶

阿塞拜疆早餐非常丰富，但一般都会以红茶为水。红茶是阿塞拜疆的国民饮品，当地人在喝红茶水时一般都会用梨形的玻璃杯，配以方糖或者各种糖果。但糖果并不是直接放在红茶中，而是将糖含在嘴中再喝茶。当然了，这里的方糖颗粒一般比较细小，如果是比较大块一点的方塘，还是会直接放在茶中进行搅拌的。喝茶时用方糖来代替砂糖的方式起源于中世纪，在那时候人们认为毒会对糖产生反应，统治者为了避免有人想对自己下毒，一般都会在茶中放一块方糖。在阿塞拜疆，本地人在喝红茶时还会搭配一些果酱和干果。阿塞拜疆的茶文化起源还是很早的，在1880年间，就有人首次提出要在阿塞拜疆的里海附近尝试种植茶叶。里海气候湿润，且多山陵，十分适宜茶叶的种植和生长。1931年阿塞拜疆政府还专门颁布了一条法令，要求在里海地区发展茶业，1937年，阿塞拜疆成立了独立的阿塞拜疆茶叶信托公司，专门用来管理里海地区的茶业，并请来海外专业的茶叶种植人员进行指导。在2000年初，阿塞拜疆的绿茶年产量就达到了九万吨，干茶产量两万两千吨。

（二）坦迪尔面包

坦迪尔面包类似新疆的馕，都是在牛奶中倒入酵母、糖，搅拌均匀后倒入面粉，揉成面团，等发酵后，将它擀成面饼，在黏土做的大烤炉中烘制，但坦迪尔面包并不会像馕一样刻上花纹。坦迪尔面包外壳酥脆，里面柔软香甜。阿塞拜疆人早上的主食基本是以坦迪尔面包为主，再搭配上蜂蜜、奶油和山羊奶酪，让人赞不绝口。

（三）抓饭

提到阿塞拜疆的美食，一定少不了的就是一盘色香味俱全的手抓饭了。在阿塞拜疆，每个家庭都有自己制作抓饭的特有的食谱，仅仅是记录下来的抓饭做法就有 40 多种。抓饭采用优质的大米和各种香料进行糅合，再加上阿塞拜疆所特有的香草，还有坚果酱、石榴、肉末等作为辅料，鱼和肉类更是必不可少，外层被涂上了黄油的薄饼层层包裹。成品的抓饭在切开之后，香气扑鼻。在当地，如果有重要的节日，抓饭就一定会出现在餐桌上。在众多抓饭中，"shah 抓饭"被称作是"抓饭之王"，它常常会出现在婚礼这些特殊场合。

（四）烧烤

在阿塞拜疆，肉食是最受欢迎的，其中最招肉食主义者喜欢的就要数阿塞拜疆烧烤了。阿塞拜疆烧烤的起源主要来自土耳其。最早之前，是土耳其士兵们将肉串在自己的剑上进行烤制，从而被大家发现了这种美食。在经过反反复复多年的改良之后，也就逐渐演变成现在我们所熟知的烧烤了。

当地的烧烤与我们中国常吃的烧烤略微有一些不一样，它包含了各式各样的烤串，有烤肉碎、涂抹上了石榴酱的烤鲟鱼、烤牛羊肉、烤鸡肉串、烤蔬菜等。凡是你可以想得到的菜品，都可以加入阿塞拜疆烧烤的餐桌上，当地人也经常开玩笑地说"在阿塞拜疆，万物皆可烧烤"。阿塞拜疆的烤肉基本上都是用一整块肉片或者是肉末来烧烤的。也正因为如此，为了很好地区分不同烤肉串，当地人往往会以不同口味的烤肉酱以及特有的腌渍方法来加以辨别。其中，如何更好地腌渍烤肉对于烤肉串来说非常重要，它不仅可以让烤肉的质感变得非常软糯，还可以让味道更好地融入烤肉本身。当然，当地人在品尝不同烤肉串时还会搭配上不同的美酒。一口烤肉，一杯美酒，那真是唇齿留香。

（五）朵尔玛

朵尔玛是一种类似于粽子的阿塞拜疆美食。阿塞拜疆有一句俗语是："没有朵尔玛的阿塞拜疆餐桌是不完整的"。由此可见，阿塞拜疆人对朵尔玛有多喜欢了。

制作朵尔玛时，阿塞拜疆人会将肉末、洋葱、米饭、香草及其他馅料切碎后搅拌均匀，用水浸泡洗净的葡萄叶包裹上，再加以烹调，很快深受阿塞拜疆人民喜欢的朵尔玛便出炉了。在当地，朵尔玛的馅料可能会因为不同地区和不同季节而有差异。例如在夏季，你还可以品尝到素的朵尔玛，通常里面会包裹着茄子、甜椒和番茄。阿塞拜疆人民在吃朵尔玛时，常常还会搭配上酸奶，软嫩的朵尔玛蘸上酸奶，一口吃掉，回味无穷。

（六）葡萄酒

阿塞拜疆，作为现代葡萄栽培技术的摇篮，酿酒业的发展已经十分成熟。在位于里海沿岸的巴库还有库萨雷地区、阿塞拜疆中部的伊斯梅尔雷以及历史文化悠久的甘加地区，由于气候温暖宜人、土壤营养丰富，天时地利人和的自然条件为葡萄的种植打下了坚固的基础。被种植在高加索山麓下的蕴含丰富矿物质土壤里的葡萄，白天享受着充足的阳光照射，晚上被里海湿润的海风浸润，在这样的自然条件下生长的葡萄所酿出的酒，口感柔润回味悠长。以钦多尼葡萄酿造出的红葡萄酒，色泽诱人且明澈、清香扑鼻，而以拜恩西拉葡萄酿造出的白葡萄酒，幽雅细腻，会有明显的矿物质气息和一抹淡淡的柠檬香气。

考古记载发现，阿塞拜疆是葡萄种植和酿造最古老的地区之一。1860 年，阿塞拜疆第一家成熟的商业酿酒厂——汉拉尔酒庄建立起来。在 20 世纪 80 年代初，阿塞拜疆的葡萄酒的产量达到巅峰，并一举成为在当时的世界上利润最丰厚的产业。阿塞拜疆独立后，人们发现仅有高的产量并不能支撑葡萄酒产业的发展，便开始逐步提高葡萄酒的质量。人们不仅投入了大量的资本在研究如何酿出高品质的红酒，如何提高酿酒技术上，还特意聘请了不少来自意大利等国著名酒厂的专业人员加入阿塞拜疆酿酒业的研发队伍中去，来酿造出能够代表本地特色和韵味的葡萄酒。

三、居住条件

在很久以前，阿塞拜疆人往往是居住在帐篷里或者土坯房中。随着全球化进程的逐步推进，科学技术和经济的发展，阿塞拜疆已经高楼林立，现代化气息十足。

首都巴库，是一座古老与现代交织的魅力城市，截止至 2021 年底，阿塞拜疆全国总人口数量为 1014 万人，其中首都巴库常住人口约有 300 万人（2008 年统计）。这里分成了"老城"和"新城"两片风格迥异的区域。老城区是希尔万沙古国的首都，历史悠久。在老城区很多建筑依然保留了古韵。古城内是蜿蜒绵长的小路，用石头砌成，狭窄曲折，外围被老城墙包围。街边有许多古董店和出售高加索式帽子的店铺。路边偶尔还会有一些艺术家在画画。走在古城，可以看到古代商旅们曾经入住过的旅社和住宅，还有工匠们曾经工作的地方，古城区里还有许多的清真寺和大教堂……从这些历史足迹，还可隐约看到当年这一座古城里的繁荣景象。

新城区的建筑风格更贴近城市，尼扎米街是巴库最大的一条购物街，它是以波斯诗人尼扎米·甘贾维的名字来命名的。各种商品都汇集在了这条街道，从琳琅满目的服装店到美食飘香的餐饮店，尼扎米街可以说是世界上最昂贵的街道之一，也是当地居民购物采买的首选。德国大使馆、挪威大使馆、荷兰大使馆和奥地利大使馆以及欧洲联盟驻阿塞拜疆代表团都在这条街道上。

在这条大街上，还有一个有趣的现象，就是随处可见许多可爱的猫咪。它们旁若无人地在街道上或走或立，或卧或嬉，因而巴库又被称作"猫城"。当地人也非常爱猫咪，许多居民也常常会随手喂养它们。下雨时猫咪还会自己躲进楼道里，十分机敏。

四、交通概况

由于阿塞拜疆石油等矿产资源丰富，一直是世界上重要能源的生产地和出口地，为了便于运输，阿塞拜疆的交通业很早就发展起来了。早在 1923 年，阿塞拜疆的首都巴库就建好了第一条电车路。铁路运输和公路运输是阿塞拜疆最主要的两种运输方式。

（一）铁路运输

铁路在阿塞拜疆的交通运输中占据重要的地位。在阿塞拜疆的交通运输业中，铁路运输主要承担了 40% 的货运任务和 25% 的客运任务，历史上铁路运输货物的总占比曾高达 60% 之多。截至 2015 年，阿塞拜疆铁路全长为 2932 千米。其中 1272 千米是电气化铁路，在铁路总长中占比 43.4%；复线铁路总长度在 845 千米，在铁路总长中占比 28.8%。阿塞拜疆铁路部门还专门设有多个集装箱站台，从而方便了货物的运输。阿塞拜疆的铁路与格鲁吉亚的铁路是相连接的，每年有将近 70% 的货物从阿塞拜疆运往格鲁吉亚。阿塞拜疆四通八达的铁路网还与北高加索、黑海港口等地相连接。

由于多年来铁路超负荷的运输，阿塞拜疆有近三分之一的铁路已经老化严重，很多地方都需要重新维护修缮。

（二）公路运输

阿塞拜疆的公路总长度为 59 141 千米，刚性路面有 29 210 千米长，占公路总长度的 49.4%。其中国家级公路 6882 千米，地方级公路约 18 000 千米。阿塞拜疆境内现在最主要的三条国际公路分别通往格鲁吉亚、伊朗和俄罗斯。通往格鲁吉亚的公路全长在 503 千米，通往伊朗方向的国际公路全长 520 千米，通往俄罗斯方向的国际公路全长 245 千米。

阿塞拜疆的高速公路没有收费点，且最高限速 110 千米每小时，有些地方还会限速 60 千米每小时。

与我国不同，阿塞拜疆的高速公路允许掉头。由于阿塞拜疆的高速公路是没有高架桥的，所以有许多出口需要掉过头才能被发现。高速公路上有的地段还设置有斑马线，经常会有行人和牛羊从高速公路上穿过。阿塞拜疆的高速公路上还设置有警察局，有时根据天气状况或者其他影响因素，警察会用路障把高速限制成一车道，目的是让大家减速通过，警察有时候也会拦下部分车辆，随机查看是否有违法违章行为。

阿塞拜疆的市区公路几乎都是单行道，有时候为了找到正确的道路需要绕较远路，而且由于单行道的原因，堵车现象也比较严重。

（三）航空运输

在航空运输领域，阿塞拜疆航空（Azerbaijan Airlines）是阿塞拜疆的国家航空公司，阿塞拜疆航空公司官网中记录了阿塞拜疆的九大机场，分别位于巴库、扎卡塔雷、富祖里、赞格兰、甘贾、加巴拉、纳希切万、叶夫拉赫和连科兰。巴库机场始建于1992 年，位于巴库以东 27.5 公里处，距离市中心 17 公里，是世界最漂亮的机场之一。巴库机场在 2004 年 3 月 10 日正式更名为盖达尔·阿利耶夫国际机场，2018 年 5 月 7 日，盖达尔·阿利耶夫国际机场还通过了 Skytrax 五星级区域机场的认证。盖达尔·阿利耶夫国际机场的设计师是土耳其建筑工作室 Autoban，设计灵感来自海绵体内的微架构。该机场设有两个航站楼，其中 T1 航站楼为国际航站楼，总建筑面积在 6.5 万平方千米。2024 年 4 月盖达尔·阿利耶夫国际机场获得了 "2024 年 Skytrax 世界机场奖" 的两项提名。盖达尔·阿利耶夫国际机场是阿塞拜疆全境内最大的机场，也是整个高加索地区最忙碌的机场之一。截至 2024 年 9 月，阿塞拜疆航空已开通多个航线，可通航至 110 座城市，其中包括北京。

第四节　日常交往

一、礼仪

阿塞拜疆是一个历史悠久，文化底蕴浓厚的国家，也是一个看重礼仪的国家。

阿塞拜疆人非常热情好客，对待客人的礼仪风俗也显示了阿塞拜疆人民的文化传统和民族精神。无论你在阿塞拜疆的哪个城镇，敲任何一扇门，只要你说你是外国人或外地人，现在没有地方可以休息，那么房主一定会第一时间把你安置在他家里最大的那间房里。无论你想在他家里住多久，他都不会有意见，也不会向你索取任何钱财和好处。阿塞拜疆人认为对于客人应该拿出百分之百的尊重和理解。对待来宾，在阿塞拜疆一直以来都是神圣的。阿塞拜疆的每个人都认为，他们有责任也有荣幸接待来宾，用最高的礼仪来款待他们。阿塞拜疆款待来宾的礼仪并不限于熟悉的客人，对于陌生人，尤其是从其他地方来到阿塞拜疆的旅行者，当地居民更是热情。在当地人看来，热情好客是一种品质，它更是当地人内在的一种本能反应，礼待客人可以提高他们自我的价值。他们对待客人的礼仪看似简单，但是却有很多特定的要求，甚至有的要求会非常高。因此，每当有客人来时，房主往往要花费巨大的精力来接待客人。据说即使有歹徒闯入阿塞拜疆的民居中，客人也不会受到任何的伤害。作为客人，他的人身安全和财产安全必然会得到保障。在阿塞拜疆，待客之道远高于日常生活中的所有其他习俗。有些住户甚至会设置一些警卫，目的并不主要是为了保护自己，而更多的是用以保护处于危险之中并渴求得到帮助的客人。在当地人心中，只要客人在他的领域内，主人除了负责提供舒适的环境以外，客人的人身安全也应当交由他们来负责的。

阿塞拜疆热情好客的传统是代代相传发展起来的。如今，当地热情好客的传统习俗和礼仪文化也已经开始适应现代的生活，好客习俗也发生了很大的变化。但无论如何改变，尊重客人这一礼仪都不会发生任何变化。当然了，如果你被邀请去当地人家中做客，那一定要记得带上一束鲜花送给女主人。

由于阿塞拜疆居民大多数信奉伊斯兰教什叶派，所以在日常生活中，他们有一些忌讳数字，如数字"13"。"13"在他们看来是大凶之意，会带来厄运和灾难。他们认为"右"为大，因此久而久之就形成了以右为尊的习惯，比如在敬茶敬酒等单手动作时，一定是要使用右手，哪怕是穿衣服，也要先穿右手，同样，穿裤子也是先穿右腿。去别人家里做客进门时，也是先迈右腿。

二、风俗

（一）石油浴

阿塞拜疆作为石油资源丰富的国家，当地人对于石油也十分喜爱，用石油来泡澡也是阿塞拜疆独有的风俗。这里的石油并不是普通的石油，它来自纳夫塔兰。虽然都属于石油，且字面上一模一样，外观也与传统工业用油基本没有差异，但纳夫塔兰的石油是一种罕见的环烷油。这种石油含有生物活性物质，它本身是不能被燃烧的，但却具有消肿止痛、扩张血管、促进新陈代谢和加快伤口愈合等作用，因而非常适合用于医疗护理和保健养生。据研究，这种石油对 70 多种疾病有疗效，包括各种皮肤病、肌肉与骨骼病症、妇科病、泌尿外科疾病、耳鼻喉疾病、神经系统和外周血管等疾病。

作为开采石油区，近百年来，阿塞拜疆开采石油的工人也有约定俗成的规矩，就是每当开采出一口新的油井时，工人们就会把油涂抹在自己的脸上来庆祝。

（二）梧桐树

在阿塞拜疆，人们对梧桐有着独特的情感。梧桐，在阿塞拜疆又叫作"契纳尔"。每到夏季来临，阿塞拜疆人就喜欢在梧桐树下纳凉小憩。他们认为梧桐树代表着生命和长寿，是生活的气息，是力量的象征。也正因此，在给刚出生的小宝宝取名时也常常会加上梧桐树。如果是男孩子取名一般叫"契纳尔"，如果是女孩子那就取名为"契纳拉"。不仅如此，在阿塞拜疆，如果有一户人家家逢喜事，在宴请招待时也喜欢把地点选择梧桐树旁，在梧桐树旁边的草地上铺上一层桌布，桌布围绕梧桐树展开，将梧桐树包裹在中间，所有人围着梧桐树席地而坐。

第五节　婚丧习俗

一、家庭与婚姻

（一）家庭观念

在以前，阿塞拜疆主要是以父权的家庭结构为主的，又称为家长制家庭。所谓家长制家庭，实质上就是指家长在家庭中，对除了妻子的嫁妆以外的所有财产，享有绝对支配权，对子女的婚嫁也有着决定权和主婚权。如果家庭中有人做错了事，家长也有施以惩戒的权力。

在这种家庭模式下，男子一般在家庭中的地位要远高于女子，重男轻女现象也会比较严重。尤其是年长的男子，在家庭中的地位非常之高，可以直接决定家庭中的大小事务，而妇女和孩子对家庭事务没有讨论的权力。当然，在阿塞拜疆，长者为先是必须遵循的原则，因而对于家里大小事务，男子在做出决断前，必须听取家中老人的意见和建议。

在阿塞拜疆，对于家庭中还没有生育的女子，没有特殊情况是不能见家中长辈的，而且她需要将自己的脸用纱巾遮挡住，只露出眼睛，在家中也不能大声说话。即使是在家中，阿塞拜疆的女子也需要无条件服从自己的母亲、祖母以及外祖母。出嫁后，如果女子的丈夫是与其父母居住在一起，那么女子还要回避家庭里除了自己丈夫以外的所有男子，直到生了孩子以后，她的地位才会有所提高，但是还要看生的是男孩还是女孩。

直到苏联时期，阿塞拜疆这一传统家庭理念才被打破。现在，随着现代理念的逐步渗透，女子也不需要强制地以面纱遮脸，男女之间在法律上一律平等，接受同等的教育，有着相同的工作机会。

（二）婚姻

在以前的阿塞拜疆，男女双方结婚，很少会过问两人的意见，都是其父辈们直接决定，或者男子的母亲和家中其他女眷为男子挑选新娘，如果觉得合适，男方家里人就会找女方父母进行正式会面。在婚前男女双方都还没有见过面是经常出现的。因此，在那个时期，很多女子都是被强迫与他人结婚的。

现在随着社会的不断进步，自由民主成为人们追求的真理，自由恋爱也开始被推崇。男女之间在经过一段时间相处后确立了恋爱关系，然后才会讨论嫁娶的相关事宜。当然了，男女双方结婚还是需要先征求一下父母的意见。如果男女双方都有了结婚的意向，男方的母亲就会让女方的母亲去看望他们，两个人如果都很满意，男子就会和他的长辈、兄弟姐妹一起去女方的家中，开始商讨订婚的事宜。在订婚前，公公婆婆一般会给自己的准儿媳一块丝绸材质的手帕或者一份甜品作为礼物。正式订婚的时候，一般会邀请 40 人左右来参加订婚宴。订婚的时候，男方还要给新娘准备好各种首饰，而订婚宴上的甜点主要是由女方负责。对于嫁妆，一般婚房都是由男方负责安置，而对于婚房内的一些比较昂贵的必需品则由女方来提供，男女双方还会彼此交换礼物和珠宝首饰，男方会赠予新娘一些昂贵的真丝面料、金胸针和金首饰，男方的长辈还会给女方送一条大红色的被子。

在结婚的当天，一般会宴请至少 600 名亲朋好友来见证这一幸福时刻。在古代阿塞拜疆，一场婚礼甚至会持续 40 个昼夜。许多庄重且繁杂的婚礼习俗现在已经发生了很大的改变。如今，阿塞拜疆人民的婚礼在保留了部分原有传统习俗的基础上，更强调不要铺张浪费，婚礼的时间也大幅缩短了，婚礼庆典一般只持续三天左右。婚礼第一天一般要在新郎家设宴，第二天是音乐舞蹈庆祝，第三天两位新人的全部亲朋好友、左邻右舍都会加入欢庆会，新娘父母家的房子上也会装饰上火把，等待新郎的到来。

新郎去到新娘家门口迎亲时，一般会让人在新娘家门口杀一只鸡。因为按照当地人的风俗习惯，鸡血代表着一切不好的事情，在婚礼的前一天，杀一只鸡，并且将鸡血全部洒在门外，这也意味着以后生活一切的霉运和不高兴都抵挡在了家门外，也预示着以后的婚姻生活会幸福美满。婚礼开场前，在迎宾的时候，桌子上一般会放置两个箱子，一个代表女方家庭，一个代表男方家庭，宾客可以自由选择一个箱子，往里面投递纸币，投递多少纸币取决于宾客与两位新人及其家庭的熟悉程度，以及婚礼上酒水、场地等的质量。结婚典礼一般在上午10点左右正式开始，会一直持续到深夜，并不是只吃一顿饭这么简单。客人来了一波又一波，门庭若市。餐桌上摆满了手抓饭、烤肉、面包、糖果还有各种酒水饮料，非常丰盛。

婚礼上当然也少不了一些美妙的音乐。每次当音乐开始响起，人们就会聚集到一起开始跳舞，同时还会从自己的口袋里掏出现金，向舞台的上空抛去，舞者一边随着音乐舞动，一边抛出现金。因此，在婚礼上一旦开始跳舞，那么一定会下一次钱雨。

实际上，在阿塞拜疆不同地区，婚礼的习俗也会各有差异。比如有些地区在婚礼上还会专门竖起两个大的树枝来悬挂黄油面包。新娘在娘家就需要穿好双方父母准备的结婚礼服，在第三天的欢庆会结束之后新娘就会被新郎正式接回自己家里，婚房内会摆满嫁妆。一般在婚后几天，新郎家中还会设宴再次款待来宾，等到宴会结束，新娘才可以自由地出入房间。

在阿塞拜疆，各少数民族也有自己的婚礼习俗。比如沙赫达格的姑娘们在出嫁前还会被要求做一些手工，如编织一条毛毯、做一双袜子等。而希腊卢格的妇女会被要求不能随意摘掉围在脸上的纱巾，直到第一个孩子出生。她们在出嫁前还会被要求围绕炉子走三圈。还有的少数民族，在婚礼上会举办马术、摔跤比赛来庆祝。

（三）丧葬

阿塞拜疆的葬礼一般按照穆斯林的习俗进行。在人离世时室内要保持安静，他的家人会闭拢亡者的嘴巴和眼睛，把他的衣服脱掉后用一块布将全身笼罩住，并将亡者靠右侧侧卧，头朝北，脚向南，然后向街邻亲友报丧。报丧后所有人要默念："我们确是属于真主的，我们必将归于真主。"

之后需要将尸体迅速运往清真寺或者准备好的墓地。由至亲用清水把遗体洗净，由上往下，先右后左，但不可以漱口。之后在遗体七窍处涂抹麝香，来祛味防虫。最后用白布重新将他从头到脚包裹好。

阿塞拜疆一般实行土葬，《古兰经》中记载了"人是由真主用泥土造出来的"，因而在他们看来一个人的离世，其本质是归真复命的过程。人从泥土里来，所以在离世后也要以自己的血肉之躯重返泥土中去。下葬时一般会选择下午，但是不得在太阳正在降落的时候举行葬礼。下葬时直接将遗体放置在墓穴中，将其右卧，面朝西。城市中如果有人去世，一般还会在街边一角搭建帐篷来设下宴席，招待前来吊唁的亲朋好友。

第六节　纪念节日

阿塞拜疆是一个将民族传统文化保留得非常好的国家，当地的节日也颇具有鲜明的民族色彩。

一、诺鲁孜节

诺鲁孜节又被称为"开春节"，是阿塞拜疆最古老也是最盛大的节日。2009 年诺鲁孜节被联合国教科文组织列为人类非物质文化遗产名录。"诺鲁孜"一词起源于古波斯语，其含义是代表春雨，预示着新的一天，万物开始复苏，自然大地重新绽放蓬勃生机。它其实有些类似于中国的春分，但在几千年前，对于古老的中东人民而言，这一天是他们的春节。

诺鲁孜节一般是在 3 月 20 日左右开始。在节日前阿塞拜疆人民就要开始做好各种准备。诺鲁孜节是以家庭为单位来庆祝的，因而每家每户在节前就会开始打扫房间，裁制新衣，烘焙一些油酥甜点和许多具有民族特色的美味佳肴。有时，他们还会在节日那一天种下一棵树苗，寓意新生的希望。每家每户还会把鸡蛋外壳涂成红色，代表新的一年吉祥喜庆。人们还会把小麦、葡萄干还有一些坚果混合在一起进行烘烤。

阿塞拜疆又被称为是火的国家，人民自古就对火有特殊的情感，他们崇敬火焰。因而在诺鲁孜节到来前一周的周二，他们都会举办"跳篝火"的活动。人们会在点燃的篝火上来回跳过七次，对于阿塞拜疆人来说，这是一种净化和洗涤自己灵魂的一种仪式，通过跳篝火，在节前让自己的灵魂重新纯净，有辞旧迎新的寓意。当大火熄灭后，女孩子们和一些年轻人就会把篝火燃烧后的灰烬收集在一起，然后倒在离村庄或者居所很远的地方，城市中的人大多会选择倒在公路上。对于阿塞拜疆人而言，篝火中燃烧的是所有生活的苦难，把灰烬倒掉就寓意着那些跳过篝火的人，过去一年的所有苦难已经被火焰所吞噬，把它们抛得很远也意味着苦难都已经远离了。

在节日前几天当地居民还要去拜谒亲属的坟墓。在节日前一天，全家人都会团聚到一起，晚上大家围坐在餐桌周围，桌上会摆放一些点燃的红蜡烛，桌上的菜品也大多数是象征着新的一年富足美满的各种蔬菜。麦芽是每家在春节前夜必备的菜品，一碟菜苗，也预示着新的一年会有大丰收。与中国每逢过春节要包饺子的习俗类似，在每年的诺鲁孜节，阿塞拜疆每家每户也都会制作三种小甜品，而这些甜品每个都有着自己的寓意。"Shor-gogal"是一种用蓬松发酵过的面团制成的圆形小面包，它象征着太阳。还有用金黄色外皮包裹成一个半圆形的，里面放着许多馅料的甜馅饼，被当地人称为"Shekerbura"，它象征了月亮。最后一个是"Pakhlava"，它是将一个小甜枣或者小果子点缀的甜品切割成菱形，代表了星星。对于阿塞拜疆人来说，配上红茶，尝一口甜点，才能满足过节的"仪式感"。

当晚孩子们还会去敲邻居的门。孩子们来到邻居家门外，先把帽子从头上拿下来藏在大门的周围，然后自己再躲藏起来。邻居听到敲门后打开门要找到孩子藏起来的帽子，并在里面放上甜点和糖果，再把帽子放回原地。吃过晚饭，街边会开始点燃篝火。当地人也会手拉手围绕篝火载歌载舞。这其实就是一种较为古老的拜火方式。走在举办庆典活动的街上，随处可见许多当地人手上都会捧着一个小盆栽，盆栽里一般都是刚刚才发芽的小麦草，这个盆栽在阿塞拜疆被叫作"Samani"，它象征着春天的生机与希望，寒冷而黑暗的冬季终将过去，大地也会重新焕发蓬勃生机。在诺鲁孜节日期间，"Samani"也是阿塞拜疆人家里或餐桌上不可或缺的装饰，这也预示了新的一年这个家庭将会拥有更好的生活，一切都才刚开始。

诺鲁孜节一般会持续很多天，一般不同地方，时间不等，短则三天，长的会庆祝十五天之久。每年在巴库老城的"双门"（Gosha Gala Gates）和巴库大道上，都会上演持续数日、精彩纷呈的庆典集会。从魔术到传统戏剧还有高空绳索漫步表演，十分精彩。节日的最后一天，会开一个公共的舞会并邀请民间乐队表演，有时还会举办一场民族体育竞赛。近几年来，阿塞拜疆人民还喜欢用燃放烟火和鞭炮的方式庆祝节日。

二、国庆节

阿塞拜疆的国庆日定在了每年的 5 月 28 日，它又被称为"国家复兴日"，用以庆祝国家恢复独立。但其实这并不是为了纪念 20 世纪 90 年代的那场独立，而是 1918 年的 5 月 28 日，阿塞拜疆首次宣布为民主共和国的日子。虽然在 1920 年 4 月，该共和国就在宣告结束了，但国家为了纪念这一段独立史，于再一次宣布独立时将 5 月 28 作为国庆日。

三、国家独立日

1991 年 10 月 18 日，阿塞拜疆最高苏维埃通过了《关于阿塞拜疆共和国独立法》，全民公投后，在法律的层面上正式宣布阿塞拜疆共和国独立，因而国家独立日就设置在了每年的 10 月 18 日。

四、民族复兴日

民族复兴日为每年的 11 月 17 日。1986 年，亚美尼亚首都埃里温的一批知识分子要求将纳卡地区划归到亚美尼亚的管辖中去，这一举动使得亚美尼亚和阿塞拜疆政治局势一度紧张。由于苏联政府的一系列举措并没有也无法缓解当时的局势，反而更加激化了亚美尼亚和阿塞拜疆的矛盾，1988 年 11 月至 12 月期间，阿塞拜疆的首都巴库爆发了大规模抗议活动。该抗议主要集中在巴库中心广场，也就是当时的列宁广场，后来又被叫作自由广场。阿塞拜疆人民团结在一起组织社会集会，目的就是抗议苏联和共和国政府在纳卡问题上的消极政策。也正是因为这一事件，阿塞拜疆全国各族人民团结在一起，齐心协力，要求实现国家独立和追求自由的民族运动逐步开展起来，并最终实现了国家和民族的独立。这次事件对阿塞拜疆的民族解放和独立起到了巨大的引领和推动作用。1992 年，阿塞拜疆为了让人民永远铭记这段历史，将 11 月 17 日定为民族复兴日。

五、全国哀悼日

全民哀悼日在每年的 1 月 20 日，是为纪念 1990 年 "一月事件" 而设立的。20 世纪 80 年代末期，独立运动愈演愈烈，苏共中央在 1988 年底派遣军队进入巴库，随后阿塞拜疆全国实行紧急状态。阿塞拜疆人民群情激愤，随后继续在国内各个地区组织群众活动，以此来为国家和民族争取政治权利。1990 年 1 月 15 日，苏共中央宣布纳卡自治州进入紧急状态，人民阵线正式宣布将夺取阿塞拜疆全国政权。随着事件一步步升级，矛盾激化，

1990 年 1 月 20 日，苏联再次组织军队进入巴库，企图以武力相威胁，镇压反对者和游行示威者。但苏军刚进入巴库，就与人民阵线的支持者发生武力冲突，这就是阿塞拜疆历史上有名的"一月事件"，史称"黑色一月"。在阿塞拜疆宣布独立以后，就专门将这一天定为了全国哀悼日，来纪念当时英勇奋战，不畏牺牲的阿塞拜疆人民，也为了将这份精神永远保留下去。

第七节　旅游名胜与奇观

阿塞拜疆有着丰富的旅游资源。碧波浩荡的里海，加吉卡布勒湖在内的大小 250 多个湖泊、连科兰的天然温泉、气候性疗养院等都是阿塞拜疆的旅游好去处。由于阿塞拜疆很早就开始发展旅游产业，因此服务设施非常齐全。阿塞拜疆历史悠久、文化遗产和自然遗产繁多，每年都会吸引很多游客来此度假休闲旅游养生，在这里感受最纯粹的自然风光。

一、希尔万沙宫殿

希尔万沙宫殿在 2000 年被联合国教科文组织列为世界文化遗产，坐落于巴库内城。巴库老城原来是古国希尔万沙的首都，希尔万沙宫殿则是希尔万王朝时期的宫殿。希尔万王朝从公元 6 世纪一直到公元 16 世纪都占领并统治着阿塞拜疆北部的希尔万州。1191 年时一场毁灭性的地质灾害摧毁了希尔万王朝当时的首都舍马基，因此，希尔万王朝将新王宫选址在了巴库。希尔万沙宫殿位于巴库古城的最高点。这座建筑群的历史可追溯至公元 12 世纪到 14 世纪晚期，它向我们展示了一系列迷人的中世纪具有伊斯兰特色的古建筑，其中还包括国王哈利卢拉一世和他至亲的陵墓。希尔万沙宫殿也是中世纪时期阿塞拜疆建筑中最杰出作品之一。

希尔万沙宫殿建筑群并不是同一时间全部建立完成的。在当时建造它的时候，并没有一个完整的建筑设计规划图，它的每一个建筑实际上都是根据当时的需要一点一点修建的。希尔万沙宫殿的最主要部分是在 15 世纪哈利卢拉一世和他的儿子统治时期完成的。一个埃及的历史学家曾对哈利卢拉作出了评价："哈利卢拉是最受人民爱戴的统治者，是最虔诚的统治者，也是最富有的统治者，他更是最了不起、最优秀的伊斯兰教统治者。"哈利卢拉统治了希尔万王国五十余载，在 1465 年离世。在他统治时期打造的建筑包括了居住区、一所伊斯兰教寺院、矩形皇宫、皇室成员的寝陵、巴库（当时非常著名的星相家）的坟墓和一间浴室。除了居住区和浴室没有完整保护下来，皇宫、寺院、寝陵都被完好保留至今，供游人游览，感受古希尔万王国的历史与文化。

二、少女塔

　　在巴库，有许多旅游打卡的好去处，但其中最著名的就是坐落于巴库老城中心的少女塔楼。同希尔万沙宫殿一样，少女塔也在 2000 年时被联合国教科文组织列为文化遗产。它是阿塞拜疆 10 马纳特纸币的图案，曾经还为很多当地的戏剧、电影以及诗词、音乐创作带来了许多的灵感。关于它的起源，没有人知道具体确切的时间，少女塔的塔基是在公元 6 世纪时建造的，但它的塔身基本建于 12 世纪，并且它是属于当时所在建的汗王宫殿建筑群的一部分，并被认为是防御要塞，本质上是一座瞭望塔，用来保护巴库免受外敌攻击。现在，少女塔也被认为是国家完整性的象征之一。

　　少女塔塔高 27 米，一共八层，每层都是圆柱状，每一层可以容纳 50 人左右。塔内还有一口水井，井里的水十分甘甜清冽。少女塔整体的建筑设计十分精妙，塔身北面为圆柱形，这样的话到了冬天，寒冷的北风带着自北向南的冷空气就会沿着塔身四散而去。少女塔塔顶有几个朝南的突出翼，主要朝向城里，因而到了炎热的酷暑，风顺着塔翼流动，这样就会将风送到古城内。也正是得益于少女塔精巧的设计，巴库老城区冬暖夏凉，十分宜人。由于少女塔在建立之初是想用于抵御外敌，因而塔上的每层窗户都被安装了精细的防御设备，如果有外敌入侵，那么可以将窗户处的设备放出，沿着它倒下滚烫的油或熔铅，还有火把、石块等，起到了有效的防护作用。在 1304 年，巴库还发生了特大地质灾害，当时许多居民住宅被灾难摧毁，但少女塔却毫发无损。

关于少女塔的名字有三个传说。第一个说法是，认为这座塔其实是拜火教的火神庙，而有一日外敌围攻入侵，巴库难以抵挡，在即将失守之时，祭司们向火神祈祷，结果一团巨大的火焰从天而降，并落到塔顶上，在火光中走出了一个头发正在被燃烧的美丽少女，将即将沦陷的巴库解救了出来，赶走了外敌，使得巴库免遭入侵、压迫和奴役。第二种说法是，一次巴库与他国爆发了战争，许多少女被藏身于此塔中，而没有被外敌发现因而得名。最后一种说法，也是当地人之间最广为流传的一种说法，相传在古代，当时的国王为公主指定了一门亲事，但公主并不愿意接受这门亲事，然后公主便要求修建一座塔。公主以为她提出了这样无理的要求，可以让国王慎重考虑这门婚事，这样她就可以脱身了，但是谁知道国王却成功地在短时间内建起了这座塔，事已至此，公主无奈，只能从塔上纵身一跃，坠入了当时环绕在塔四周的里海之中，结束了自己的生命。国王哀痛不已，为了纪念自己的女儿，将此塔命名为少女塔。

三、泥火山

世界上大约有 800 座泥火山，其中阿塞拜疆及其里海沿岸就拥有了将近 400 多座泥火山，其面积达到了整个阿塞拜疆陆地面积的一半之多，是世界第一的泥火山集中地区，有"世界泥火山

191

之都"的称号。1977 年 10 月 10 日，一座位于阿塞拜疆阿布歇龙半岛上的泥火山喷发，并且在当时产生了数十米高的火焰，此后该地区就被联合国教科文组织列为世界遗产，并列入了世界遗产名录中。这个地区还曾被列为世界 50 大自然奇迹之一。

泥火山主要出现在发生在大断层的交汇处，形成泥火山的原因一共有两种，一种是地层异常超压导致的结果，还有另一种是横向地质构造挤压形成。地质构造运动常常会伴随着地下气体溢出，有些气体泄漏处还会不断着火，并向空中喷射出持续的火焰。游客在阿塞拜疆参观泥火山时，如果幸运也有可能会目睹这一奇观。有不少的当地人认为，这种现象和 2000 多年前拜火教在阿塞拜疆的出现有所联系，而这一传说也为泥火山添上了许多神秘的色彩。

泥火山与普通火山不同，泥火山不是真正的火成岩，因而它们并不产生熔岩，所以泥火山在爆发时喷薄而出的并不是岩浆，而是泥浆。而且相对于火山喷发的炙热火焰也有所不同，泥火山的喷发物非常"温和"，泥火山的温度要比天然气的燃点低很多，所以喷发物并没有火和热。他们基本上是由黏土、角砾岩，以及地层水等组合而成的。泥火山的喷发物形状也是各种各样，有的呈圆锥形、盾状、盆状，还有的顶部凹陷进去，远远看过去像是一块蛋挞。它们有的一块一块单个出现，有的是结在一起，成团成群出现的。从体积上，相较于普通的火山而言，泥火山算得上非常迷你了。这些冒着泥泡泡的泥火山最大的直径一般约在 10 千米，高 700 多米。把手放进去甚至还能感受到一丝丝的冰凉。除了观赏价值以外，泥火山喷出的泥浆经过提取处理之后，也是养颜美容的最佳搭档。

四、舍基

舍基是阿塞拜疆最古老的文化中心之一，始建于 2700 多年以前。位于阿塞拜疆的西北部，是大高加索山脉的南坡、大概距离阿塞拜疆首都巴库 370 千米。这座著名城市的历史可以追溯到公元前 6 世纪，那时的舍基也还是高加索阿尔巴尼亚王国的组成部分。1968 年以前它被称作为努哈，从 1840 年开始正式归属于阿塞拜疆。由于历史上地质灾害频发，加上战火不断，舍基的许多古建筑都被毁坏了，许多历史文物等也都流失。所以只有 16 世纪到 19 世纪时期的历史古建筑和一些文物宝藏被完整留存至今。这里的建筑古迹有舍基汗国的王宫石砌堡垒，始建于公元 18 世纪左右。还有驿站、塔楼和清真寺等。

舍基作为以手工业闻名遐迩的城市，最大创作就是位于舍基中心的舍基汗王宫殿。在 2019 年，它连同舍基历史文化中心一起被列入了世界文化遗产名录。舍基汗王宫殿由胡赛因可汗于 1762 年建造，舍基汗王宫无论是从墙上壁画还是到地面瓷砖，无一不彰显着当时王朝的繁华与富足。舍基汗王宫殿内只有 6 间客房、4 条走廊和 2 个镜面阳台。宫殿内到处都是精妙绝伦的设计。舍基汗王宫殿整个设计建筑中没有使用一根钉子，这是让舍基汗王最得意的地方。宫殿的正面覆盖着许多色彩斑斓的花窗，在当地被称为 "Shebeke"，这些花窗基本是由无数彩色玻璃组合而成。也正是这些玻璃的存在，才是整个王国没有用到任何钉子和胶水来黏合的真正原因。每扇窗户一般是由 5000 块木材和玻璃组合而成。当阳光投射进来的时候，宫殿内会折射出五彩斑斓的色彩，呈现出万花筒般的图案，吸引了无数游客到此拍照游玩。

花窗的历史最早可以追溯到公元 9 世纪至 12 世纪之间，有考古学家在研究时发现在阿塞拜疆的清真寺、房屋、浴室中出现了一些镂空的石格艺术，这也是花窗最早时期的原型。花窗是阿塞拜疆最为讲究的手工制品之一。花窗的制作对工人有着非常严格的要求，它不仅需要每位工人都足够了解东方建筑的各种文化和元素，还需要工人能够熟练掌握几何、数学以及绘图等方面的知识。在正式开始组装花窗前，工人们还需要发挥自己的想象力和空间力，将花窗的设计与组合构图绘制在纸上。每一个花窗的设计都需要奇思妙想。不仅如此，工人还需要提前预估好每一个部件的真实大小以及精确的尺寸，还要仔细打磨裁切每一块木结构卡槽的精准位置和大小，能够让玻璃完美嵌入。直到这里才可以正式组装花窗。这里的每一步都需要工人们拿出百分之一百的小心。力求精细、精确、精准，因为稍有不慎，整个设计就会功亏一篑，毁于一旦。

舍基现在一共有6万多人在此地居住。自古以来，这里的手工业就发展得很好。舍基主要就是以养蚕而闻名，因而丝绸等工艺制品也是这里的特色。当然了，这里种植烟草、水果、蔬菜和棉花的历史也很悠久。在舍基，还有独特的马尔哈疗养胜地。这里还有剧院、地方志历史博物馆和阿洪多夫故居博物馆。阿洪多夫就是出生在这里，他是19世纪阿塞拜疆的作家、教育家、哲学家和唯物主义者。

18世纪至19世纪的舍基曾建有5个大型的驿站，但随着历史变迁，其中只有Yuxar和Ashaghi驿站一直延续到了现在。舍基的驿站与其他地方的驿站基本上都是一样的，主要都是为旅途中途经此地的人而专门建立的，并且还根据其不同需要设计了不同的功能区。除此之外，还专门设有私人的房间，供给来往商旅进行交易，并缔结易货协议使用。驿站既具有休闲性又拥有商务的舒适性。在建造驿站过程中，为了方便从远方而来的商人，还特地将他们的人身安全和财产安全等一系列问题都考虑进设计之中。虽然大门是为旅客开放的，但当大门关闭时，它就会变成了一个封闭城堡。如今，一些中世纪的建筑也被完美地改成旅馆，游客入住进去不仅有舒适的体验，还能近距离感受这座古城的文化与历史，因而十分受到游客的欢迎。当然了，这里的珠宝制造、陶艺品、根雕艺术、甜品点心等也都受到许多游客的喜爱。

一年四季无论何时来到这里游玩，都会是一场难得的视觉盛宴。

五、博物馆

（一）黑达尔阿利耶夫中心

作为巴库的地标，黑达尔阿利耶夫中心被称为陆地上的行云流水。2020 年，为了声援中国人民抗击新冠肺炎，黑达尔阿利耶夫中心还专门在它的屏幕上上演了一场灯光秀，看着"五星红旗"逐渐被点亮，无论是当地人还是在阿塞拜疆的华人都被这一份温暖所感动。

黑达尔阿利耶夫中心建于 2012 年，虽然开业时间并不久，但却逐渐被越来越多的朋友认识。这栋建筑是由著名建筑师扎哈·哈迪德亲自操刀设计的，整个建筑从外观上来看几乎没有直线，此起彼伏的柔美弯曲线条，让这座建筑从远处看，仿佛是一个从地面向上缓缓升起的白色巨浪。自开业以来，这一座高颜值的艺术中心，凭借它设计感极强的外形，轻松成为阿塞拜疆首都巴库吸睛无数且出镜率极高的地标建筑之一。

黑达尔阿利耶夫中心可不是虚有其表，作为艺术中心，它的藏品也是不可小视，琳琅满目。无论是当地最具特色的艺术作品或是文化作品，又或者是举世闻名的艺术家的艺术创作，在这里都能看到他们的踪迹。除此之外，黑达尔阿利耶夫中心里有许多藏品背后都还有着自己的小故事，有的见证了阿塞拜疆一路走来的历史文化，有的记载了伟大领导人的生活起居等。

（二）阿塞拜疆国家艺术博物馆

和黑达尔阿利耶夫中心强烈的现代设计风格和时代感迥异的是阿塞拜疆国家艺术博物馆。相比之下，阿塞拜疆国家艺术博物馆更古朴而又庄重，它的墙壁上刻满了历史和岁月的痕迹。关于博物馆所在的这个建筑的历史，据说可以一直追根溯源到 19 世纪时期，它是阿塞拜疆历史上的一处古建筑改造而来的，是阿塞拜疆古典艺术作品的殿堂。截至2020年，阿塞拜疆国家艺术博物馆已有84年历史了，整个博物馆拥有的艺术品高达17 000多件，涵盖了彩绘陶瓷、青铜器、珠宝首饰、手工编织的地毯等。

（三）巴库微型图书博物馆

巴库的老城区坐落着一家微型图书博物馆，是世界上独一无二的微型书博物馆，它建立于2002年4月2日。根据吉尼斯世界纪录的记载，巴库微型图书博物馆也是世界上最大的微型图书收藏地，它拥有超过6500本、收集自64个国家的微型图书。在这些图书中，最小的藏书与一枚硬币的厚度相同。藏书不仅有阿塞拜疆文，中文、俄文、英文各种语言的藏书都能在这里被发现，只是需要你用心去寻找。图书的内容也是应有尽有，不仅包含了阿塞拜疆的经典作品，甚至还有毛泽东的诗词和中国的全套四书五经。

（四）阿塞拜疆国家地毯博物馆

阿塞拜疆手工地毯编制得十分精美，而其传统编织技艺可以追溯到公元前2000多年以前，所以地毯在阿塞拜疆又被称为"行走的地毯"。阿塞拜疆地毯的传统编织技艺也在2010年被联合国教科文组织列入了人类非物质文化遗产名录。因而，为了表达阿塞拜疆人民对于地毯的热爱和重视，人们专门建了这座阿塞拜疆国家地毯博物馆。这座博物馆位于巴库的滨海大道上，从外观上来看，这个博物馆就像是一块被卷起来的地毯，里面珍藏有许多历史悠久的纯手工编织的地毯和一些针织刺绣等，有的展品甚至可以追溯到14世纪。

阿塞拜疆的地毯质地非常好，你想要的各种尺寸在这里都能被找到。地毯还被分为有绒毛的和无绒毛的两种，上面绘制的图案也大多数是阿塞拜疆所特有的，具有强烈的民族色彩。当地人一般会使用天然的染料去给地毯上色，所以绝对健康。对于有绒毛的地毯它的制作工艺相比较无绒毛的地毯会相对更复杂，它主要是通过围绕着经线然后用它的绒头线去打结来形成图案，而无绒地毯则是将经纬线缠绕交叉编织在一起来形成各种图案。在任何一个重要的场合都能看到阿塞拜疆地毯的出现，而且地毯保存很久都不会掉色。因而在博物馆里，如果你看到一条已经有一百余年历史的地毯却依然保持着光鲜亮丽的色彩时，一定不要太过于惊讶。

参考文献：

［1］王利众、弓雪、王杨帆编著：《"一带一路"国别概览——阿塞拜疆》，大连海事大学出版社 2018 年版。

［2］孙壮志主编：《列国志·阿塞拜疆》，北京社会科学文献出版社 2005 年版。

［3］赵长庆编著：《十年巨变——中亚和外高加索卷》，东方出版社 2003 年版。

［4］孙壮志：《中亚新格局与地区安全》，中国社会科学出版社 2001 年版。

［5］须同凯主编：《新丝绸之路》，中国物资出版社 2001 年版。

［6］Napier Shelton、孙颖：《阿塞拜疆的环境现状及展望》，载《Ambio-人类环境杂志》2003 年第 4 期。

［7］陈峻岭：《阿塞拜疆电力工业发展状况》，载《俄罗斯中亚东欧市场》2003 年第 5 期。

［8］道明：《阿塞拜疆在欧亚格局中的战略地位研究》，外交学院 2011 年博士学位论文。

［9］宋波：《苏联解体后俄罗斯与阿塞拜疆的关系研究》，黑龙江大学 2015 年硕士学位论文。

第六章

亚美尼亚的习俗文化

【**本章概要**】 在外高加索亚美尼亚高原的东北部，有一个风光旖旎被称作是"上帝后花园"的国家，它是《圣经》中诺亚方舟的登陆地，这就是亚美尼亚共和国。1991年9月23日，亚美尼亚共和国正式宣告独立，简称亚美尼亚。它地处西亚，位于亚欧大陆交界的十字路口上，与格鲁吉亚、阿塞拜疆、伊朗和土耳其四国为邻，地理位置十分优越。亚美尼亚风景如画，有着丰富的旅游资源，其中最重要的就是有"蓝色瑰宝"之称的塞凡高山湖和各类古代建筑。国内为多民族聚居，主要信仰基督教，部分人信奉天主教，经济以工业为主导，河流众多，物产丰富。亚美尼亚人热情好客、性情温和，并且极善于交谈，具有历史悠久、独具特色的服饰风格，以及丰富多样的饮食文化。亚美尼亚曾是中国古丝绸之路上重要的驿站之一，自古以来就和中国保持着良好的联系，中亚之间的第一份商贸合同更是可以追溯到公元2世纪。本章将从国家概况、姓名性格、衣食住行、日常交往、婚丧习俗、纪念节日、旅游名胜与奇观等七个方面，系统全面地介绍亚美尼亚的基本情况。

第一节　国家概况

一、地理位置

亚美尼亚共和国（The Repubiic of Armenia，简称"亚美尼亚"）位于外高加索南部，亚美尼亚高原东北部，是苏联解体后独立的加盟共和国之一。它地处西亚，位于黑海与里海之间，是亚洲和欧洲大陆的交界处，东邻阿塞拜疆，南接伊朗和阿塞拜疆的飞地纳希切万自治共和国，西邻土耳其，北接格鲁吉亚，以埃里温为首都。亚美尼亚是个内陆国家，无出海口，国土面积仅为2.97万平方千米，截至2023年1月1日，亚美尼亚常住人口为298万，人口密度100人/平方千米，大部分居住在首都埃里温，是苏联解体后独联体国家中面积最小的一个国家，其领土从西至东宽200千米，从西北至东南长360千米，陆地边境线长1254千米。亚美尼亚地势比较高，境内多山，90%以上的地区海拔均在1000米以上，北部是小高加索山脉，境内最高点是西北高地上海拔4090米的阿拉加茨山，阿拉加茨山间谷底更是国内主要的农耕区之一。国内多河流，水大流急，东部有塞凡洼地，洼地中的塞凡湖面积为1242平方千米，是亚美尼亚境内最大的湖；主要的河流为阿拉克斯河，该河将西南部的亚拉腊大平原划分成两半，北部归属亚美尼亚，南部则归土耳其和伊朗。

二、行政区划

亚美尼亚全国一共划分为10个州和1个自治市（埃里温

市）。下设 37 个区、27 个市、31 个镇、4797 个村。各州主要简况如下：

亚美尼亚按《行政区域划分法》划分为 10 个州和 1 个自治市（埃里温市）。其中，重点行政区域（州）有 4 个：①阿拉拉特州，主要发展农业；②洛里州，主要发展冶金业；③科泰克州，以能源业为主，这里有 2 个大型发电站；④休尼克州，以采矿业为主。重点行政区域的投资政策由亚美尼亚《外国投资法》《亚美尼亚投资政策概念文件》和《自由经济区法》等调节。各行政区遵循《亚美尼亚各州国家管理法》实施区域管理，政府通过州长实施区域政策，州长协调国家管理系统区域机构的活动。自治市遵循《亚美尼亚地方自治法》实施地方自治，长老会和会长是地方自治机构，地方自治机构的任务有必要的和自愿的两种，必要的任务由法律确定，自愿的任务由长老会确定。

三、首都及主要城市

埃里温是亚美尼亚的首都，位于亚拉腊平原的东北部，拉兹丹河河畔，面积约为 90 平方千米，人口 110.16 万（截至 2023 年），全国的政治、经济和文化中心，也是世界上著名的古城之一。埃里温历史悠久、文化丰富，孕育了光辉灿烂的亚美尼亚文明。"埃里温"寓意"埃里部落之国"，指的是古代埃里部落的聚居地，早在公元前 60 世纪至公元前 30 世纪就有人类在此生活的踪迹，公元前 7 世纪开始建城并于公元前 6 世纪载入史籍，公元 1440 年成为东亚美尼亚的行政、商业、手工业中心，1828 年并入俄罗斯，1936 年起为亚美尼亚首都。埃里温市共分为 7 个区，周围土地肥沃，全年平均气温在 11℃左右，不但是亚美尼亚主要的农业产地，也是周边城市的主要粮食供应地。

埃里温坐落在山坡之上，海拔高 850～1300 米，四周景色优美、风光迷人，山上盛产彩色花岗石、大理石，因此城内建筑多采用彩色的石料建造，放眼望去绚丽多姿。在埃里温，总能看见白雪皑皑的阿勒山（又译作亚拉腊山、阿拉拉特山），它被当地人视为"圣山"。自古以来，阿勒山就是亚美尼亚整个民族的精神象征，经常是亚美尼亚人艺术创作的主题，甚至国徽上的图案都是阿勒山。

埃里温不仅是亚美尼亚的工业中心，而且是外高加索的机械工业中心。机械制造业和金属加工业都十分发达，并在其中占据着重要的地位，主要生产移动式电站、汽车、变压器、电机、机床、仪表等，其他较为重要的工业则有合成橡胶、化肥、炼铝、建材、纺织、制鞋、酿酒、罐头等。市内还建有大型热电站和水电站，电力工业十分发达，被视为是全国的动力中心。埃里温还是亚美尼亚的铁路交通枢纽，有铁路通往格鲁吉亚首都第比利斯、伊朗首都德黑兰和阿塞拜疆首都巴库等地，并且有数条公路汇集于此。该市作为全国的航空中心，有飞往俄罗斯、乌克兰、英国、法国等多个国家的航班。

埃里温是亚美尼亚的文化和艺术中心，设有大学、科学院和其他高等院校，汇集了著名的历史、人文博物馆，藏有万幅油画的马坦纳达兰文献手稿陈列馆更是闻名遐迩，里面藏有一万多本亚美尼亚古代文献和近两千份用阿拉伯文、波斯文、希腊文、拉丁文和其他文字书写的珍贵资料，不少手稿是直接写在经加工的羊皮上的。市内还有多座历史悠久的教堂，包括圣萨尔基斯大教堂、佐拉沃尔大教堂、埃里温大教堂和加多基克大教堂，吸引着来自全世界的游客。

久姆里是亚美尼亚的第二大城市，位于希拉克盆地的中心位置，距离首都埃里温 120 公里，是希拉克州的州府和最大城市。据说公元前 5 世纪的希腊人最早到达了久姆里，但也有另一种说法认为久姆里是由西米里族人建立的，因为西米里族人在前 720 年占领了此地。但在随后的两千年内，久姆里都只有零星的移民，直到 1837 年建立了一个重要的俄罗斯要塞。该市的名字在历史上也变换了许多次，1837 年建立要塞时称为库马里，后在 1840 年改名为亚历山德罗波尔，1924 年为纪念列宁改名为列宁纳坎，最后独立后改名为久姆里。久姆里位于地震带上，历史上遭受过多次地震。在 1988 年 12 月 7 日的大地震中，该市五分之四的建筑物被摧毁，人员伤亡惨重，后重建此城。全市面积为 46.2 平方千米，平均海拔 1500 米，属于典型的大陆性气候，干旱少雨，日照充足，夏热冬冷，气温年变化很大。久姆里地势平坦，土壤类型主要是黑钙土，周边地区蕴含丰富的矿物资源。

瓦纳佐尔是亚美尼亚的第三大城市，原名为基洛瓦坎，后在 1993 年改名，位于巴姆芭克河畔，全市面积为 25.1 平方千米。该市有全国最大的植物园，来自世界各地的植物种类多达 620 种。瓦纳佐尔以绿色著称，景色宜人，是亚美尼亚著名的疗养胜地。

四、国家象征

（一）国旗

亚美尼亚国旗即亚美尼亚三色旗，整体呈横长方形，长宽比为 2：1，由三个等宽水平的横长方形组成，最上面是红色，中间为蓝色，底部为橘色，每个长条宽 20 厘米。对于国旗中的颜色有许多版本的解释，许多人认为红色象征烈士的鲜血和国家革命的胜利，蓝色象征国家拥有丰富的资源，橘色象征光明、幸福和希望。而亚美尼亚宪法中所提供的官方说法则是："红色象征亚美尼亚高原，亚美尼亚人民为了生存和保卫基督教信仰所作的不懈努力，和亚美尼亚的独立与自由；蓝色象征亚美尼亚人民在宁静苍穹下生活的心愿；橘色象征亚美尼亚人民的创造天分和勤劳的天性。"这是 1918 年建立亚美尼亚第一共和国就采用的国旗。

1920—1991 年，亚美尼亚曾是苏联的一个加盟共和国，当时的国旗是在苏联国旗的旗面中间加一个稍宽的蓝色横条。1991 年亚美尼亚宣布独立，重新恢复了红、蓝、橘三色旗为国旗。

（二）国徽

亚美尼亚国徽启用于 1992 年 4 月 19 日，仿照亚美尼亚民主共和国的国徽设计。国徽整体为一盾徽，由左面的一头雄鹰和右面的一只狮子护持。中间的小盾为诺亚方舟停于阿勒山山顶，代表着亚美尼亚美丽的自然风光。盾的其余部分分为四个象限，周围的四组图案代表亚美尼亚历史上的四个王国：左下角为双鹰回头对视，象征阿尔塔什斯王朝；左上角为背负十字架的狮子，象征巴格拉提德王朝；右上角为双头鹰，象征阿萨息斯王朝；右下角为爪持十字架的狮子，象征鲁本王朝。四个象限代表着国家悠久的历史。盾的下方是一条被利剑斩断的锁链，交叉着绿色树枝和箭头，还有麦穗、羽毛和绶带。

（三）国歌

亚美尼亚的国歌是《我们的祖国》，由米卡尔·纳尔班丁进行填词，巴尔塞格·卡纳恰昂进行谱曲。这原来是 1918 年建立亚美尼亚民主共和国时的国歌，但在亚美尼亚加入苏联后，于 1945 年重新制定新国歌。1991 年，独立后的亚美尼亚重新起用原来的国歌，但更改了歌词。歌词如下：

我们的祖国自由、独立，

千万年永存，

现在召唤她的儿女，

为了自由和独立的亚美尼亚。

现在召唤她的儿女，

为了自由和独立的亚美尼亚。

这是给你的旗帜，

我的祖国，

是我亲手缝制的

经过多少不眠之夜，

浸透了我的泪水。

经过多少不眠之夜，

浸透了我的泪水。

注视这三色旗，

它是我们价值的象征。

愿它照耀着我们打击敌人。

祝亚美尼亚永远辉煌。

愿它照耀着我们打击敌人。

祝亚美尼亚永远辉煌。

人生必有一死，

每人只能死亡一次，

为祖国自由而牺牲，

永远会受到最崇高的敬意。

为祖国自由而牺牲，

永远会受到最崇高的敬意。

五、语言文字

亚美尼亚的官方语言为亚美尼亚语，也是亚美尼亚人的母语。亚美尼亚语属于印欧语系中独立的一支，即亚美尼亚语族，也是该语系中最古老有文字形式的语言之一。早在公元前 7 世纪，亚美尼亚这片土地上的本土语言就被亚美尼亚语所代替。公元 4 世纪，亚美尼亚就产生了书面语。在此之后，亚美尼亚语经历了三个发展阶段，分别是 5—11 世纪的古亚美尼亚语、11—17 世纪的中期亚美尼亚语和 17 世纪以后的现代亚美尼亚语。古亚美尼亚语与希腊语较为相似，而现代的亚美尼亚语更接近于土耳其语。亚美尼亚独立后，亚美尼亚语也被定为国语。由于亚美尼亚曾是苏联的加盟共和国，因此俄语是亚美尼亚最为流行的外语，大部分人都会讲俄语，俄语在亚美尼亚还是族际交际语。目前，亚美尼亚高等学校的教学语言是亚美尼亚语，官方文件也主要使用亚美尼亚语，但也有一些部门文件使用俄语。国内主要报刊、电视及广播同时使用亚美尼亚语和俄语。英语是亚美尼亚除俄语之外的第二门外语，其他流行的外语包括阿塞拜疆语、法语、德语、意大利语、西班牙语和波斯语。在首都埃里温，许多大学都采用俄语、英语和法语授课。

亚美尼亚的文字始于公元 5 世纪，其现存最古老的文学作品就是 5 世纪的圣经翻译。古亚美尼亚语和现代亚美尼亚语都采用同一种字母书写，亚美尼亚字母表就是用来书写亚美尼亚语的一种独有字母文字。该字母表由亚美尼亚主教梅斯洛普·马什托茨创造，主要目的是翻译圣经。亚美尼亚的文字由 38 个字母组成，包括辅音字母 31 个，元音字母 7 个。亚美尼亚字母被认为受到多种国家字母的影响，其中最有可能的就是希腊字母，因为两者的元音字母和从左至右的书写方式十分相似。

第二节　姓名性格

一、姓名

亚美尼亚的人名一般包括名和姓，有的亚美尼亚人名字中间还会包括俄式的父称，但父称常常会被省略。亚美尼亚人的名多选自古代神话人物和宗教圣徒的名字，描述性格外貌的词汇，以及自然界各种物质的名称等。而亚美尼亚人的姓氏则主要来源于祖先的名字、职业职务和个人特征等，所以从姓氏中就能够对一个亚美尼亚人产生了解。在亚美尼亚，人们往往会在自己的姓氏后面加上表示某某"之子"的后缀"-yan"，读起来以拼音"-ang"结尾。中文通常将"-yan"译作"扬"，比如苏联元帅米高扬（Mikoyan），或者与之前的音阶一起译作"良""相"等，比如足球运动员亨里克·姆希塔良（Henrikh Mkhitaryan），以及亚美尼亚独立后首任总统列翁·特尔-彼得罗相（Levon Ter-Petrosyan）。因此，当我们看见一个外国人的姓氏后缀是"良""扬"或"相"时，那么这个人大概率具有亚美尼亚血统。

亚美尼亚人的姓氏出现得相对较晚，直到公元19世纪才广泛见于政府文书，主要是因为当时的人口普查需要登记造册。但亚美尼亚的贵族世家早在公元9世纪就开始用姓，以此对各家族进行区别，例如"马米科尼扬""阿尔茨鲁尼""阿玛图尼""勒什图尼"等，还会在姓氏前加"азг"（"世系"）或"тун"（家族），于是就有了"马米科尼扬世家"或"阿尔茨鲁尼家族"的说法。平民阶层在使用姓氏之前，为了区分两个同名的人，可以称呼为某某之孙某某，如"阿诺之孙哈伊克"和"加尔尼克之孙哈伊克"；也可根据其特点称呼绰号，如"瘸腿阿玛亚克"或"十二子之父阿纳伊特"。随着亚美尼亚社会发展及人口流动，使用姓氏也就势在必行。

大部分亚美尼亚人的姓氏源自祖先，外加表明归属的后缀。但这种后缀已经经过演化改造，如果早年间某人为表明出身世系，自称"达维杰尼茨"，那么今天就要说"达维德扬"。当然并非全部亚美尼亚人的姓氏都舍弃了尾音"茨"，19世纪移居俄罗斯的部分亚美尼亚裔就保留着这种后缀。即使现在亚美尼亚境内，尤其赞格祖尔地区，还是能遇见"阿多尼茨""巴库尼茨""卡尔瓦列尼茨"。虽然最常见的亚美尼亚姓氏多数出自人名，却也不乏职业名和手艺名，例如"阿茨图赫扬"（面包师）、"沃斯科尔奇扬"（珠宝匠）、"埃基米扬"（医生）、"卡尔塔什扬"（泥水匠），以及关乎个性特征的姓氏——"恰哈特扬"（奸猾）、"卡尔奇克

扬"（矮子）。亚美尼亚西部居民的姓氏有其独特之处，因为这部
分国土曾属于奥斯曼帝国，所以当地许多姓氏有土耳其根源，例
如姓氏"杰米尔奇扬"就源自土耳其语"杰米尔奇"（铁匠）。
民族学家列翁·阿布拉米扬指出，字母"ч"在亚美尼亚语中通
常表示行当，那么借用土耳其语就会以"奇"结尾，例如"巴尔
达科奇"（陶匠），变成亚美尼亚姓氏就叫"巴尔达科奇扬"。另
有少数亚美尼亚姓氏冠以"梅利克"，表明出身显贵，如"梅利
克-阿科皮扬"；或冠以"捷尔"，常被宗教人士使用，表示"神
甫"或"大主教"，如"捷尔-彼得罗相"。

二、国民性格

亚美尼亚人善于交谈、有礼貌，性情温和、稳重、有涵养，
亲属家庭关系密切。他们称自己的国家是"海雅斯坦"，意思是
"好客的民族"，认为任何走进家门的人都是家里的贵客，对外来
客人总要设宴款待，这也就使得亚美尼亚人的好客举世皆知。在
亚美尼亚的国民意识中，有客人到访就是对这个家庭最大的认可
和尊重，越是经常宴请客人，上帝馈赠的幸福就会越多，如果不
热情宴请亲朋好友，就无法收获幸福。因此，热情好客已经成为
亚美尼亚人最大的性格特点。在亚美尼亚旅行的游客，可以坦然
接受素不相识的亚美尼亚人的做客邀请，并且无须付费，付费会
被认为是对主人的侮辱。亚美尼亚人热情款待来自远方的客人，
不为别的，只为该客人远离故乡，是个需要帮助的陌生人，这也
许和亚美尼亚这个民族在历史上颠沛流离、时常客居他乡的遭遇
有关。如同中国人分南北方一样，亚美尼亚人喜欢分为东西方。
与此同时，亚美尼亚人非常健谈，并且善于和不同客人去谈论各
种不同的话题。亚美尼亚人非常注重感情和人际交往关系，无论
是婚姻的稳定性、尊老爱幼的民族属性，还是亲戚邻里关系的紧
密性以及血脉里渗透出的热情好客，一般的邻里之间都会在短时

间内成为十分亲近的朋友，当邻居遭遇困难时都会互帮互助，一起渡过难关。

在世界历史上，亚美尼亚是一个饱受磨难和备受关注的民族。"我是亚美尼亚人，如同阿勒山一般古老，在我的深哀剧痛中，阿勒山也会低头弯腰"，诗人盖翰格·艾明的《亚美尼亚之歌》唱出了这个民族的悲痛。历史的磨难与痛苦，造就了亚美尼亚人坚韧、勤劳与智慧的民族性格，也使亚美尼亚有着独特的民族凝聚力。亚美尼亚人通常具有高度的民族认同感和文化统一意识，对祖辈留下的传统习俗都充满敬意，并且会根据传统打造自己的未来和生活。亚美尼亚人还致力于维护真正的精神文化，无论处于何种境地，都坚持为民族利益而斗争。他们信仰和坚持国家的民族传统，尊重国家的历史。

第三节　衣食住行

一、服饰风格

亚美尼亚的民族服饰有着 3000 多年的历史，但在漫长的历史长河中，其服饰特点并没有发生很大的改变，至今已经形成了其独具特色的服饰风格。传统的亚美尼亚民族服饰做工精致，样式多样，令人惊艳赞叹。服饰上的不同可以很好地对亚美尼亚各个民族进行区分，从整体设计、色调、制作工艺、配饰等多个方面，能够将亚美尼亚的服饰分为两种风格：东亚美尼亚式和西亚美尼亚式。亚美尼亚女性的传统服装讲究色彩丰富，而男士服装仅在亚美尼亚西部地区呈五彩色，东亚美尼亚男士服装主要是深色调，有时与白色相结合。亚美尼亚人早期使用羊毛和毛皮制作服装，后来使用生长在肥沃山谷中的棉花，古代皇室还会使用从中国进口的丝绸，后来亚美尼亚人学会养蚕并生产自己的丝绸。

　　传统亚美尼亚男装一般是头戴毡帽，脚蹬皮靴，敞襟长上衣，下身搭配大裤裆灯笼裤。早期的服装布料往往采用家庭手工制作的棉麻布，后来开始从工厂购买，再进行手工缝制。19世纪末，机器逐渐取代人工，手工缝制衣服也被工厂加工所代替。20世纪初，在塔武什等地区，男装衬衣多为古式的坎肩，且袖窝是直的。在亚美尼亚，因为男性的地位尊贵，所以男性着装非常讲究，特别是一家之主。外人经常会通过外貌和着装来判断一个家庭的情况。男性的贴身裤子，脚踝处不会以花边修饰，裤脚会直接塞进袜子里，裤脚边是裹起来的，上衣和裤装靠腰带连接，腰带一般是棉质或者毛纺，边缘有时会缀以流苏。一般的裤子上会有腰带孔，腰带穿过孔洞系在一起，多余部分在腰侧面下垂。19世纪末至20世纪初，几乎所有年龄段的男性都身着这样的服装，一直持续到20世纪中期才发生改变。男性的外裤是肥大的灯笼裤，布料采用粗毛料，大部分是黑色，也有小部分为深蓝色或者褐色，样式和贴身裤子很像，也需要用到腰带，这种带腰带的裤子直到20世纪初期才开始被带纽扣的裤子所取代。

　　女性传统服装是头戴小塔形的丝绸帽，胸部带绣花的衬衫，对襟长连衣裙，系宽腰带。与男装不同的是，女装会有很多额外的装饰。一般上衣会采用颜色鲜艳的棉纺布料，搭配镶嵌有花边的围裙，还会用金线来绣花。对于每个亚美尼亚的女孩来说，拥有一套华丽高贵的服装是一件梦寐以求的事情，因为美丽的刺绣和花边是上流社会的象征，代表着更高的阶层。头饰也是亚美尼亚女性不可缺少的一部分，她们的头巾上都装饰着金币和串珠等珍贵饰品。女性头饰以特殊的财富和美丽而著称，女孩们把头发编成了许多辫子（最多40个），前面的辫子从胸前向前甩，后面的辫子在银色链子的帮助下放在背上，并用精心编织的羊毛加长辫子，用银球和刷子装饰它们。所有这些优雅多彩的复杂饰品都辅以许多装饰，例如项链、吊坠、手镯、戒指以及银色或镀金腰带等，同时搭配大量精美珠宝。饰品大多数是富有的亚美尼亚妇女的财产，特别是在西亚美尼亚和外高加索。

针织图案袜子也是亚美尼亚人传统服装的组成部分，在亚美尼亚各地广泛存在。传统生活中，男性和女性袜子图案的缝制与特定地区的羊毛经济紧密相连。袜子可以是单色的，也可以是多色的，每个地区都有自己喜欢的图案和颜色。它们不仅广泛用于日常生活中，而且具有仪式意义。袜子是亚美尼亚女性嫁妆的一部分，是婚礼和洗礼时教堂礼品交换的主要主题之一。

现在的亚美尼亚，人们的日常打扮已经城市化了，女性爱穿连衣裙，男性穿西服，只有在民族传统节日和庆典上才会穿民族服饰。

二、饮食特色

亚美尼亚的饮食文化历史悠久，是世界上比较古老的饮食之一，大约可以追溯到 2500 年前。古时的亚美尼亚属于游牧民族，总是处于迁徙之中，但亚美尼亚人却非常重视饮食文化的传承，其饮食特点的形成时间有近千年之久，许多亚美尼亚菜品的制作方法至今都未曾改变。古老的烹饪工艺仍然运用于现代社会。亚美尼亚人的饮食中具有大量的烹饪配方，其做菜前的准备工作也非常繁杂，这些配方在饮食文化中发挥着重要的作用。在亚美尼亚，非常具有特色的一点是很多菜品的名字都和放菜盘子的名称有关。

亚美尼亚人的饮食凭借其配料丰富和香味特殊闻名世界，他们在烹饪过程中会使用将近 300 种野生草本植物作为调味料，有时甚至会将某些植物单独列为一道菜品。如同很多外高加索美食一样，亚美尼亚人饮食中常用的调料有黑胡椒、香菜、薄荷、罗勒、百里香、大蒜、洋葱、豆蔻、肉桂、丁香、香草等，其中茴香、香菜、金银花、绿葱是最常用的配料。亚美尼亚人烹饪的另外一大特点就是菜品每一道工序都是分开完成，最后再混合到一起。

　　亚美尼亚人喜食肉制品，包括羊肉、牛肉、猪肉、鸡肉和鱼肉。由于高山和草原的特有地理环境，给亚美尼亚人提供了养羊的方便条件，故其居民对羊肉极为偏爱，并善于用羊肉烹制各式各样的菜肴，其中烤羊肉串是他们最擅长的，也是迎宾宴客的美味佳肴。在亚美尼亚排名第一位的食物当属"khorovads"，是亚美尼亚语"烤肉"的意思。亚美尼亚人制作烤肉时，不使用烤肉架而是用细长的铁签，也不使用明火烤肉而是用煤炭烤。同时烤肉的种类多样，还会把肉和蔬菜一起烤。烧烤更是被誉为亚美尼亚的国宴之王，亚美尼亚人对此引以为豪，在节日、重要活动、生日和其他聚会上都要吃传统的亚美尼亚烤肉。在亚美尼亚，如果宴席上没有烧烤，就不能被称为宴席。一般的家庭传统是男人负责烧烤，女人负责装饰和招待客人。当地人还善于用牛羊肉烹制具有各种民族特色的菜肴，如多尔玛（dolma），这是用小牛肉糜混合洋葱、香料，再加进大米，用葡萄叶包起来，放入锅中加水煮熟，食用时用热酸奶汁做蘸料。亚美尼亚人炖肉时要炖得烂熟，还喜欢用菠菜、水果及各种香料烹制菜肴。

　　亚美尼亚人还喜食面粉制品。亚美尼亚特色薄饼拉瓦什（lavash）在当地饮食中占有重要地位，可以卷很多东西吃，例如沙拉、欧芹、罗勒、薄荷等，再加上山羊奶酪、带馅的葡萄叶、茄子酱卷起来吃，或者将羊肉串加上盐和胡椒、土豆卷起来吃。拉瓦什是用面粉、水和盐制成的，通常直径约1米，是一种柔软、未发酵的薄薄大饼。按照亚美尼亚的传统做法，面团平坦地擀开，再转动饼皮直到它松软并到需要的大小为止，最后贴在一种埋在地下的圆筒形泥炉（称为"图尼尔"）的热壁上，大约1分钟后就要取出否则薄饼就会从热壁上脱落烧焦。拉瓦什全程都是由手工制作，它的特别之处在于制作薄饼的过程大概需要10到

15 分钟，但是前期准备可能需要大半天时间。这种薄饼在干燥的环境下储存 3 到 4 个月都不会坏，吃的时候淋上水又可以变得和之前一样新鲜。在乡下，乡民一年分四次制作拉瓦什，因此一年到头都可以食用。拉瓦什分为两种，一种夏天食用，一种冬天食用。冬天食用的薄饼通常卷的是带肉馅的葡萄叶，而夏天的薄饼里面则加上了蔬菜，蔬菜种类可以自己选择。对于素食主义者，可以选择用大米和豆类作馅的素食薄饼。薄饼拉瓦什传承着亚美尼亚的历史，是这个民族困苦历史的产物，包含了亚美尼亚人的故事，对当地人有着非同寻常的意义。2014 年，亚美尼亚传统薄饼拉瓦什，作为一种亚美尼亚文化表现形式，拥有丰富的意义和外观，被列入教科文组织人类非物质文化遗产代表名单。

奶制品在亚美尼亚也很受欢迎，是亚美尼亚饮食的重要组成部分，既可以作为单独的菜品，也可以作为其他食物的配菜。最著名的奶制品就是发酵酸牛奶，将酸奶加水稀释后就是炎热夏天难得的降暑佳品，还可以用来做奶渣糕和奶酪。在亚美尼亚有一种小吃很受当地人的欢迎，就是用酥皮饼包着奶酪，烤至金黄酥脆，一口咬下去奶香馥郁、非常美味。酸奶和酸奶衍生品在亚美尼亚的烹饪中特别重要。因为过滤酸奶不像普通酸奶那样容易凝固，所以酸奶可以在汤或炖菜中用作浸泡或与肉汤混合。亚美尼亚人会将碾碎的干小麦与酸奶进行揉合，在阳光下晒干，然后分成碎片储存在罐子里，这样就可以在冬天使用保存的产品来制作汤或炖菜。酸奶是许多炖菜和酱汁的基础，许多亚美尼亚汤都是用酸奶制作的。亚美尼亚人通常将米饭、碾碎干小麦或粉丝煮沸，并加入酸奶混合制成汤。作为长期储存的一种手段，亚美尼亚人还会将酸奶进行变形，制作成球状，让其在阳光下晒干，这种制品就被称为干酸奶。在西亚美尼亚菜中，常见的配菜或蘸酱是大蒜酸奶，用生的蒜泥、盐和酸奶制成。除酸奶外，亚美尼亚人还使用所有典型的乳制品，从牛奶本身到牛奶奶油、酸奶油等，凝结的奶油更是亚美尼亚受欢迎的甜食。

亚美尼亚的甜食很出名，各种水果蛋糕都很受欢迎，蛋糕的每一层都有提炼过的黄油，吃起来口感细腻。还有美味的棍子糖，用线把坚果串起，然后在坚果串上淋上杏味或者葡萄味的热糖浆，再进行烘干。其中一种很著名的棍子糖就是核桃香肠，从形态上看像极了普通的肉香肠，但实际上却是一种传统的甜点，酥脆的核桃带着丰富的油脂和轻微的苦涩，与清甜的鲜葡萄糖浆在舌尖上进行了完美的融合，让人念念不忘。

三、居住条件

亚美尼亚的居民住宅建筑样式不一。在过去，亚美尼亚居民住房大多是用泥土和石块砌成的正方形房屋，屋顶呈圆形并且带有天窗。牧民则大多数居住在泥石砌成的低矮平房里。现在，随着居民生活条件的提升，农村的住宅大多是砖瓦房，带有明亮的大窗户、阳台和宽敞的庭院。每家每户的院子里都栽有果树，种着花草。城市居民已经搬入了整洁舒适的居民小区。

四、交通概况

亚美尼亚是个内陆国家，它的交通运输以铁路和公路为主。全国各个主要地区之间都有公路线和铁路线相连，各大城市之间也都有发达的运输系统，包括公共汽车、电车和出租车，首都埃里温还有地铁。除此之外，还具有航空运输、内河运输和管道运输等多种运输方式，其中以航空运输较为发达。苏联时期，亚美尼亚的交通发展较快，1988 年其交通运输呈现停滞倒退状态。

现在亚美尼亚大部分公共汽车都是由中国援助，车身颜色为醒目的玫红色，外观设计在标识"中华人民共和国援助"（China Aid）的基础上，增加了中文和亚美尼亚文的"中-亚友谊车"字样，并印有中国长城和亚美尼亚首都共和国广场的图案，极大方便了当地人的出行。亚美尼亚本地的公交车是小巴车和无轨电车。1949 年亚美尼亚在首都埃里温开设了第一条电车线，之后发展迅速，年载客量达到 4360 万人次。久姆里是第二个开通电车线的城市，但其在 2005 年已经停止电车的运行，人们出行开始转乘出租车，出租车年载客量达 80 万人次。埃里温地铁是亚美尼亚首都埃里温市的城市轨道交通系统，也是全国唯一的一条地铁线。埃里温地铁于 1981 年开通，像苏联的大多数地铁系统一样，车站位置较深。埃里温地铁目前只有一条线路，全长 13.4 千米，共有 10 个车站，票价为 100 德拉姆。因为该地铁是在苏联时期建造，所以有着强烈的苏联风格。地铁线路联通城市的西北部和南部地区，基本贯穿埃里温市中心最繁华拥堵的路段，连接了人口最密集的工厂区和大学区，不论是对沿途百姓还是对外来游客，都是兼顾便利和实惠的出行方式之一。埃里温地铁没有明显的地面标志，因此想要快速寻找到地铁站入口的最佳方法就是手机导航。地铁站台都很庄严简朴，天然大理石的地面、墙面配上吊灯，极具 20 世纪的风格，最初建成的几站站台上还有雕塑装饰。

亚美尼亚铁路列车也是重要的出行交通工具之一，包括国际旅客列车和国内列车，主要的铁路枢纽有埃里温和瓦纳佐尔，基本实现了电气化。国际铁路有 4 条，北线通往格鲁吉亚，东北线通往阿塞拜疆，西线通往土耳其，南线通往伊朗。亚美尼亚航空发达，除国内各大城市通航外，还开通了飞往俄罗斯、乌兹别克斯坦、乌克兰、白俄罗斯、土耳其、英国等多个国家的 27 条国际航线。亚美尼亚现在有 10 个国内机场和 2 个国际机场，埃里温是全国的空运中心，距埃里温 15 公里的兹瓦尔特诺茨机场是全国最大的国际航空港，有公交线路和出租车往返市中心和机场，该机场的风格和设施都较现代化，提供 24 小时服务。

第四节 日常交往

亚美尼亚是世界上第一个以基督教为国教的国家，从接受基督教起，亚美尼亚的民族传统和风俗习惯就开始形成了。因为亚美尼亚历史上信奉过多个宗教，所以很多风俗习惯都被打上了多神教的烙印，文化传统形成在漫长的历史中。在民族分化和融合的背景下，宗教仪式不断补充亚美尼亚的民族文化内涵，很多风俗习惯彼此交融影响，产生了新的表现形式。现在亚美尼亚人继承了本民族的传统优良文化，并且始终认为其是文化和历史不可或缺的一部分。

一、待客之道

亚美尼亚人对待外来的客人，总要热情相迎，设宴款待。餐桌上铺着雪白的桌布，上面摆着果品和食物。首先上桌的是凉菜，然后是汤，汤里面有酸奶加鸡蛋牛奶、蒜和一些蔬菜，客人可以随意品尝。喝完汤后，有一道传统的菜肴——烤肉串。室外空地上一堆堆的葡萄枝燃烧着熊熊的大火，铁签子穿上腌制好的羊肉块、洋葱等，配上佐料，放在火上熏烤，直到焦黄、散发出阵阵诱人的香味。在这种热烈、欢快的气氛中，主人把烤好的羊肉串端到客人面前，邀请客人品尝，他们还会载歌载舞地为客人助兴。之后，主人还会上几个色鲜味美的特色菜，比如多尔马、科罗拉克等。亚美尼亚人喜欢喝烈性酒，宴请客人时喝酒一般不用酒杯，而是按他们当地的传统习惯，以牛角装酒，饮后传递下去，次第就饮，以此来表示对客人的亲近和友好。但要注意的是，去亚美尼亚人家里做客，必须品尝和赞美主人推荐的菜和饮品，这是做客必须具备的礼貌。亚美尼亚人对远方的来客是欢迎留宿的，但是最多只能三天，如果三天之后客人还想继续住下去，需要提出十分充分的理由，征得主人的同意后才可以继续留宿。即使留宿超过三天，主人也依旧会热情招待，不会怠慢客人。亚美尼亚人非常健谈，并且善于谈论各种不同的话题，但是要注意不能和他们讨论政治问题，尤其是涉及格鲁吉亚、土耳其、阿塞拜疆这几个国家，对亚美尼亚人来说这是非常敏感的话题。

二、风俗习惯

亚美尼亚人在社交场合与客人见面时，一般采用握手礼，有时也会采用拥抱礼。他们和亲朋好友相见时采用的是亲吻礼，有的人吻脸颊，有的人吻手，有的人吻唇，以此来表达亲友之间深厚的感情。亚美尼亚人日常用餐，一般习惯直接用手抓取食物，只有在社交场合，他们才会使用刀叉作为餐具。亚美尼亚的居民多信仰基督教，星期日常到教堂做礼拜，进入教堂时男士要脱帽，女士必须扎上头巾，并且在教堂内要保持安静，不得喧哗。亚美尼亚人偏爱数字"7"，未出嫁的姑娘们常在纪念耶稣升天节和泼水节的前一天，聚在一起把自己心爱的纪念品如扣子、顶针、珠子等投入陶罐内，然后倒进 7 碗水，放上 7 朵鲜花，夜间将陶罐放在露天星光下，清晨时由一位打扮漂亮、充满青春活力的小女孩从陶罐里随意取出纪念品发给大家，每发一个纪念品，大家就要唱一首预言性歌谣，用以对其表示祝愿。同时，亚美尼亚人对"13"和"星期五"非常忌讳，他们认为遇到"13"将会发生不幸，若"13"日与"星期五"重逢，更是个令人可怕的日子，因此与亚美尼亚人交往一定要避讳"13"这个数字。因为亚美尼亚人对餐厅内碗盘作响和咀嚼食物的声音非常反感，认为这会破坏安静幽雅的进餐环境，所以和亚美尼亚人一起用餐一定要保持安静。左手在亚美尼亚人看来是不洁净的，使用左手为客人服务被视为不礼貌的行为，并且他们对用一根火柴给三个人点烟也很忌讳，认为这是十分失礼的行为。他们还会将马蹄铁挂在家门口，认为可以带来好运。亚美尼亚曾经长期保留着母权制，高龄妇女备受人们的尊敬。为了纪念在苏联卫国战争中牺牲的英雄，亚美尼亚人通常在英雄纪念碑下面安装自来水设备，使纪念碑前流出一股清澈的水，或者喷射出飞溅的浪花。水意味着饮水思源，不忘英烈。

亚美尼亚人对红色比较喜欢，他们认为红色是向上的色彩。在亚美尼亚的传统中，红色和绿色的结合是婚姻的象征，因为绿色往往与春天、青春以及新一代的成长有关，因此打结"红绿"意味着结婚、结婚的愿望，有时红色在婚礼仪式中也与白色结合使用。红色和蓝色的结合，已经成为基督教图像的象征主义的一部分。将红色围裙替换为蓝色是亚美尼亚已婚妇女的象征，也是女性丧失生殖能力的标志。蓝色经常与老年、死亡联系在一起，是亚美尼亚人哀悼的颜色，通常作为远亲哀悼的标志，而黑色则为近亲。同时，蓝色还象征着治愈，因此被广泛用于医学。黑色被亚美尼亚人认为是一种仪式上不洁净的颜色，将有色衣服换成黑暗意味着老年的开始，黑色也是最常见的哀悼颜色。在亚美尼亚，哀悼尤其反映在头饰颜色中，男性戴上黑色帽子，女性则将头饰改为黑色面纱。值得注意的是，年轻女性只会为丈夫而哀悼，在其他情况下则被禁止，因为亚美尼亚人认为黑色会剥夺女性的生育能力。白色被认为是纯粹的仪式，是洗礼时服装的颜色，同时也是葬礼上的颜色。亚美尼亚人使用黄色也有诸多讲究，他们认为黄色具有萎靡的性质，整体上具有消极的象征意义，往往与疾病、胆汁和毒药有关，被认为是有害的，经常被解释为不良预兆（干旱、作物歉收、疾病）。因此亚美尼亚出现了一些禁令，例如禁止佩戴黄金首饰探望新生儿，他们认为这可能导致小儿黄疸。

第五节　婚丧习俗

一、婚礼习俗

亚美尼亚人很重视婚丧嫁娶的传统仪式，结婚的流程主要包括求娶、定亲和典礼仪式。旧时的婚礼习俗还包括新人要沿着城市或者村庄散步七天七夜，预示着新人开始幸福的婚姻之旅。

亚美尼亚的传统婚姻习俗是从谈亲开始，新娘是由新郎的母亲来进行选择。当家中的男孩达到婚龄，母亲在教堂里礼拜、参加别的婚礼或者别的一些礼仪活动时，就会观察有没有适龄的姑娘。如果有合适的姑娘，男方母亲就会主动去和姑娘的父母聊天，问一下姑娘的基本情况。如果情况都符合男方母亲的要求，他们会准备去谈亲。一般去谈亲的时间是晚上，因为男方担心周围邻居们会看到，万一女方拒绝，那么所有的邻居都知道他没有成功，会很不好意思。通常情况是新郎的父亲、叔叔或者舅舅还有新郎去谈亲，他们会提前告知女方父母。到了女方家以后，男方的亲戚就会站在女方家门口说"我们来了，现在我们进去可以吗？"，只有女方父母回答"我们很高兴你们来了"，男方亲戚们才可以进去，进去之后他们会先给女方父母一个金戒指，然后他们一起吃饭。但如果女方父母不满意这桩婚事，他们就会回答"我们的孩子还小，睡得早，起得晚"，这个答案就意味着拒绝了男方的提亲，被拒绝的新郎和他的亲戚就会回去。半个世纪以前，亚美尼亚还维持着盲婚哑嫁的传统，未婚男女只有在订婚的前一天才能够见面，但如今即使在最偏远的农村地区也不会这样，因为彼此长期了解是婚姻能够长久的基础。男女双方通常是相互认识、相互了解、相爱，再经历求婚、订婚，最后步入婚姻的殿堂。受到传统观念的影响，青年男女结婚前必须征得父母的同意。起初亚美尼亚人较少与外族通婚，但现在侨居海外的亚美尼亚人已经打破了这个观念，与外族人通婚的情形已经屡见不鲜。

"订婚在亚美尼亚是结婚的第一部分，这个过程很像树上先开花，然后才变成果实一样"，这句话是亚美尼亚人都知道的名言。订婚习俗是从古代保留下来的，地点在新娘家里。来到新娘家，新郎要把所有带来的礼物放在新娘家里，然后新娘父母也会回赠礼物给陪同新郎来的所有男性亲戚。礼物交换完以后，新娘的父母会准备晚宴招待客人，吃完饭后大家会一起跳亚美尼亚的舞蹈，一直跳到凌晨新郎亲戚们才回家。而在亚美尼亚的另一种风俗中，家人会把订婚地点安排在教堂。神父会问新娘和新郎是否具有血缘关系，然后给新郎一个托盘，上面放着戒指、手链、耳环、红布和面纱。戒指戴在无名指上，无名指连接着心脏，意思是新郎真心喜欢新娘，新娘也把自己的幸福交给新郎，然后新郎帮新娘戴手链，意思是她对她的丈夫会百依百顺，红布和面纱就代表新娘已经变成了新郎的老婆。在婚礼开始前的一个晚上，新郎的家人会带来包装精美的礼盒送给新娘的家人，其中包含着面纱、新娘的鞋子、巧克力、白兰地酒、香水和鲜花。婚礼前，新娘的兄弟把钱放在她的鞋里，以祈求好运气，然后替新娘把新鞋穿到她的脚上。新娘的面纱要在大家祝福的歌声中，由一位女嘉宾（即特意请来的"教母"）拿着面纱先在新娘头上绕七圈，再给她戴上。这时新娘若将自己的手放在某个单身女士的头上，就代表会给这位女士带来好运。男方的家人还会送给新人一个枕头，寓意为白头到老。

亚美尼亚人的婚礼十分热闹，极具民族特色。新娘家准备的嫁妆很多，布匹、玉器和各种生活用品一应俱全。新郎身着庄重色调的西服，新娘则身披大方、飘逸的白纱。婚礼在教堂举行，由神父主持，新人互相给对方佩戴戒指。随后，新人在伴郎、伴娘簇拥下走出教堂，等候在门外的亲友手持花瓣、彩色碎纸花片，向新郎和新娘身上抛洒。新郎新娘还会在教堂前放飞成对的白鸽，寓意新人要像白鸽一样，飞向幸福、美满、和平、自由的新生活。人们还可向新娘投掷硬币。离开教堂后，迎亲车队驶向新郎家，早已在新郎家门外等候的邻居、朋友，在欢快的音乐伴奏下翩翩起舞，迎接、祝贺新人。进门后，主人家会用点心、水果和饮料招待客人。此时，新郎的母亲会把两张香喷喷的薄饼拉瓦什叠好，分别搭在新娘、新郎的肩膀上。紧接着，新郎的母亲就会端起一小碗蜂蜜，用小勺将蜂蜜喂进新娘和新郎的嘴里。薄饼和蜂蜜，寓意着新人今后生活富足，幸福美满，日子像蜜一样甜。新娘坐下时，婆家会在新娘膝盖上放一个可爱的孩子，让她记住，孩子是巩固家庭生活的基础，并祝愿她早生贵子。

在婚礼上祝酒讲话的，往往不是新郎的父亲，而是新郎的母亲。祝酒词一般是祝新人幸福，孝敬父母、儿孙满堂等吉利话。亲朋好友也一起干杯，热烈祝贺。婚宴一般是晚上在饭店举行，常常持续到深夜。各种美食佳酿自不必说，婚宴还是展示个人舞技的最佳机会。先是新郎新娘跳双人舞，接着是新娘独舞，然后是小朋友、亲朋好友，特别是那些待婚的年轻人上场一试身手，甚至连饭店的服务员也是迈着舞步将菜品、饮料送到餐桌上。

二、丧葬文化

每一个国家都有自己独特的丧葬文化，死亡是一件严肃而悲伤的事情。古代的亚美尼亚，大多数部落实行火葬，将死者的骨灰安置在一个小陶罐中，埋在山岗或者墓地之中。随着基督教的传入和盛行，传统的火葬开始变为土葬。基督教认为人死后的世界分为天堂和地狱，天堂是极乐世界，而地狱是惩治恶人的地方。通往天堂和地狱的路并不简单，死者是去天堂还是地狱，是在死亡40天后由其灵魂决定。因此，在葬礼后的40天内，其亲属要不断地为死者祷告，以祈求死者升入天堂。在这种情况下，作为基督教徒的亚美尼亚人遵守一切教会仪式，一般在教堂为死者进行祷告，或者在家中举行仪式，在亲友的见证下安送死者。直系男性亲属在死者死后 40 天内不允许刮胡子，女性要戴黑纱。

当地人死后，亲属会将尸体放在平铺的亚麻布上，替其洗澡和梳妆，然后将其全身用亚麻遮盖，放入灵柩。亚美尼亚人还会在灵柩右侧凿一个洞，让死者能够在死后也能了解外面的情况。灵堂被禁止悬挂镜子，或者必须用黑布将镜子遮上，另外还要将货币放在死者的眼睛上，防止死者将生者带走。随葬物品很有讲究，如果死者是个年轻的未婚女性就是花环，如果死者是个年轻男性就是一束鲜花，而年长者则是生前备好的寿衣。灵柩的颜色也因年纪而不同，老年人的灵柩为红色黑边，中年人的灵柩为白色黑边，儿童的灵柩是粉色黑边。灵柩通常直接送往追悼会的现场，结束之后就会运到墓地，亲友再做最后的告别，将鲜花和泥土抛入墓穴中，葬礼就宣告结束。一般去参加吊唁的人不仅是亲朋好友，还有与家庭成员关系比较好的同事，出殡当天还会邀请为死者举行安魂祈祷的牧师。在亚美尼亚，人们接到葬礼的邀请就必须前往，到现场也无须向任何人问候，临走时也不用告别。

在出殡前，亚美尼亚的风俗规定亲友不宜亲手烧饭，当地人认为这样做出来的饭会变苦。下葬的日子，亚美尼亚人要杀猪宰牛，还要烤面包和做饼。下葬途中，死者的长子或者生前最亲近的人需要将酒洒在地上为死者祈祷。葬礼结束后，死者的家属就要设宴招待亲友，为逝去的亡灵而饮酒，但是不允许碰杯，第二天还要聚在一起追思。亚美尼亚人对服丧期有着多种规定，不同的人服丧期是不同的。其中，因为男性地位高于女性，所以寡妇的服丧期最长，一般不少于一年，前六个月她要戴长面纱、黑帽子和黑手套，穿黑衣、黑鞋，打黑色雨伞，不能佩戴任何饰品，甚至一年内不允许再婚。鳏夫的服丧期为六个月，通常会在帽子

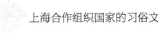

上缝一条宽黑纱带，并穿黑色衣服、戴黑手套，六个月后就可再婚。子女为父母服丧一般是一年，前六个月是重服丧期，随后的三个月是可不佩戴黑纱的普通服丧期，最后三个月为半服丧期，除了黑色衣物外，还可以穿灰色和白色。孙辈为祖父母服丧，为期六个月，重服丧期和半服丧期各占一半时间，为兄弟姐妹的服丧期也为六个月，叔婶服丧期则为三个月。亲属在服丧期间有婚事，可以在结婚当天除去丧服，但婚礼后要重新穿上丧服。在死者去世一周年时，家人要举办一次宴席，亲友要一起祭奠亡灵。

三、生育喜庆

在亚美尼亚人的传统生育习俗中，对产妇的产期需要绝对保密。他们认为知道产妇生产日期的人越多，越容易招致祸患，婴儿的出生就越困难，因此就会隐瞒产妇的产期以期望母子平安。在孩子降生之后，家里人就会开心地四处告知亲朋好友，并且设宴进行庆祝，还要吃蜜饭。孩子出生后需要进行一系列的仪式，以此保佑孩子健康长寿。孩子一降生，产婆就会马上把孩子抱在怀里，在产房内走上一圈，同时嘴里念念有词，祝福孩子健康成长。亚美尼亚的有些地方，还有一个特别的风俗，即孩子出生后要制作拉瓦什，并把拉瓦什送给其他村子的亲戚。前来为新生儿家庭进行祝贺的亲友要携带礼物上门，表示接受这个新生儿为亚美尼亚社会的新成员。礼物一般包括鸡蛋、面包、食盐和火柴四样。亚美尼亚人认为鸡蛋、面包能保佑孩子好运，食盐、火柴可以帮助孩子驱除邪恶。妇女们送产妇的礼物是各种粥，例如大麦粥、小麦粥和葡萄干粥等，希望产妇的身体早日恢复。在亚美尼亚有的地区，如果新生儿是女孩就要送麦穗和绣球花，寓意幸福美丽，如果新生儿是男孩就要送麦穗和橡树枝，寓意充满力量。按照传统习惯，产妇在生产后的第三天或者第九天，要与接生婆一起相互洗手，表示洗去污秽。在产后的 40 天内，产妇不可以进入教堂。亚美尼亚人不坐月子，也不忌冷水，产后第七天便与正常人一样，操持家务。但现在的亚美尼亚，产妇都会在医院生孩子，很多传统习俗都得到了改变。

新生儿的命名和出生证的颁发代表该孩子已经得到了社会的承认，是孩子出生后最重要的庆祝仪式。在孩子出生后，家人要去所在地的政府机构进行登记，工作人员就会介绍有关命名日的安排、程序以及所能提供的服务，比如提供新生儿用品、鲜花、摄影和出租车等。新生儿的命名仪式通常是在孩子出生后 6 个月举行，地点在当地的婴儿宫，而农村则在村礼堂或俱乐部举行命名仪式。新生儿在出生 40 天时要接受洗礼，该仪式一般在教堂举行。洗礼时孩子的父母不能在场，由神父和教父、教母主持。洗礼开始后，神父念诵经文，进行祈祷，然后从教父手中接过孩子，往其额头上注水，或将孩子浸入水中，这个步骤称为浸礼。接着，神父给婴儿戴上项链、十字架，祝福婴儿平安、健康。男孩一般有两个教父、一个教母；女孩则有两个教母、一个教父。过去，教父和教母一般是有名望的长者或者富裕者担任，他们的直接责任是送孩子参加洗礼，对孩子进行照顾、监护，担负孩子的教育责任。洗礼完毕后，家人要举行洗礼宴席，用肉面汤、鸡肉、米粥等款待客人。仪式的目的在于将孩子置于氏族的保护之下，强调孩子不仅仅是父母的孩子，同时也是整个氏族的孩子。正是因为这个原因，所以孩子的父母通常不参加洗礼仪式。教母一般会送给孩子一件衣服，教父则是送给孩子一个随身的十字架。

亚美尼亚人还很重视孩子长出第一颗牙的日子，他们会为孩子的出牙而举办庆祝仪式，类似于中国的抓周仪式。仪式当天，孩子父母会准备各种各样的物件放在孩子面前，由孩子自由挑选，每个物件就代表孩子将来可能从事的职业。出牙仪式还有很重要的一点，父母要把一块白色的纱布放在孩子头上，然后在头上撒麦子和糖果，甜蜜的糖果代表着孩子美好的童年，麦子则希望孩子长大后聪明伶俐。

生日对亚美尼亚人来说十分重要，每年都会隆重庆祝。当地人过生日时，不但会邀请亲朋好友，还会开办生日宴。朋友们会送玫瑰、牡丹、石竹、郁金香花和其他礼品进行祝贺，用餐时大家共同为过生日者的父母干杯。庆祝生日也分成"小庆"和"大庆"，小孩满周岁、满成人岁之前是"小庆"，满成人岁以后，每年过的生日为"大庆"。

第六节　纪念节日

亚美尼亚有很多纪念节日，包括新年、妇女节、劳动节，以及独立后的各种民族节日。每年的 1 月 1 日是新年；1 月 6 日是圣诞节和主显节；1 月 28 日是建军节；4 月 7 日是母亲节；4 月 24 日是种族灭绝纪念日；5 月 9 日是胜利日，以此纪念第二次反法西斯战争的胜利；5 月 28 日是第一共和国成立日，1918 年 5 月 28 日，亚美尼亚从土耳其独立，成立亚美尼亚共和国；6 月 15 日是国旗日；7 月 5 日是宪法日，亚美尼亚于 1995 年 7 月 5 日全民公决通过新宪法；9 月 21 日是独立日，1991 年 9 月 21 日亚美尼亚举行全民公决，正式宣布独立，因此每年的 9 月 21 日也就成为亚美尼亚共和国的独立日；12 月 7 日是悼念 1988 年大地震遇难者的纪念日。

1 月 1 日的新年是亚美尼亚最受欢迎的节日之一，庆祝活动一般从 12 月 31 日开始一直持续到 1 月 1 日结束。这是一个充满欢乐与喜庆的节日，给每一个亚美尼亚人都带来了幸福和快乐。在新年那天，类似于中国人有过年要吃饺子的习俗，亚美尼亚的每个家庭都会准备新年馅饼，馅饼表面会撒上很多的坚果仁和葡萄干，象征着粮食丰收。人们还会在馅饼中包入硬币和珠子，新年夜就要把大馅饼分为 12 份，象征一年 12 个月的平安喜乐，一般吃到硬币或珠子的人就被认为在新的一年会走好运。亚美尼亚人烘焙各种面包和馅饼时，会在上面绘上人物图，有的是民族英雄，有的是神灵形象，比如庄稼保护神、太阳神等。在亚美尼亚的传统中，人们习惯用橄榄枝装饰房屋，20 世纪才开始用云杉树装点节日。

圣诞节是亚美尼亚使徒教会的节日，庆祝活动一般从 1 月 5 日开始到 1 月 6 日结束。在 1 月 5 日，亚美尼亚人的庆祝活动会持续一整夜，即庆祝主显前夜并举行基督教的圣餐仪式。在 1 月 6 日早晨，亚美尼亚的各个教会也会举行圣餐仪式，为纪念耶稣受洗举行圣水仪式。根据传统，所有信仰基督教的人都要带些圣水回家，用来治疗疾病，因为在教徒们眼中这一天用来受洗的水是上帝的恩赐。亚美尼亚的圣诞节既是民族节日也是家庭节日，亲朋好友都会聚在摆有丰富佳肴的餐桌前畅饮交谈。鱼和米饭是必备的食物，这是由于鱼从远古时期就是基督教的象征食物，米饭也被认为是很重要的食物。在庆祝圣诞节时，亚美尼亚人一般会说："基督诞生了，出现在我们眼前了。"

圣萨尔基斯日是亚美尼亚传统的情人节，庆祝活动通常在 1 月 23 日举行。圣萨尔基斯是亚美尼亚使徒教会最尊敬的人之一，他生于卡梅尔克，在康斯坦丁执政期间做出过很多重要的贡献，在他的影响下，很多将士都接受了基督教的洗礼。圣萨尔基斯是年轻人爱情的保护者。这是因为在亚美尼亚流传着一个美丽的传说，圣萨尔基斯在凯旋之后，和他的 39 个士兵在国王宫殿庆祝胜利，享用了美食和美酒的狂欢后，他们都直接沉睡过去，这时国王命令了 40 个年轻的姑娘去刺杀这些英勇的将士，其中 39 个姑娘都圆满完成了任务，只有被分配刺杀圣萨尔基斯的姑娘，在见到他后深深地爱上了他，并且亲吻了他，苏醒之后的圣萨尔基斯反应过来发生了什么，于是骑马带着深爱他的姑娘一起冲出了城市的大门。正是因为这个原因，相爱的情侣开始崇拜圣萨尔基斯，并把他视为爱情的保护神。这个节日在 2007 年被合法化，在这一天，传统的亚美尼亚家庭会为子女举行郑重的定亲仪式，或者至少也是相亲。定亲的男方要送戒指，相亲的男方要送上上好的白兰地酒，人们在院子里的篝火旁转圈跳舞。这天的饮食据说只能是带咸味的传统烤饼，搭配葡萄酒或白兰地酒。姑娘们更是会亲手烤制特别的咸饼干，通常在睡前吃下，相传出现在她们睡梦中给她们送水的那个人就会是她们的真命天子。

捷连杰兹日既像俄罗斯的送冬节，又像是欧洲的情人节，庆祝活动一般在 2 月 13 日举行，主要的庆祝对象是恋人。最初这个节日是拜火教徒的节日，源于多神教对火和希望的尊敬。"捷连杰兹"翻译成亚美尼亚语就是"房前的一束干草"，象征对丰收的祝愿。亚美尼亚接受基督教作为国教之后，该节日的本质开始发生变化，主要的参与者变成了打算用婚姻将彼此的命运结合在一起的年轻姑娘和小伙。在捷连杰兹日，人们通常会在教会集结的地点燃烧巨大的篝火，年轻男女竞相跨越篝火，象征着跨过不幸与邪恶。如果恋人携手成功地跨过篝火后，手仍然没有放开，这就意味着他们组建的家庭会更加稳固。还有一些没有孩子的妇女也会跨过篝火，希望可以得到一个孩子。大家会手拉手围着篝火跳舞，从这一天开始春天就要来临了。

4 月 24 日是亚美尼亚的种族灭绝纪念日，以悼念在奥斯曼土耳其帝国对亚美尼亚人实施的大屠杀中的遇难者，告诫后人不能忘记土耳其的罪行。联合国在 1985 年正式承认对亚美尼亚进行的大屠杀是种族灭绝行为，其他组织如欧洲议会和国际灭绝种族学者协会也在不久之后承认。2015 年是悼念 100 周年，悼念的标语是"记住与要求"，并以勿忘草为象征，对于亚美尼亚所有民族勿忘草都象征着铭记、勿忘和提醒。这是一个悲惨的历史事件，没有什么比勿忘国耻、铭记历史更为重要。

5月28日是第一共和国成立日，又名恢复主权日，是为了纪念1918年5月28日亚美尼亚恢复主权独立，因此这一天对亚美尼亚人而言是一个非常重要的日子。

亚美尼亚的国旗日是每年的6月15日，随着2006年《亚美尼亚国旗法》的出台，国旗日也由此确立。国旗的样式是在1990年8月24日亚美尼亚共和国最高代表大会上确立的，2006年正式颁布法案确立了国旗日，该节日对亚美尼亚人来说也较为重要。

亚美尼亚的宪法日是7月5日，是为了纪念1995年通过的第一部宪法。2005年对该部宪法进行了修订，11月27日全民投票通过。

9月21日是亚美尼亚的独立日，是为了纪念1991年9月21日亚美尼亚进行全民公决脱离苏联，成为独立的国家。庆祝节日的活动主要在共和国广场或附近的街道进行，独立日当天埃里温的亚美尼亚人会组织游行、举办音乐会或者进行各种表演等，其他城市则会举办军事技术、历史文化的展览会或者赏花节等活动。

12月7日是悼念1988年大地震遇难者的纪念日，这是亚美尼亚人无法忘却的日子。1988年12月7日，巨大的震动发生在当时的亚美尼亚加盟共和国，4分钟之后又发生了规模5.8级的余震。斯皮塔克镇被完全夷平，全镇2万居民大多数罹难。在离震中48千米的列宁纳坎（现名久姆里，亚美尼亚第二大城市），4/5的建筑物被摧毁，附近的基洛瓦坎城，建筑物几乎全部倒塌。大地震给亚美尼亚带来了毁灭性的影响，覆盖范围超过了亚美尼亚40%的国土，波及21个城市和地区，342个村庄中有58个完全被摧毁，经济损失高达100亿卢布。地震的主要原因是亚美尼亚高原上存在着600多个火山源，是世界上地震活动高发地之一，因此亚美尼亚的地震频发。根据统计，亚美尼亚在近1500

年间一共发生了超过 3000 次地震。于是每年 12 月 7 日就被定为地震遇难者的纪念日，在这天亚美尼亚全民族都会组织悼念活动。

瓦尔塔瓦尔节是亚美尼亚的泼水节，一般在每年 8 月初举行。当盛夏来临，天气变得炎热，庄稼地开始干旱，随之而来的就是当地的泼水节。这是一个欢快的节日，过节时人们尽情泼水，小伙子们表演马术、摔跤、踩高跷，姑娘们边歌边舞，其间还会进行猜谜等游戏，在十分热闹和愉快的氛围中度过此节日。

跳火节是已婚年轻妇女的节日，一般在初夏举行。在繁星璀璨的夜晚，年轻妇女们在院内堆起干树枝，手拿蜡烛，唱着歌，点燃树枝，然后排着队一个个跳过火堆，表示在火中净身。

第七节　旅游名胜与奇观

一、塞凡湖景区

享有"蓝色瑰宝"之称的塞凡高山湖，位于埃里温东北 60 千米处，是世界上最大的高山湖之一，也是亚美尼亚著名的旅游胜地。湖名由亚美尼亚语"黑色寺院"转化而来，因湖西北角小岛上有座公元 4 世纪用黑色材料修建的古寺院，所以又称为戈克恰伊湖，在突厥语中意为蓝水。湖面海拔 1900 米，由构造陷落而成，是山中湖之一；最深处 83 米，面积 1200 平方千米，蓄水58.5 立方千米，为高加索的最大湖泊。塞凡湖有 28 条小河注入，拉兹丹河从西北岸流出。河岸建有 6 个梯级水电站，一共 55.6 万千瓦。20 世纪 60 年代中期起就开始严格控制电站用水，以保持湖面水位。个别年份冬季湖岸附近结冰，夏天水温约为 18～22℃。塞凡湖是一个淡水湖，盛产鱼类，鱼种丰富，其中以鳟鱼尤多。它还有着"高加索明镜"的美誉，湖面倒映着天上的白云和地上的雪峰，就像是剪下了一片蓝天铺在群山间。雪山环绕的湖水如同宝石般湛蓝，湖边沙滩雪白，树叶金黄，让人流连忘返。关于塞凡湖，有一个动人的爱情故事传说：一个小伙子和一个美丽的姑娘分别住在塞凡湖的两岸，两人十分相爱，小伙子每天黄昏游泳穿过塞凡湖来看他心爱的姑娘，但姑娘的父母反对他们相爱，拒绝这个小伙子来看他的女儿，于是小伙子忧郁而死，姑娘得知后痛苦万分，最后终身未嫁，并在塞凡湖边修建了很多教堂。

距离塞凡湖西岸小镇 6 千米处是塞凡湖半岛，半岛上有内容丰富的自然历史博物馆和水族馆，一处史前窟穴居民点和一个公元 9 世纪乌拉度国的居民点。在距塞凡湖 32 千米处的诺拉士斯角还有一处古代窟穴住宅和一座古代小镇。该小镇建于公元前 8 世纪，现在是渔产品加工工业处。如果从第比利斯和巴库方向出发到塞凡湖，沿途首先将经过以陶器和地毯制品闻名的艾德塞万镇。接着，沿着树林茂密的阿斯塔法河谷向前就会到达有名的迪里赞疗养院。该疗养院被繁茂的松林、湍急的山溪和银色的瀑布所环绕，景色十分优美。

成诺拉杜兹村是一个坐落在湖畔，以上千的十字架石著称的村子，当地人称它为"永恒的新家"。成诺拉杜兹墓地就坐落在成诺拉杜兹村和塞凡湖之间山坡上，正中间还有一座小小的教堂。它是一座中世纪墓园，成千上万的墓碑竖立着、十字石与棺椁散落横陈，许多已有上千年历史，这里也是亚美尼亚最大的十字石聚集地。阳光下，上千块古老的十字架石墓碑，如同千条神圣的眼镜蛇，齐身朝拜着西面的连绵雪峰。满是锈痕的十字架墓碑，很多已经超过千年。蓝天、雪山、十字架，有种安宁的震撼力。

塞凡半岛是塞凡湖风景最优美的地方之一，地标建筑就是塞凡纳旺克修道院。它是位于塞凡湖西北角半岛上的修道院建筑群，由两座修道院组成，一座意为圣徒，一座意为圣母，始建于9世纪，如今已空无一物。教堂的院子里，靠墙搁置着各色十字架石碑，这是亚美尼亚特的一种刻有十字架的宗教石碑，上面通常还刻有蔷薇、缠枝等附属图案。十字架石是中世纪亚美尼亚宗教建筑的标志性附件之一。2010年，亚美尼亚十字架石的象征与工艺被联合国教科文组织收入《人类非物质文化遗产代表作名录》。

二、阿尔兹尼疗养度假区

阿尔兹尼是亚美尼亚著名的温泉浴场之一，位于拉兹丹河谷，埃里温以北21千米处。该温泉浴场建于1925年，旅客不但可以享受温泉洗浴，还可以游览附近的美丽风光。度假区的另一个景点就是查赫卡德溪谷和儿童娱乐城，它们坐落在海拔1565米的高地，被称为"花的溪谷"。坐车从儿童娱乐城西北角的11世纪墓地出发，可到达第三个景点——杰盖尔尼斯山。这里有设施良好的滑雪场，冬天可滑雪游玩，在山上还可以欣赏亚美尼亚特有的山地风光。

三、加尼神庙

加尼神庙位于亚美尼亚首都埃里温以东28千米处科泰克州加尼村的一个三角形悬崖上，是亚美尼亚唯一遗留的希腊罗马式建筑，也是当地最知名、最具有历史代表性的古迹之一。神庙由门廊、内殿，以及24根高达6.54米的圆柱组成，其中内殿高7.132米，长7.98米，宽5.05米。这个建筑是亚美尼亚异教徒文化中幸存下来的独特范例，其酷似雅典巴特农神殿，采用青色和黑色的玄武岩修建，融合了希腊罗马风格和亚美尼亚风格。特达国王一世在公元1世纪下令建造这座圣殿并将其献给太阳神，但亚美尼亚从公元4世纪开始信奉基督教，因此加尼神庙也被现在的亚美尼亚人称为异教神庙，同时也是地理位置最靠东的希腊罗马式神庙。国家基督教化后，亚美尼亚国王一度把神庙改为夏宫，周围有很大一片浴室的遗迹。神庙在 1679 年的大地震中被摧毁，大部分的建筑主体与砖块直到 20 世纪仍旧屹立于原址。1965 年至 1975 年间亚美尼亚的考古学家重建了该庙宇。在修复神庙的过程中，对于那些用来维修使用的石头，考古学家让它们仅仅承担神庙建筑结构上的功能，而不用在装饰上，也就是说那些浅色、用来修修补补的新石头，都是些普普通通的石头，没有任何的加工美化。因此，当游客在观赏加尼神庙时，可以一眼分辨出哪些是神庙原来的石头，哪些是修复用的石头。神庙原来的石头颜色比较深，能够看出岁月的痕迹。

四、格加尔德修道院

格加尔德意为"圣矛"，即朗基努斯之枪。相传耶稣被钉在十字架上时，罗马军队中的百夫长朗基努斯用手中的长矛刺穿了耶稣的胸膛，血水溅到他原本快要失明的双目上，瞬间恢复光明，于是英勇的军官被感化成了修士，而这支枪也被后世人奉作"圣矛"。据说使徒萨迪斯曾带着"圣矛"来到亚美尼亚，而格加尔德修道院修建的目的就是为了收藏"圣矛"的一部分，因此把这座修道院称为格加尔德，意思是长矛修道院。虽然圣矛早已经不在这里，现被存放在埃奇米亚津大教堂内，但修道院却因圣物闻名于世。格加尔德修道院拥有非凡的岩洞教堂和坟墓，是中世纪亚美尼亚修道院中整体建筑和装饰艺术保存最好、最完整的代表，其不拘一格、开拓创新的建筑风格对此后这一地区的建筑形式产生了深远影响，并在 2000 年被联合国教科文组织列入了《世界文化遗产名录》。格加尔德修道院位于埃里温东南 40 千米的峡谷中，7 世纪到 10 世纪被称为"艾里凡克"，在亚美尼亚语中是"岩洞教堂"的意思，因为它靠挖凿岩洞而建，大大小小的岩洞，构成修道院里不同的房间，一层套着一层，从岩壁的缝隙里或者岩洞的天窗里，都可以看到其他岩洞内的场景。

格加尔德修道院包含着许多教堂和陵墓，其中大部分都是凿岩建设而成。这些建筑群坐落在 13 世纪所建的围墙中，包括一座中心教堂及其门廊、两个岩洞教堂和一座王公寝陵，周围环绕的是阿扎特山谷入口处的悬崖绝壁，与周围壮丽的自然美景浑然一体。在出口处有依山势本身层次修凿的许多礼拜堂和小密室，围墙外以西是在岩石中凿成的礼拜堂，其历史可以追溯到公元 1164 年。修道院的中心教堂建于公元 1215 年，门廊建于公元 1225 年。教堂是由岩石建成的尖顶东正教建筑，教堂外墙、内里的穹顶、廊柱全是由大块岩石堆砌而成，分内外两部分，内面的穹顶石室，供奉着圣母，圣母手中慈爱地抱着圣婴，外面摆放着两列供信众坐的长椅，四周是烛台铁架子，可以看到信徒在烛台架前点烛祈祷。岩洞教堂直接在山洞雕凿而成，顶部留有采光口采集自然光线，其中一座岩洞教堂建于 13 世纪 30 至 50 年代，而另一座岩洞教堂则建于公元 1283 年。王公寝陵位于第一座岩洞教堂的斜上方，有外廊，12 米见方，4 排列拱坐"井"字型交叉，4 个交点为 4 根粗壮的石柱，中间拱顶上是天窗，非常壮观。王公寝陵及其外廊都建于公元 1288 年。

五、埃奇米亚津大教堂

埃奇米亚津大教堂位于埃奇米亚津市的阿勒山山脚下，是亚美尼亚第一座教堂，建于公元 301 年至 303 年，被认为是全世界最古老的基督教主座教堂。埃奇米亚津的意思是"神之独子降世处"，它不只是一座建筑，而是分布着大大小小教堂的建筑群。教堂中设有珍宝馆，里面收藏着举世无双的珍宝和圣物，如诺亚方舟上的碎片，耶稣钉十字架时肋旁被刺的那根圣矛，以及千年前彩绘的《福音书》等。走在教堂里就仿佛在阅读一部基督教的历史书，教堂也因为这些宝物而闻名于世。亚美尼亚是世界上第一个把基督教奉为国教的国家，此处也是使徒教会的总堂和亚美尼亚宗主教驻地，因此埃奇米亚津大教堂又被称为"亚美尼亚的梵蒂冈"。每年7月，世界各地的亚美尼亚信徒都会从四面八方赶来埃奇米亚津大教堂，参加仪式。后来教堂损毁严重，于483年几乎彻底重建。现存教堂建筑在17世纪进行过大规模的重修，因此在北面二层钟楼外墙上，可以看到一幅人面浮雕，据说就是那位重修的大施主——波斯萨法维王朝的阿巴斯大帝。

六、埃里温蓝色清真寺

埃里温蓝色清真寺也被称为"格科·加米清真寺"，位于亚美尼亚的首都埃里温，在圣梅斯罗布室内市场的对面。它是埃里温最大的清真寺，同时也是亚美尼亚为伊斯兰教徒修建的唯一仅存的一间清真寺，其名字"格科·加米"在土耳其语中的意思就是指蓝色清真寺。据史书记载，埃里温蓝色清真寺建立于公元1765年左右，是由当时当地的统治者侯赛因·阿里·坎下令建造的，其建造的主要作用就是作为当地最主要的礼拜五清真寺。清真寺宏伟的大门和高高耸立的宣礼塔都是由上好的蓝色和绿色的瓷砖镶嵌而成，色泽饱满，光彩夺目，这也正是其名称的来源。清真寺院落中心有一个喷泉，寺院的其他建筑都围绕着喷泉而建，园内主要种植了榆树，附近还有公共浴室和学校。在苏联时期，清真寺内设有埃里温博物馆。在20世纪90年代中期，伊朗统治者对其进行了重建，这是一次规模宏大的重建，在1999年才基本完工。现在，埃里温蓝色清真寺不仅是穆斯林祈祷地方，也是当地的旅游景点之一，周末的时候游人还可以参观这里的古埃里温摄影展。

参考文献：

［1］施玉宇等：《亚美尼亚》，社会科学文献出版社2005年版。

［2］常颖、田欣欣：《"一带一路"国别概览—亚美尼亚》，大连海事大学出版社 2018 年版。

［3］徐葵：《苏联概览》，中国社会科学出版社 1989 年版。

［4］赵常庆：《世界各国简明百科：中亚外高加索卷》，社会科学文献出版社 1998 年版。

［5］王家成：《亚洲各国概况》，世界知识出版社 2002 年版。

［6］姜士林：《世界宪法大全》，青岛出版社 1993 年版。

［7］王鸣野：《亚美尼亚的人口发展趋势及其影响》，载《新疆社会科学》2019 年第 2 期。

［8］黄世和：《亚美尼亚 诺亚方舟停泊的国度》，载《中国民族》2015 年第 6 期。

［9］［法］让-皮埃尔·马艾：《亚美尼亚人和中国》，载《复旦学报（社会科学版）》2014 年第 3 期。

［10］原未：《亚美尼亚世界"第一"教堂》，载《中国国家旅游》2013 年第 7 期。

［11］杨进：《饱经风霜的民族——亚美尼亚人》，载《俄罗斯中亚东欧市场》2008 年第 6 期。